U0828363

商务馆对外汉语专业本科系列教材

总主编　赵金铭　齐沪扬　范开泰　马箭飞

审　订　世界汉语教学学会

对外汉语教学课程论

孙德金　著

商务印书馆
创于1897 The Commercial Press
2014年·北京

图书在版编目(CIP)数据

对外汉语教学课程论/孙德金著. —北京:商务印书馆,2014
(商务馆对外汉语专业本科系列教材)
ISBN 978-7-100-10312-1

Ⅰ.①对… Ⅱ.①孙… Ⅲ.①汉语—对外汉语教学—课程—教学研究 Ⅳ.①H195.4

中国版本图书馆 CIP 数据核字(2013)第 234816 号

所有权利保留。
未经许可,不得以任何方式使用。

对外汉语教学课程论
孙德金 著

商务印书馆出版
(北京王府井大街36号 邮政编码 100710)
商务印书馆发行
北京瑞古冠中印刷厂印刷
ISBN 978-7-100-10312-1

2014年4月第1版 开本 787×960 1/16
2014年4月北京第1次印刷 印张 17¼
定价:35.00元

内 容 简 介

本教材是根据对外汉语专业(本科)的培养目标,为该专业本科生编写的理论和实践相结合的专业基础教材,也可供对外汉语教学工作者、研究人员,以及其他各类教育机构语言教育工作者参考。

本教材以教育学课程理论为基础,以“泰勒原理”为基本理论框架,结合对外汉语教学这一具体教育类型的实践和实际需要,构建起对外汉语教学课程论的知识体系。本书在对课程性质、课程观念等基本理论问题进行较为全面的梳理阐述的基础上,按照课程理论的基本构成要素对对外汉语教学中的课程发展历史进行了客观描述和分析。以此为基础,本书分别从课程目标的选择和确定、课程内容的选择和组织、课程实施、课程评价等方面,基于对外汉语教学实际,分章论述对外汉语教学课程论的基本理论。在最后一章,本书基于对教育学领域课程研究的介绍,论述了对外汉语教学课程研究的相关问题。

本书参考国内外教育学课程理论著作,提出对外汉语教学课程理论独立于教学理论的主张,这对于深化本专业学生及其他对外汉语教学工作者对课程与教学关系的认识大有裨益,也将有利于对外汉语教学学科的发展。

前　言

对外汉语教学专业的设立已经有二十多年的历史了。早在1983年经教育部批准北京语言学院在外语系内就设置了对外汉语教学专业，以培养对外汉语教师为主要目标。不久，北京外国语大学、上海外国语学院和华东师范大学也相继开设了类似的专业。

此后几年，该专业一直踽踽独行，没有名目。直至1988年，教育部颁布《普通高等学校本科专业目录》和《普通高等学校本科专业设置规定》，在一级学科中国语言文学类（学科代码0501）下，设“对外汉语”（学科代码050103）二级学科，这一专业才正式确立。

当初，设置这一专业，是为招收第一语言为汉语的中国学生，培养目标是将来能从事对外汉语教学及中外文化交流等工作。故该专业特点是，根据对外汉语教学对教师知识结构和能力的要求设计课程和确定教学内容。在1989年“对外汉语教学专业会议”（苏州）上，进一步明确了这个培养目标，并规定专业课程应分为三类：外语类、语言类和文学文化类。1997年召开“深化对外汉语专业建设座谈会”，会议认为，根据社会需要，培养目标可以适当拓宽，要培养一种复合型、外向型的人才，既要求具有汉语和外语的知识，又要求有中国文化的底蕴；既要求懂得外事政策和外交礼仪，又要求懂得教育规律和教学技巧。这一切只能靠本专业的独特的课程体系、有针对性的教材以及特定的教学方法才能完成。

近年来，世界风云变幻，中国和平崛起。随着汉语加快走向世界，对外汉语教学事业获得蓬勃发展。目前开设对外汉语专业的高等学校已有一百三十多所。大发展带来了丰富多彩，也伴随着不规范。对外汉语作为一个专业，既无统一的教学大纲，也无标准的课程设置，更无规范的教材。在业内对对外汉语教学的学科内涵，也还存在着不同的认识。目前，设立本专业的院校只能本着各自的理解，依据本单位的教学资源与教学条件设置课程，自编或选用一些现成的教材。

有鉴于此，在国家汉办的指导下，商务印书馆以其远见卓识，决定组织全国各高校对外汉语教学资深人士，跨校协商，通力合作，在初步制订专业课程大纲的基础上，编写一套对外汉语专业系列教材，以适应目前本专业对教材的迫切需求。

本教材以赵金铭、齐沪扬、范开泰、马箭飞为总主编，教材的编者经多次协商讨论，决定本着下列原则从事编写：

一、总结以往的经验，积成多年来对外汉语教学成果，以课程在教学计划中的地位、性质、任务和作用为依据，规定课程的基本内容，划定教学范围，确立教学要求。

二、密切关注语言学，特别是汉语语言学研究的最新进展，全面吸取汉语作为第二语言/外语教学研究的最新成果，着重体现语言规律、语言教学规律和语言学习规律。

三、教材的教学内容力求贯彻"基础宽厚，重点突出"的原则，注重基本理论、基本知识和基本技能，既要加强基础理论的教学，更要加强实践能力的培养。对课程的实践性教学环节应有明确、具体的要求，并有较强的可操作性。

四、教材要全面显示汉语作为第二语言/外语教学的性质、特点和规律，为加快汉语走向世界，为汉语国际推广，培养外向型、复合型的人才。

五、谨守本科系列教材的属性，注意教材容量与可能的课时量相协调，体现师范性，每一章、节之后，附有思考题或练习题。特别要注意知识的阶段性衔接，为本一硕连读奠定基础，留有空间。

基于上述考虑，我们对对外汉语专业的教学内容做了权衡与取舍。本着培养目标所要求的内涵，教材内容大致围绕着四个方面予以展开，即：基础知识、专业知识、教学技能和教师素质。我们把拟编的对外汉语专业本科系列教材组成五大板块，共 22 册。每个板块所辖课程及教材主编如下：

一、语言学、应用语言学和汉语

1. 现代汉语	齐沪扬（上海师范大学）
2. 古代汉语	张　博（北京语言大学）
3. 语言学概论	崔希亮（北京语言大学）
4. 应用语言学导论	陈昌来（上海师范大学）
5. 汉英语言对比概论	潘文国（华东师范大学）

二、中国文学文化及跨文化交际

6. 中国现当代文学	陈思和（复旦大学）
7. 中国古代文学	王澧华（上海师范大学）
8. 中国文化通论	陈光磊（复旦大学）
9. 世界文化通论	马树德（北京语言大学）
10. 跨文化交际概论	吴为善（上海师范大学）

三、汉语教学理论、第二语言习得理论与实践

11. 对外汉语教学导论	周小兵（中山大学）
12. 第二语言习得研究	王建勤（北京语言大学）
13. 对外汉语本体教学概论	张旺熹（北京语言大学）
14. 对外汉语教学课程论	孙德金（北京语言大学）
15. 双语与双语教育概论	关辛秋（中央民族大学）
16. 华文教学概论	郭　熙（暨南大学）
17. 世界汉语教育史	张西平（北京外国语大学）

四、对外汉语教材、教学法与测试评估

18. 对外汉语教学法	吴勇毅（华东师范大学）
19. 对外汉语教材通论	李　泉（中国人民大学）
20. 语言测试概论	张　凯（北京语言大学）
21. 对外汉语教学模式概论	马箭飞（国家汉办）

五、现代教育技术在对外汉语教学中的应用

22. 对外汉语教育技术概论	郑艳群（北京语言大学）

本系列教材主要是为对外汉语专业本科生编写，也可供其他对外汉语教学工作者、研究者参考，同时也可以作为大专院校语言文学类专业的课外参考书。

目前，汉语国际推广正如火如荼，汉语作为第二语言/外语教学也面临着巨大的机遇与空前的挑战。我们愿顺应时代洪流，为汉语国际推广尽绵薄之力。大规模、跨地区、跨学校地组织人力进行系列教材的编写，尚属首次，限于水平，疏忽和不妥之处在所难免，敬祈专家、读者不吝指正。

赵金铭　齐沪扬

2007 年 6 月 5 日

目　　录

致 读 者

拿到这本书，您一定会多少有些疑惑。因为在您对对外汉语教学有关理论的学习中，虽然也时常会看到诸如“课程”“课程设置”一类的概念，但并没有专门对课程问题的讨论，比如在对外汉语教学中课程和教学是怎样的关系，对外汉语教学中的课程有怎样的特点，等等。您看到的对课程的讨论往往是和对教学的讨论融在一起的。所以，您一定会想：这是一本什么样的书？它能告诉我些什么？

我们先试着回答您的这一疑惑。之所以存在上面的问题，是因为自对外汉语教学事业和学科诞生以来，一直是在“教学”的意义上来思考一切问题的，换言之，一直没有从“课程”的意义上来看“为什么教（学）”“教（学）什么”等教育教学的基本问题，因此“课程”是内含于教学、从属于教学的，自然也就只有“教学论”而无“课程论”了。当我们放眼去看教育学的风景，却发现，虽然迄今还存在课程和教学关系的争论，但难以否认的事实是，课程早已作为一个独立的研究领域被众多的学者所接受，并产生了浩如烟海的成果。于是，一个问题自然出现：我们一直声称的以教育学为对外汉语教学学科的基础理论之一的说法真的得到落实了吗？仅从课程问题看，我们不得不坦白地承认，没有得到落实。因此，在诸如“教学（课程）目的”和“教学（课程）目标”之关系、“教学（课程）目标”选择之理论基础与原则等课程研究的基本问题上，长期以来并没有进入业内人士的思考范围。而我们现在认识到，这些问题都是对整个教学宗旨的实现有重大影响的“课程问题”。让“课程”从“教学”的迷雾中露出真容，就成了一个现实的任务。概括地说，本书就是试图完成这个任务，和诸位一起来思考对外汉语教学中的课程的方方面面的问题。

也正因如此，作为系列教材的一种，本书带有了一种另类的特点。它无法像已然成熟的学科的教材（如《语言学概论》）那样对学科领域内一般表现为有共识的“知识”内容进行论述，只能走一条以课程领域经典原理（指“泰勒原理”）为基本框架，以众多课程理论资料为理论参照，以对外汉语教学课程实践为思考基础的探索之路，努力将课程原理与对外汉语教学实践紧密结合。这便是呈现在诸位面前的这本特殊面貌的“教材”。强调这一点，是想说明，在阅读和使用这本“教材”时，应该有不同于一般教材的状态，即，多一些问题意识，多一些质疑态度，以探究的精神去追问更多的问题。因为本书所能提供的只能是笔者有限视野内的可靠资料，以及笔者迄今所能提出的自认为能够成立的见解。而这一切都存在质疑、追问、探究的可能性。如果本书能够引起读者对诸多课程问题的思考，那么也就达到了目的。我们这样说，并不意味着其他一般成熟学科的教材就不存在质疑的问题，事实上，人类一切认识活动都是无止境的，只不过是想说，本书之于对外汉语教学这个具体的教育门类，有更多值得追问的问题而已。本书所附的“参考文献”为您进一步阅读提供了部分线索；所设置的“思考题”也是供您参考的问题，尽管这都是很初步的问题。

以上既是我们对本书阅读和使用重点的说明，也是对读者的一种建议。

接着想回答的一个问题是，既然说课程论应该独立为教育学的一个分支学科领域，那么它的学科定位是什么呢？如果把课程理论看作教育学中的分支学科领域，那么本书所论就可以定位为“应用课程论”领域，即将课程理论应用于对外汉语教学这个特定领域。我们努力避免将“应用”搞成“硬用”，即生搬硬套，而是努力实现将教育学课程理论的基本原理和对外汉语教学实践紧密结合起来。因为从理论上说这是应该能够实现的，毕竟对外汉语教学是诸多人类教育实践活动中的一种，教育学的基本理论必然也能用来解释和说明此一种形式的教育活动，同时对外汉语教学活动也因其目标、内容等的特殊性，形成有学科领域特色的课程样态，反过来对课程理论建设本身也会有所贡献。

任何的探索都会有风险，也难免偏颇甚至是错误，本书亦不例外。我们坚信在本书中提出的基本主张，即课程论要在对外汉语教学学科领域中占有一席之地，对此基本立论以及书中所论，您都有可能提出商榷甚至是反对，笔者欢迎一切学术意义上的讨论，这是学术发展的动力。

第一章 总论

课程是伴随着人类社会教育活动的产生而产生的，而课程理论则是人类在对长期的课程（教学）实践有了理性认识之后“水到渠成”地出现的。然而时至今日，对于课程的本质、课程与教学的关系等基本问题，人们仍旧存有认识上的分歧。厘清概念，明确实质，是进行一切学术活动的基本工作。对外汉语教学，作为一种教育类型，必然也要理性地认识课程问题，需要在教育学的课程理论的指导下进行本领域的课程理论和实践的探究。本章试图在对课程的基本含义及其历史演进进行介绍和梳理的基础上，将视角落在对外汉语教学这个具体的教育类型上，讨论对外汉语教学课程的基本特点，为后面各部分奠定讨论的基础。

第一节 课程的本质

一 什么是课程？

教育已经成为社会须臾不可分离的一个部分，无论是专业的教育人士还是非教育人士，“课程”都是一个熟悉的词。我们一上小学，首先就会得到一份课程表，接着就会得到一套教科书（教材、课本），“课程”一词就进入了我们的视野，“课程”与“课本”的关联也同时在我们的意识中建立起来（即，要上一门课，得有一种课本），从此也便在自己的受教育历程中与课程结下不解之缘。然而，要清楚地界定它、描述它，却不是一件容易的事情。在一般人的概念中，说到"课程",就是具体的"数学""语文""体育""音乐"等一门门课的科目(也通俗地称为"功课"),这也是我们从上小学就认知的"课程",因为这些具体的课程是可以从课程表中明确感知到的。有学校就必然有课程,至于什么是课程等有关课程的本质一类的问题,就不是一般人们所关心的了。但若想对教育教学活动、规律等做理性的分析和探究,就必须对什么是课程、课程有哪些属性等涉及课程本质的若干问题做学理的界定和描述。相应地,作为诸多教育教学活动的一种,要对对外汉语教学的学科和实践做出学理的认识,同样需要对本领域的课程进行包括含义、属性、特点等方面的阐释。

课程,作为教育学的一个基本概念,一直存在众多分歧很大的不同的界定。张华(2001:65)就说:"在教育领域中,课程是含义最复杂、歧义最多的概念之一。"这不奇怪,因为课程背后是不同的教育哲学思想和教育观念,思想的复杂性也就决定了课程理解的多样性。我们不必也不应该试图追求一种唯一正确的课程定义,甚至可以说,根本就不存在"唯一正确"的定义。我们赞同施良方的主张,他(1996:2)说:"依我们看来,课程的定义固然重要,因为这是我们在课程理论和实践中相互沟通的一个必不可少的工具。然而现在就要得出一个精确的并为大家所认同的课程定义,这既不现实,也不可能。"的确如此。仅从我们所从事的对外汉语教学活动看,大家都在用"课程"这个概念,但彼此的所指总会有或多或少的区别。一个对"课程"做过理论思考的人和没有做过思考的人,分歧一般会很大。我们要做的是,通过对诸多的课程理解的认识去了解人们究竟在课程问题上有哪些看法,进而寻找其中的带有一定共识性的课程含义,以此作为我们认识课程的基础。

首先我们看一下《中国大百科全书·教育卷》(1992:207)对课程的定义:"课程指的是课业及其进程。"该书引用了中国宋代朱熹说的"宽著期限,紧著课程",指出这里的课程就含有学习的范围和进程的意思。并指出"近代学校兴起以来,课程有广义、狭义两种。广义指所有学科(教学科目)的总和。或指学生在教师指导下各种活动的总和。狭义指一门学科"。这一定义显然和我们大多数人的理解是相似甚至是一致的。

再看一下西方教育领域的情况。根据施良方(1996:3),在英语世界,"课程”(curriculum)一词最早出现于英国教育家斯宾塞(H. Spencer)的《什么知识最有价值?》(1858)一文中。但日本教育学者佐藤学(2003:176)却认为,“课程”作为教育术语出现,是在宗教革命以后的大学教育之中。这样说来,“课程”作为教育术语,是1582年在荷兰拉丁大学里首次得到确认的。照此说法,要早出近300年。不管哪种说法正确,都指出这个词源于拉丁语的currere,意思是“跑道”(race-course)。施良方(1996:3)指出:“根据这个词源,最常见的课程定义是‘学习的进程’(course of study),简称学程。这一解释在各种英文字典中很普遍,无论是英国牛津字典,还是美国韦伯字典,甚至一些教育专业字典,如《国际教育字典》(*International Dictionary of Education*),都是这样解释的。课程既可以指一门学程,也可以指学校提供的所有学程。”显然,这和前述广、狭二义的课程定义基本一致。

然而,正像许多人文社会科学中的基本概念一样(比如语言学中的“词”“句子”等),不同的哲学背景,不同的理论视角,不同的课程理念,就会产生不同的课程定义。概括起来,可以归纳成以下几类(施良方,1996:3—7)。

(一)课程即教学科目

这一认识有着悠久的历史,也是影响至今的比较普遍的一种认识。从中国古代的“六艺”(礼、乐、射、御、书、数)到欧洲中世纪的“七艺”(文法、修辞、辩证法、算数、几何、音乐、天文学),都是从教学科目意义上来认识课程的。西方现代学校教育中的课程制度的建立,就是在“七艺”的基础上逐渐形成的。我国的现代教育制度则是在20世纪初引进西方现代学校教育制度后逐渐发展起来的。这种课程观强调的是分科的成系统的知识体系在人类教育中的地位,可以说是一种知识本位的课程观。这从前面说到的斯宾塞的《什么知识最有价值?》一文的题目即可看出。课程的首要任务就是选择最有价值的知识作为课程内容,并以分科的形式构成课程体系,整体实现既定的教育目的和目标。从课程理念的角度看,这是将课程看作实现教育目的的手段的一种认识。正如卜玉华(2001:5)所认为的那样,“从教育自觉存在的那一刻(指古希腊时期——引注),人们就已经意识到教育的选择性功能,即选择什么样的内容以达到何种目的”。

将课程定义为教学科目,尽管被认为一定程度上存在忽视学生情感、态度等方面的教育内容的缺陷,但至今仍然是学校教育中课程形态的主体,也是多数人头脑中的课程理解。正如陈桂生(1994)所指出的:“不管人们给‘课程’下的定义是什么,至今为止中国人心目中的‘课程’所指的,仍然是‘所有学科的总和’或某一学科。”

(二)课程即有计划的教学活动

施良方(1996:4)指出:“这一定义把教学的范围、序列和进程,甚至把教学方法和教学设计,即把有计划的教学活动都组合在一起,以图对课程有一个较全面的看法。”持这一看法的有一批学者。比如教育学者吴杰(1986:5—6)就认为“课程是指一定学科有目的的有计划的教学进程。这个进程有量、质方面的要求,它也泛指各级各类学校某级学生所应学习的学科总和及其进程和安排”。可见,基本上是在广、狭二义的课程界定范围内。和前述定义不同的是强调了“有计划的”这一点属性。但这也带来了一个问题,如何理解“有计划的”?可能会有各种不同的理解。因为一般来说,学校教学活动都有很强的计划性,有书面形式的计划(如教学大纲、教学计划、教案等),也有非书面形式的计划(体现在教学活动中的教师的有计划的活动内容)。如果是这样,那么课程基本也就等于是教学了,课程的边界也就不存在。此外,这一认识往往也容易导致将课程关注的重点放在教学活动本身上,而忽视教学活动在实现课程目标上的手段本质,即,教学活动是为实现教学目标服务的,活动不是目的,而是手段。这一点对于第二语言(外语)教学尤其值得注意,以避免教学过程中为活动而活动的现象。因为课程是以目标为基本驱动力的,任何教学活动的设计和安排都要为实现特定的教学(课程)目标服务。

(三)课程即预期的学习结果

这是一种着眼于课程目标的观念。一些学者(主要是北美的)强调课程不应把重点放在教学活动上,而应该重点关注学习的结果和目标,注重的是预期的学习结果。因此,要从一开始就把一系列有结构、有序列的课程目标制定出来,并据此组织教学活动。

在课程编制中,以目标为基础本身是正确的,但如果把课程的本质视为一种预期的学习结果，则过分强调了目标因素，导致对复杂的课程现象的简单化。比如施良方(1996:5)就谈到了这种课程观念三个方面的缺陷：(1)在课程实际中，预期的学习目标是由课程决策者指定的，教师作为课程实施者，只能根据自己的理解来组织课堂教学活动。课程目标的制定与实施过程客观上是分离的，两者不可能完全一致。(2)把焦点放在预期的学习结果上，容易忽视非预期性的学习结果。(3)即便从表面上看学生都达到了预期的结果，但这种结果对不同的学生可能意味着不同的东西。

(四)课程即学习经验

把课程定义为学习经验，是试图把握学生实际学到了什么。(施良方1996:5)这种课程观念强调的是学生在实际的教学活动中所体验到的意义，而不是各种教学活动中的具体行为。每个学生都是独特的学习者，对于同样的教学活动会有各自不同的感知和体验，也会得出各自不同的“意义”，也即得到的经验是不同的。只有学习经验才是学生实际认识到或学习到的课程。

这一认识源自美国进步主义教育观念倡导者杜威的教育思想，也是一种影响较大的观念。比如美国课程专家博比特(F. Bobbitt，也译为“巴比特”)(1918；转自张华，2001:4)说：“人们从事(成人)事务所需的能力、态度、习惯、鉴赏力和知识形式将会显现出来而成为课程目标。这些课程目标将是众多的、明确的、详尽的。因此课程是儿童及青年获得这些目标所必须具有的一系列经验。”这些早期的认识对后人也有较大的影响。比如日本教育学者佐藤学(2003:4)就把课程定义为“教师所组织、学生所体验的学习经验(履历)”。

对于这种课程观念，施良方(1996:6)说得比较明确：“从理论上讲，把课程定义为学生的个人经验似乎很有吸引力，但在实践中很难实行。在实际教学情境中，一个教师如何同时满足四五十个学生个人独特的生长要求？如何为每一个学生制订合适的课程计划？各级各类学校是否还要制定相对统一的标准？”这些问题的确在实践中难以解决，也可以说是极不现实的。这也是这种课程理念到今天为止更多地存在于课程专家的理论研究，而没有被教育实践普遍采用的主要原因。

(五)课程即社会文化的再生产

这是一种着眼于教育的社会文化功能的认识。施良方(1996:6)指出:“这种定义的基本假设是:个体是社会的产物,教育就是要使个体社会化。课程应该反映各种社会需要,以便使学生能够适应社会。可见,这种课程定义的实质在于使学生顺应现存的社会结构,从而把课程的重点从教材、学生转向社会。”这种课程观是以已然存在的社会文化是一种合理的、完满的形态为前提的,显然,对社会文化稍有了解的人都会发现,这个前提其实是不存在的。

(六)课程即社会改造

这是西方一些激进的课程论者的认识。认为课程不是要使学生适应或者顺从社会文化,而是要帮助学生摆脱社会束缚。因此,课程的重点在于培养学生对社会文化的批判意识。这种激进的思想因为缺乏基本的现实基础,所以在实际的教学实践中并没有得到广泛的落实,基本存在于部分持后现代主义立场的课程论者的理念中。

从上面简单介绍的六个方面的课程定义可以看出,不同的社会背景,不同的哲学思想,不同的教育理念,就会带来对课程实质的不同的认识。尽管或多或少都对课程的某一种属性有所强调,但也都存在某种认识上的局限性. 以实践性课程模式著称的美国课程论者施瓦布(J. Schwab)指出:“一种经得起辩护的课程或课程计划,必然是在某种程度上考虑到所有与人有关的亚科学。不能只看到一种而忽视另一种,更不能接受其中的一个而忽视其他。”(转引自施良方,1996:198)这一认识不仅适用于教育学,也适用于其他,比如语言学和语言教学。通过这些定义,我们可以从不同的侧面去认识课程的本质,也使我们拥有了进一步探究课程问题的认识基础。具体到本书的任务,就是对我们理性、全面地认识第二语言(外语)教学这一特定的教育类型课程提供了有益的理论基础。需要指出的是,上述六个方面的课程定义在我国教育研究领域都有不同程度的认同者,认识上是多元的,并且分歧多过共识。有论者认为“目前我国教育界对‘课程’这一概念的理解已从原先的‘学科知识论’发展到‘教育经验说’”(张红蕴,2009a),显然是把复杂的学术现实简单化了。

二 课程定义的层次性

从上面的介绍，我们了解了课程定义的不同角度，其背后往往是不同的社会背景、哲学基础、教育观念。其实对于课程，人们也从教育教学活动本身的层次性上加以观察，着眼于在不同层次上起作用的课程，得出不同层次的课程定义。对此，美国课程学者古德莱德（J. I. Goodlad）做了很好的描述，（施良方，1996：9）颇具启发价值。他认为存在五种不同意义上的课程：（1）理想的课程（ideological curriculum）。指的是由一些研究机构、学术团体和课程专家提出的应该开设的课程。我们在第二语言（外语）教学中时常会看到一些论证应该开设什么样的课程的文章，这类设想中的课程就是理想的课程。其实它也可以说是一种理论上的课程，在实践中能否得以实现取决于多种因素，比如教学主管者的态度、实际的教学条件等。（2）正式的课程（formal curriculum）。指的是由教育行政部门规定的课程计划、课程标准和教材，也就是列入学校课程表中的课程。这就是一般人理解中课程。（3）领悟的课程（perceived curriculum）。指的是任课教师领会到的课程。任课教师在接受正式课程的教学任务时，由于知识背景和认识等方面客观上存在着不同，因此对课程的理解和解释也会有所不同，这样就会产生任课教师认识中的课程与正式课程之间的距离，一定程度上并不能完全实现正式课程的某些预期的目标。这种存在于任课教师头脑中的课程，在第二语言（外语）教学领域显然也是存在的。面对各级各类教学大纲、课程计划，每一位任课教师都会有自己的不同理解，形成他自己头脑中的某门“课程”。笔者在20世纪90年代曾接触过一个比较典型的个案。中级阶段的主干课（或称综合课）“中级汉语”，在教学大纲中明确定位为教授词汇、语法等语言知识，以培养学生听、说、读、写四项技能为主要任务的综合语言技能课。对于这一定位，某位教师就做出了完全不同的理解，并以文章的形式将其理解发表出来。我们看到的理解已然定位于培养阅读能力的单项技能课。可见的确存在“领悟的课程”。这恐怕是所有教育领域都客观存在的现象。（4）运作的课程（operational curriculum）。指的是课堂上实际实施的课程。教师领会了的课程是不是在实际的课堂教学中就能够完全实现呢？研究表明，并非如此。道理也很简单，对实际的课堂教学，影响因素很多，是不确定的，学生的反应是无法提前知晓的，这些不确定的因素会使得教师在教学中要有所调整，所以这种“运作的课程”与“领悟的课程”之间又会存在一定的差距。(5)经验的课程(experiential curriculum)。指的是学生实际体验到的东西。无论是上面说的哪一种课程，最终都要在学生身上发生作用，学生能够体验到怎样的东西，取决于学生已有的知识基础，也取决于学生的认知能力、情感态度等多方面的因素，并且每个学生所体验到的东西也会有差别。换言之，每个学生都有自己体验到的“课程”。

概括上面的内容，可以看到，从课程规划和设计到课程实施，从课程编制者到教师，再到学生，其间经历了多次的层次转换。这样一种课程的认识视角非常具有启发意义。这提示我们，在课程理论和实践中需要有一种动态的、发展的意识。不能以为一旦某套(门)课程编制出来，就一定能够得以完全实施，不走样地达到既定的课程目标。这种课程的层次性特征是一种客观存在，是课程实践中的真实形态。

三 “课程”的泛化问题

这里有必要指出的是，在课程认识问题上，存在“泛化”的倾向，即把对学生产生的一切教育影响都视为“课程”，“甚至把学生从学校以外受到的影响，也纳入到研究视野之内”(卜玉华，2001:4)。其中一种泛化的表现就是“隐性课程”(也译成“隐蔽课程”“潜在课程”等)的研究。卜玉华(2001:4)认为：“这种倾向产生的原因是多方面的，主要一点是与教育理论(不限于‘课程理论’)力图把教育作为‘结果’研究，以学生事实上受到的影响为教育的倾向有关。”这种倾向一定程度上也对对外汉语教学产生了影响。比如近些年有些学者(如刘芳芳，2008；张红蕴，2009a 等)将“隐性课程”的概念引入对外汉语教学中，并且更多地着眼于学生所处的各种语言学习环境(甚至强调教室的桌椅如何摆放都是隐性课程因素)。所论及的各种影响学生语言学习的因素(如师生关系)都是存在的，问题是能否把对学生语言学习产生的一切教育影响都纳入“课程”的范围？从理论上说，这种泛化必然带来一个结果，即“课程”即教育，也就取消了课程在教育学里的独立位置;从实践上看,这种泛化了的“课程”事实上也是难以把握的。英国学者菲利普·泰勒等(1979/1989:4)在谈到课程的各种含义后指出:“某些作者曾想要在‘课程’这个术语的含义中,不光包括所要学习的学科,而且包括由学校为学生精心安排的所有活动。……虽然这样来确定的‘课程’含义注意到了课程是要受学校制度所影响这个事实,但却产生了另一个倾向,即把‘课程’与‘学校教育’(schooling)这样的术语混淆起来。这种倾向是可以避免的,只要我们在思想上分清:学程和教育经验可能会在性质上受到它所在环境的影响;学科和学科内容可能会由于它们的传授方式不同而赋予它们略为不同的意义。”这就把课程与影响课程的环境、教学方式等因素明确地区分开来。陈桂生(1997:116)也认为:“这种倾向最大的不足是,一旦把课程研究范围无限泛化为教育研究的范围,就可能模糊了两种研究范围的边界,令‘跑道’意义上的课程失去确定性,成为‘无轨课程’,无异于否定课程存在的独立形态。”我们赞同这一意见,对课程的认识应该在传统的“跑道”意义范围内加以讨论。

隐性课程的提出有其特定的背景,它是伴随着西方(美国)20世纪五六十年代“反理性主义”的兴起,存在主义、现象学等哲学思潮的出现而产生的课程观念,强调反思和批判。日本学者佐藤学(2003:191)也指出“隐蔽课程”“这个概念是作为显示学校教育不可忽略的功能——政治的意识形态社会化的所有内涵来使用的”,这也是这个概念产生的根本动因,是从教育的社会文化功能的角度来认识的,显然和一般意义上的“课程”有本质的区别。对此,施良方(1996:56)明确指出:“如果我们把隐性课程理解为校园环境对学生行为的陶冶作用,那就与隐性课程研究的实质——揭示强化在学校课程上的意识形态——相去甚远。”正如“课程”一样,不同的人所说的“隐性课程”其实所指也是不同的。无论是哪种意义上的“隐性课程”,作为一种教育理念我们可以去探究,但如果我们更多地着眼于可以把握的“课程实体”,恐怕就需要回到传统的对课程的理解上,即,课程是在学校教育环境下,为达成一定的教育目标而选择、组织的各类具有质和量的规定性的教学内容和活动所构成的课业及其进程。对于某一具体年级来说,某一学期或学年的课程总体,就体现为“课程表"。

需要指出的是，在课程研究领域，尽管有上面提到的一些学者持有不同的看法，隐性课程研究还是被不少的学者重视，甚至成为教育学领域的"显学"。我们认为，从学术、理论层面看，任何的研究都有其存在的合理性，多元性是正常的学术生态特质，学术也因此而具有了活力。同时，还需要考虑应用层面和实践层面的问题。我们之所以将隐性课程看作是课程认识上的泛化倾向，就是从实践层面上考虑的。无法把握的课程实践上也是无法落实的。

四 相关概念

(一)学科

在有关课程的讨论中，一般都会用到"学科"这个概念，但对这个概念是有不同理解的，需要加以界定。一般谈到学科，通常指的是作为知识体系的学科，比如数学、物理、化学等，是一种学术性学科。但在课程领域，学科的所指往往比较模糊，有时是上述一般意义的学术性学科，有时则是作为实现某种教育目的的一个(类)工具性的科目，比如佐藤学(2003)谈到的日本的"社会科、理科、家政科"等就不是学术性学科。因此，为避免概念的混淆，也许称为"科目"比较妥当。这一点对于后面要谈及的第二语言(外语)教学课程领域尤其适合。因为第二语言(外语)教学的学校教育中，尤其是非学历语言教育中，所设置的各门课程，通常都不是按照学术意义的学科来组织的，而是按照语言技能或语言能力等方面的培养目标来组织的，谈不上学术意义的学科内容(这只是就基础汉语教学中的技能教学而言)，称作科目就避免了上述问题，比较切当。即使是本科学历教育中的各类知识性课程(如"现代汉语语法""中国古代史"等)，也是经过了教育转化后的科目，而不是一般学术意义上的学科了。还有一个办法是，从教育理论的角度对本领域的"学科"做明确界定。美国著名课程学者施瓦布在讨论学科内容时就曾"对'一般的学科内容'与'教育上的学科内容'做了区分。以教材形式呈现的是学科的教育内容，而不是学科的学术内容。他又进一步区分了作为课程编制'来源'(sourses)的学术知识与作为'资源'(resourses)的学术知识，前者具有科学的潜能，要使学术知识成为课程资源，不是靠学科专家借助自己的专业知识就能转化的，只有通过审议才能实现这种转化”（施良方 1996：204）。我们这里不具体介绍施瓦布“课程审议”的思想，想强调的只是，这种对“学科”加以区分的认识对我们认识课程的价值，即，即便是数学、物理等，也需要区分“一般的学科内容”和“教育上的学科内容”。对于第二语言（外语）教学来说，即使是“语法”一类的知识课，同样需要经过一个教育的转化过程，成为“教育上的学科内容”。这一点在我们的教学实践中是存在问题的，转化什么，怎样转化，都还是需要探讨的问题。

与之相关的还有一个概念是“学科课程”（discipline curriculum），指的是综合性的学科课程，如“数学学科”“社会学科”，不同于分科课程（或称科目课程）。施良方（1996：273）对分科课程的解释是：“分科课程是根据各级各类学校培养目标和科学发展水平，从各门科学中选择出适合一定年龄阶段学生发展水平的知识，组成各种不同的教学科目。”这个概念是和“活动课程”相对的。据此，我们认为还是在“科目”的意义上来认识课程比较合适。

（二）课程标准与教学大纲

在教育教学理论和实践中，课程标准和教学大纲是常见的两个概念，二者有密切的关系，常常会有混淆的问题。

王俊（2010）认为：“教学大纲与课程标准的区别之一在于，教学大纲是从教师教的视角编制的，而课程标准是从学生学的视角编制的，课程标准是对学生的学习结果的一种描述，它关注结果，淡化了对教学过程的指导和控制。而且，这种描述是概括化的，它并不指向一节具体的课，也不指向一个单元的课，它指向的是学生在整个学段内的学习。如《普通高中语文课程标准》描述的是学生在完成高中三年的学习以后，应该掌握哪些知识，应该具备哪些情感态度和价值观等。”这一区分对于我国目前中小学教育领域来说是符合实际的。的确常被简称为“课标”的课程标准是着眼于学生的学习结果的，因此地方教育行政机构，甚至学校可以根据课程标准的描述，编写自己的教材。

但有时这二者似乎又不被区分。例如佐藤学（2003：176）就谈到：“随着进步主义教育的形成与普及，教育行政所规定的教育内容和学校的教师所创造的教育内容有所区别，教育行政所规定的教学大纲叫作‘课程标准’（course of study)，学校教师所创造、学生所经验的课程叫作'课程'(curriculum)。"显然这又是另一种角度，照此说法，课程标准也是一种教学大纲。

《中国大百科全书·教育卷》对教学大纲(insyructional program)的界定是："根据教学计划中规定的各门学科的目的、任务而编写的指导性文件。它以纲要的形式，具体规定每门学科知识、技能的范围、深度及其体系、结构，同时规定教学的一般进度和对教学法的基本要求。"由此看来，教学大纲既包括对课程的规定，也包括对教学原则、方法等的规定，对课程标准是涵盖的关系。教学大纲也有所指范围的不同，既指某一教学类型的整体，包括一套课程，也指某一门课程。

(三)课程编制、课程设计、教学设计

这三个概念是我们在教育教学理论和实践中常常见到的，相互之间有关联，也有区别。

课程编制是教育学里面一个非常常用也非常重要的概念，最早来自 curriculum making(博比特用的词)、curriculum construction(查特斯用的词)，以及 curriculum building(其他人用的词)等类似的词。1935 年卡斯韦尔和坎贝尔(Caswell & Campbell)出版《课程设计》(*Curriculum Development*)一书。因为这个词隐含着开发、创建、发展、形成等意思，它意味着课程编制是一个不断改进的过程，因此很快就被广泛地接受。(施良方，1996:80)

课程编制问题也存在不同的理解和认识，涉及课程实施问题，因此关于课程编制和课程设计的关系，我们会在第六章讨论课程实施时具体阐述。

对教学设计的认识也多有分歧。教学设计专家格斯塔弗森(K. L. Gustafson)指出，"教学设计"这一术语被用于描述包括分析教学内容、确定教学方法、指导实验和修改以及评定学生学习的整个过程。(张华，2001:121)照此理解，教学设计涵盖的范围显然和课程设计不同。此外需要注意的是，教学设计的所指也有所不同。有时指的是总体性的，对某一种教学类型的整体框架性的教学规划，比如对外汉语教学中对四年制本科专业的教学设计、对短期速成教学的设计等都属于此类设计；有时指的是具体的一门课程的教学规划，包括目标、内容、原则、方法、评价等；甚至还指具体一堂课的整体教学安排,包括教学环节、手段、方法、时间分配等。第一种含义的教学设计中包含了课程,而第二种含义则主要是课程内部的教学组织和安排,着眼于教学本身。

第二节 课程的历史演进

要深入认识课程,就需要对课程的产生、发展,对课程的理性认识的演进过程等有所了解。大致上,我们根据对课程的认识是否科学这一标准,将课程的演进历史分成两个时期:前科学时期和科学时期。

一 前科学时期的课程

我们这里说的前科学时期,是按照一般的对科学的认识来说的。因为包括概念、框架等在内的系统的教育学(课程)理论的出现已经是20世纪初的事情了。美国课程学者坦纳夫妇(D. Tanner & L. N. Tanner)就说过:"课程有一悠久的过去,但只有短暂的历史。"(转引自张华,2001:1)很多人类活动都是这样,实践在先,科学认识在后,包括对外汉语教学。

自从人类有了教育活动,课程也就相伴而生。尽管当时的人们并没有后来我们看到的诸多的系统的科学认识(像上面介绍的六种课程定义),但已然具有了基本的课程观念。在各种教育学著作中,谈到课程理念,都会追溯到远古时期,从先哲们那里探寻课程思想的源头。其实不仅仅是课程,许多学科的源头(如哲学、语言学等)也都要追溯到那个时期。例如,施良方(1996:10)谈到:"在西方,古希腊的柏拉图和亚里士多德等人的课程思想,对整个西方学校课程产生过相当大的影响。柏拉图的理想国这个目标主要是通过为不同社会等级的人设置不同的课程而达到的,亚里士多德则最早从心理学的角度来分析教育的阶段和课程的设置。"卜玉华(2001:13)也谈到:"课程起源于古希腊人的日常生活。"古希腊日常生活的民主化使得公众集会上的演讲成为一种重要的内容,而要使演讲更具有说服力、感召力,就需要注重演讲的技巧,于是"演讲术"就应运而生了。文法(语法)、修辞和辩证法也就是在这种日常生活的需要中催生出来的。瞿葆奎(1988:45)谈到:“这样,一代又一代就学的儿童都要感谢智者(Sophist)普罗泰哥拉(Protagoras)那样的教师们,因为是他们开创了注重文法规则的语言训练。普罗泰哥拉为文法做出了贡献;而柏拉图,更为突出的是亚里士多德,为辩证法做出了贡献。还有其他人为修辞做出了贡献。”事实上,亚里士多德也为修辞做出了贡献,其《修辞学》一书对后世也产生了影响。

古希腊人基于整体思维的基本方式,认为教育的目的是促进理想人格的形成。古希腊时期的博雅教育(又称“自由教育”,liberal education)课程的认识基础就是:知识是通达永恒的桥梁,核心思想是用知识来培养人的心智,实现理想人格的目标。以此为基础,古希腊人把永恒不变的知识作为课程内容。在知识的选择上,古希腊人采用两条标准:一是知识所代表的永恒性程度;二是知识所指涉的人性的层次。他们认为文法、修辞、逻辑、美术、几何、天文、音乐七种知识(统称为“七艺”)代表高级的固定实在领域的观念,属于永恒不变的真理,是完全意义的知识,与真实实在的领域相适应。(卜玉华,2001:9—11)对于知识的永恒性的认识实际上一直影响到今天的课程观念,比如在我国曾经流传甚广的“学好数理化,走遍天下都不怕”。在可见的未来,数学、物理、化学、语文等课程恐怕都会作为“永恒性的知识”而成为学校教育中的核心课程。

教育领域的这种整体思维的模式一直延续到16世纪的夸美纽斯(J. A. Comenius)那里。他的《大教学论》一般被认为是教育学的奠基之作,我们从该书的架构和基本思想脉络看,其核心思想是,教育是为了人们安全、幸福的生活。围绕这一基本思想,展开对教育(课程)内容选择依据的论证。

概括上面的描述,这一时期的课程是和教育的讨论融为一体的,对课程的认识也是经验式的。

二 科学时期的课程

(一)近代学校教育制度的建立——夸美纽斯的贡献

我们今天对于小学、中学、大学、学年、年级、班级、期末考试等概念都很熟悉了，然而从历史上看，这一切的出现其实是比较晚近的事情。16世纪夸美纽斯的《大教学论》的问世才奠定了这一切教育制度形式的基础。基于对“自然秩序”的主张，夸美纽斯(1632/1985:78)认为“教学艺术所需要的也不是别的，只不过是把时间、科目和方法巧妙地加以安排而已”，具体办法是建立学年制和班级授课制。一切公立学校每年秋季招生一次，同时开学，同时放假；把学生按年龄和学力分成年级和班级；每班专用一个教室，由一位教师同时教导全班学生，全班学生在教师指导下做同样的功课；为每个年级制订统一的教学计划和课时表，使每年、每月、每周、每日、每时都有一定的教学任务；除平时考查外，学年结束时举行一次隆重的考试，使全体学生(心智缺乏者除外)能同时达到一定程度，升入高一年级。可见，这已经具备了我们今天学校教育的基本轮廓。这一制度的建立，大大提高了教学的效率，使规模化的教学成为可能，其影响是重大的、深远的。当然，以今天的观点看，在获得了效率的同时，也牺牲了教育的另一个重要方面，即对学生个体差异的尊重。陈桂生(1997)谈到：“在近代教育情境背景下，课程原则上不是从各个学生所‘学’出发，而是关于同一学生集体所有学生共同学习的范围与进度的构建；这种学习范围与进度的规定，又不以特定的学生集体的学习状况为前提，而一定级别类型的学科系列又由学校在整个教育系统中所处的位置决定。这样的课程，主要甚至只能是‘教程’。”这就使得班级授课注定要面临一个难以克服的问题：如何最大限度地注重教学的针对性。这在日益强调第二语言(外语)教学的针对性的今天，更是我们要考虑的问题。

值得注意的是，夸美纽斯的思想中有很多是来自他在教授第二语言(拉丁语等)过程中形成的认识。1616年他在教育革新上做了第一次尝试，编写了一本小型的语法教学指南《简易语法规则》。在写作《大教学论》之前就出版了第二语言(外语)教学方面重要的拉丁语教科书《语学入门》(1631)，后被翻译成12种欧洲文字和4种亚洲文字，影响甚广。比如他非常强调直观教学，主张尽量要用实物，如果得不到实物，就用图像、模型等直观教具来代替。他把直观教学作为教师的一条金科玉律，要求在一切教学中普遍使用。加拿大语言教学专家麦基(W. F. Mackey)(1965/1990:167)谈到夸美纽斯在语言教学上的贡献：

> 大约在同一个时期（指文艺复兴时期——引注），拉蒂希乌斯（Ratichius）也抱怨当时盛行的那种以牺牲阅读为代价去强调语法的语言教学。但是，根据新的原则制定新的语言教学法这一工作一直到他的后继者、著名的捷克教育家夸美纽斯（Jan Comenius）才完成。夸美纽斯在教阅读和口语时，运用模仿、重复及大量的练习等方法，而不用规则。语法是间接地通过归纳法学到的。1631 年夸美纽斯出版了他的《语学入门》（*Lanua Linguarum Resrata*）一书，它包括的词汇很有限，只有几千词，每个词都有例句，对其意义略做说明。第二年又出版了《大教学论》（*Didactica Magna*）。这是一部更加不凡的著作，它超出了语言的范围，为现代教育学奠定了基础。但语言教学仍是夸美纽斯的主要兴趣。他的《语言的最新教学方法》（*Linguarum Methodus Novissma*）（1647）是最早用归纳法教语法的一个尝试。他的一部晚期著作《画中世界》（*The Orbis Pictrus*）（1658）是第一部通过图画来教语言的著作。[①]

麦基的这段话比较全面地反映了这位现代教育学奠基人在语言教学方面的贡献。这其实也给我们另一个有益的启示，那就是第二语言（外语）教学与教育学在历史上就有着密切的关系。夸美纽斯对“自然秩序”的强调与他的第二语言（外语）教学实践中所获得的感知或许有相当的关联。

近代学校教育制度的建立，为课程的科学化奠定了基础。因为只有规模化的教学才会促使教育管理者和实践者系统地思考课程体系、课程标准等问题，个别化的教学则不具有系统考虑的紧迫性。比如规模化的教学就需要考虑如何保证平行班的教学质量的一致，这就对教学大纲、课程标准等有了迫切的需求。

（二）课程理论的萌芽——斯宾塞的知识论

到了 19 世纪中叶，英国学者斯宾塞于 1858 年发表了《什么知识最有价

---

① 这里有两点要注意：一是著作的出版时间。根据《大教学论》中译本 1985 年版译文序作者方克明的说法，《语学入门》出版于 1632 年，《大教学论》出版于 1633 年，但按照该译本的著作年表，麦基的说法是正确的。二是书名译法有别。《画中世界》，《大教学论》中译本译为《世界图解》（全称《感觉世界图解》）。

值?》一文,较为系统地论述了课程知识内容问题,主要是课程内容的选择问题。前面谈到,古希腊时期教育思想中的一个核心是知识及其选择问题,而到了斯宾塞所处的时代,这个问题看来仍然是需要加以合理论证的教育的核心问题,只是着重点不同了。斯宾塞首先对古希腊时期的知识选择提出了批评,指出:"在希腊的学校中,主要科目是音乐、诗歌、修辞和在苏格拉底(Socrates)任教以前很少联系到行动的哲学;而对于生活技艺有帮助的知识只占很次要的地位。"(斯宾塞,1858/1962:2)他进而指出当时的教育"所考虑的不是什么知识最有真正的价值,而是什么能获得最多的称赞、荣誉和尊敬,什么最能取得社会地位和影响,怎样表现得最神气"。显然,他的知识选择观念是重实用,反对华而不实。那么他所说的最有价值的知识是什么呢?他认为知识的价值是在比较中确认的,强调"在能够制定一个合理课程之前,我们必须确定最需要知道些什么东西;或是用培根那句不幸现在已经过时的话说,我们必须弄清楚各项知识的比较价值"(斯宾塞,1858/1962:6)。他进而强调了比较标准的重要。他的标准就是是否有利于人们"完满的生活",指出"为我们的完满生活做准备是教育应尽的职责;而评判一门教学科目的唯一合理办法就是看它对这个职责尽到什么程度"(斯宾塞,1858/1962:7)。具体怎么做呢?他按照重要的程度把人类的活动排出了五类自然的顺序:(1)直接保全自己的活动;(2)从获得生活必需品而间接保全自己的活动;(3)目的在抚养教育子女的活动;(4)与维持正常社会政治关系有关的活动;(5)在生活中的闲暇时间满足爱好和感情的各种活动。他进一步把这些活动明确地表述为五类教育:准备直接保全自己的教育,准备间接保全自己的教育,准备做父母的教育,准备做公民的教育,准备生活中各项文化活动的教育。为实现这些教育,他最终将他认为最有价值的知识落实到科学——生物学、数学、化学、物理学、工学、天文学、地质学以及社会科学等上面。

从以上描述看,斯宾塞的思想中包含了后来科学时期课程思想的基本要素,比如目标、内容等确定的标准,还有课程(知识)间的内在逻辑联系,比如他说"生物学和心理学是解释社会学所必需的"(斯宾塞,1858/1962:29),因此他的思想一般被视为课程理论的"萌芽"。

(三)作为独立研究领域的课程——博比特、泰勒的贡献

经过了上千年的实践的、思想的准备,到了 20 世纪初,对于课程的认识终于进入到了科学化的时期。而在这一时期,两位具有里程碑意义的学者做出了各自杰出的贡献。

1.博比特。

1918 年,美国著名教育学者博比特出版《课程》(*The Curriculum*)一书,一般认为这是课程成为一个独立研究领域的标志。之后,1924 年他又出版了《怎样编制课程》(*How to Make Curriculum*)。(张华,2001:1)

博比特所处的时代正是美国"社会效率运动"兴起的时代。1911 年美国"科学管理之父"泰罗(F. W. Taylor)出版的《科学管理的原理》一书,确立了被称为"泰罗主义"的管理理论。其基本特征是:效率取向、控制中心,把科学等同于效率,把人视为生产工具。这一理论影响到了教育(课程)领域,博比特的课程理论就是在此背景下产生的。

关于博比特教育理论的基本内容,张华(2001:3)参考了台湾教育学者黄政杰《课程设计》的表述,概括为三个方面:(1)教育是为成人生活的准备;(2)教育是促进儿童的活动与经验发展的过程;(3)教育即生产。基于这些教育理念,博比特是怎么看待课程的本质的呢?他说:"人们从事(成人)事务所需的能力、态度、习惯、鉴赏力和知识形式将会显现出来而成为课程目标。这些课程目标将是众多的、明确的、详尽的。因此课程是儿童及青年获得这些目标所必须具有的一系列经验。"(转引自张华,2001:4)根据我们前面对教育(课程)思想的梳理,很明显,这种为完美的成人生活做准备的教育观是有其历史继承性的。

学界把博比特视为课程科学化的开端,这与他首次提出一整套课程开发理论直接相关。美国课程论专家麦克尼尔(J. McNeil)说:"博比特第一次明确表述了研究课程编制过程的重要性。他认识到,仅仅开发新课程是不够的,还需要更清楚地了解怎样开发新课程。"(转引自张华,2001:5)他的课程开发程序分为五个步骤:人类经验的分析;具体活动或具体工作的分析;课程目标的获得;课程目标的选择;教育计划的制订。从博比特的课程开发思想中,我

们还是能够看到夸美纽斯、斯宾塞等前贤的思想的影子，比如首先是对人类各种活动的分析，所分类别虽有增加，但基本思路是一脉相承的。他的发展与贡献就在于将课程开发作为一个独立的领域，并加以系统化、科学化，具有更强的可操作性。

2.泰勒。

课程理论发展的另一个里程碑则是被称为“现代课程理论之父”的拉尔夫·泰勒(R.W.Tyler)的《课程与教学的基本原理》(*Basic Principles of Curriculum and Instruction*)的问世。该书于1949年初版，重印数十次，译成多种文字，被称为现代课程研究的范式。瑞典学者胡森等人主编的《国际教育百科全书》这样评价：“泰勒的课程基本原理已经对整个世界的课程专家产生影响。……不管人们是否赞同‘泰勒原理’，不管人们持什么样的哲学观点，如果不探讨泰勒提出的四个基本问题，就不可能全面地探讨课程问题。”(转引自瞿葆奎、施良方，1994)足见其巨大的影响。

这四个基本问题就是泰勒在该书的导言中提出的“制订任何课程及教学计划时都必须回答的问题”：学校应力求达到何种教育目标？要为学生提供怎样的教育经验，才能达到这些教育目标？如何有效地组织好这些教育经验？我们如何才能确定这些教育目标正在得以实现？这四个问题概括了一切教育教学活动所要涉及的全部问题，因此称之为教育学需要回答的基本问题应该是恰当的。对外汉语教学作为一门以教育学为其基础学科之一的综合性应用学科，同样需要回答上述四个基本问题，以其作为对外汉语教学课程理论和实践的基础。

泰勒理论的出现有其特定的社会背景。1929—1933年间，席卷美国及全球的经济大萧条给美国教育界提出了一个严峻的课题：如何通过改进学校的课程和教学帮助学校教育走出困境？在此背景下，美国进步教育协会发起了被称为“八年研究”的教育研究行动。“‘八年研究’不仅对美国大学入学要求和中学课程产生了深远的影响，同时由于它指出了教育目标、课程设计和评价过程之间存在着密切的联系，既孕育了教育评价领域，又为现代课程理论奠定了基础。而泰勒的主要贡献正是在这两个方面。”(瞿葆奎、施良方，1994)作为测量评价组的负责人，泰勒参与了“八年研究”的全过程，也正是在这一过程中，孕育并诞生了影响深远的“泰勒原理”。

泰勒的上述四个基本问题实际就是课程编制的四个步骤：确定目标；选择经验；组织经验；评价结果。其中目标的确定是核心和关键，他（1949/1994：46）说：“如果要设计一种教育计划并不断地加以改进，那么，就极其需要对所要达到的目标具有某些概念。这些教育目标是选择材料、勾画内容、编制教学程序，以及制定测验和考试的准则。”他用了大量篇幅阐述教育目标的确定方法。具体流程可以参见图1－1（瞿葆奎、施良方，1994）：

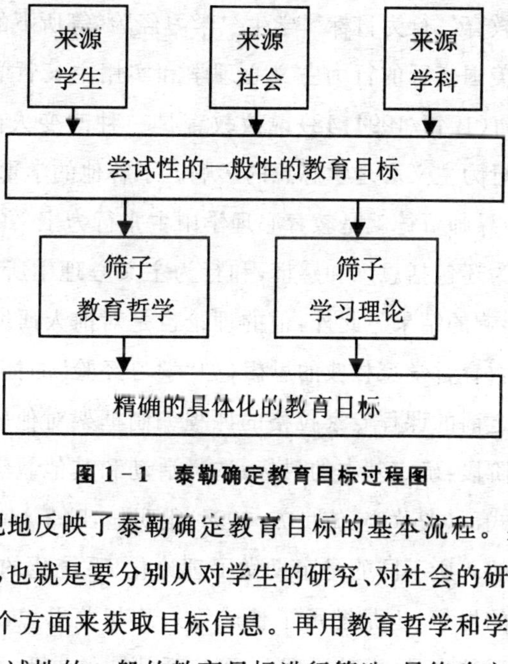

图1－1 泰勒确定教育目标过程图

图1－1直观地反映了泰勒确定教育目标的基本流程。其中最为重要的是三个目标来源，也就是要分别从对学生的研究、对社会的研究以及对学科专家意见的征询三个方面来获取目标信息。再用教育哲学和学习理论对各类信息、内容等所谓尝试性的一般的教育目标进行筛选，最终确定精确的具体化的目标。关于目标问题，我们还将在第三章具体讨论。

在学习经验的选择方面，他（1949/1994：51—53）提出了五条选择的原则：(1)为了达到某一目标，学生必须具有使他有机会实践这个目标所隐含的那种行为的经验；(2)学习经验必须使学生由于实践教育目标所隐含的那种行为而获得满足感；(3)学习经验所期望的反应，是在学生力所能及的范围之内的；

(4)有许多特定的经验可用来达到同样的教育目标;(5)同样的学习经验往往会产生几种结果。①

在学习经验的组织方面,他提出了三项准则:(1)连续性(continuity);(2)顺序性(sequence);(3)整合性(integration)。

关于结果的评价,他认为,评价是查明学习经验实际上带来多少预期结果的过程,所以评价过程实质上是一个确定课程与教学实际达到目标的程度的过程。

泰勒的理论有其显著的哲学和心理学基础。瞿葆奎、施良方(1994)指出:"我们在泰勒对'教育''行为目标''学生''学习经验'等所下的定义中,可以清楚地看到当年在美国盛行的行为主义心理学和实用主义哲学的影响。"比如什么是教育,泰勒(1949/1994:48)说:"教育是一种改变人的行为方式的过程。"这足以反映行为主义心理学思想的影响。了解他的学术背景就觉得这很自然了,他的博士导师贾德就是教育心理学中主张行为主义的一个重要人物。尽管他所说的行为还包括思维和感情,和行为主义心理学所说的"行为"有所不同,但仍是其影响的结果。此外,他的理论也是对前人研究的继承和发展,包括继承了美国教育哲学家杜威的思想(如"学习经验"的提法)、博比特等课程专家的思想。之前的课程专家拉格的课程编制框架对他就有直接的影响。该框架分为三个阶段:确定基本的目标;选择活动和其他教学材料;发现最有效的材料组织方式。(瞿葆奎、施良方,1994)很明显,除了评价一项,其他三个方面基本是一致的。所不同的是泰勒做了理论化、系统化的工作。包括课程目标的三个来源的思想,也是继承了杜威等人的相关思想,泰勒做了最终的"接受"工作。这恐怕也是"泰勒原理"得到广泛认同的重要原因。

(四)课程理念与模式的演进

进入科学的课程理论时期后,随着各种哲学思潮的兴起,也伴随着心理学等学科的发展,形成了各种不同的课程理念和模式。有相对传统的,如目标模式(以博比特、泰勒为代表),也有比较激进的,如基于后现代主义的批判模式。

① 后来他又发展到了10条原则。

主张批判模式的学者认为所有知识都有着社会偏见,知识的构建总是为某种社会目的服务的,因此,课程编制不再是一个技术问题,而是一个政治、意识形态的问题。[①] (施良方,1996:223—229)前面谈到的"隐性课程"就是由这一派学者率先提出来的。这些不同的模式就整个教育领域而言,有其逻辑上的必然性,因为作为一种人的教育活动,必然要与社会文化的各个方面发生联系,它不可能是孤立的。哲学的、社会的各种思潮的变化,也必然会促使教育(课程)领域出现相应的变化,呈现多元的格局。本书不可能也无必要全面介绍各种课程理念和模式,[②]拟重点结合第二语言(外语)教学的实际,概略地介绍有关的课程理念和模式。

除了我们前面讲到的将课程做广、狭二义的界定外,有学者从课程理念的角度也对课程的界定做了广狭之分。广义的课程是"学习经验之总和"(佐藤学,2003:176)。这一意义上的课程是在20世纪初美国进步主义教育运动背景下出现的,是对传统课程理念的反动;狭义的课程指学校教育中的学科及学科组织框架。这被视为传统课程理念的产物。

1.传统的课程理念和模式。

泰勒把知识本位的课程思想称为"要素主义"。在谈到教育目标的来源问题时他(1949/1994:47)说:"要素主义者注重数千年来累积起来的大量知识,也就是所谓的文化遗产。他们强调这种文化遗产是引出教育目标的主要来源。要素主义者实质上是把教育目标看作是从以往大量的文化遗产中挑选出来的基础知识。"按照这一认识,前面介绍的从古希腊时期的课程理念,到夸美纽斯、斯宾塞的课程理念都属于这种要素主义的理念。

佐藤学(2003:22)称此类课程为"传递中心课程",并定义为"教师单向地向学生传递'制度化知识'的课程"。他把"制度化知识"概括表述为四种性质:

① 其激进性表现在,有的学者基于对"隐性课程"的认识,主张只有取消学校,才能彻底消除隐性课程的影响。如代表性人物之一伊里奇(I. Illich)发表有《非学校化社会》,参阅施良方(1996:225—226)。

② 比如施良方(1996:234)就正确地指出:"批判模式所探讨的课程,其内涵已经超出了通常所说的课程的定义范围。课程与学校教育几乎成了同义词。"

(1)这种知识是在现代被视为真理与真实的学术(科学、技术与艺术)中,被政府、教育部的审定这一"滤纸"通过的知识;(2)这种知识是可以给儿童"明白地传递"的,亦即变换、简要成可供传递的语言(文字、活字)这样一种制度(约束的事件);(3)这种知识在许多场合是现代学术中已经明确的结论(正解);(4)这种知识由于是上述所限定的框架内的知识,不能超越这种框架。

这类课程强调的是学科知识对学生成长,以及社会进步的意义,因此也被称为以学术为中心的学科课程理论。

从课程编制模式看,目标模式则是大的传统课程思想中迄今影响极为广泛的代表模式。这一模式源自博比特,成熟于泰勒。该模式是在行为主义心理学的直接影响下产生的,强调行为主义目标和可观测的行为目标,强调目标的分类和体系化,强调"先决定目标,后决定手段"的基本原则。(钟启泉,1989:393—394)这些特点我们在前面对博比特、泰勒思想的介绍中已经有所了解。

2.现代的课程理念和模式。

谈到课程理念的现代化,首先要从杜威的课程思想谈起。他的思想代表的是以学生发展为中心的人本主义课程理论。尽管对泰勒等人产生过很大的影响,但总体上看和传统的课程观念有较大的不同,因此我们把他的思想看作现代课程观念的一种类型。

学生中心课程理念认为,应该以学生的兴趣和爱好、动机和需要、能力和态度等为基础来编制课程。这种课程有两个特征:(1)课程的核心不是学科内容,不是社会问题,而是学生的发展;(2)课程内容不是既定不变的,而是随着教学过程中学生的变化而变化的。(施良方,1996:17)

19世纪末20世纪初实用主义哲学兴起。作为代表人物之一的杜威将实用主义运用于教育(课程)领域,所形成的学生中心的课程思想影响很大。杜威认为,已经归了类的各门科目,是许多年代的科学的产物,而不是儿童经验的产物。他主张抛弃"把教材当作某些固定的和现成的东西"的观点,而是要把课程与儿童的经验结合起来,让学生"在做中学"。(施良方,1996:65)那么,他所强调的经验到底是什么?这是理解杜威思想,乃至受其影响的其他课程论者的关键。他所说的“经验”不是常识意义上的经验,而是一个哲学观念。实用主义哲学家批判之前的哲学家将求知主体与被认知的客体对立起来,持二元论的观点。杜威认为,如果把经验看作是一个统一的整体,就不会有这样的二元分立了,因为经验就是主体和客体之间不断的相互作用。这便构成了杜威实用主义课程观的核心思想。

美国当代著名课程学者派纳(W.F.Pinar)(1995/2003)在《理解课程》一书中指出,美国课程研究自20世纪70年代以来发生了重要的范式转换:从课程开发转向课程理解,即从怎样有效地开发课程,转向怎样理解课程。事实上,从上面对杜威思想的介绍,我们可以看出,他的着眼点就已经放在对课程的理解上了,因此引发了20世纪初美国教育界的进步主义教育运动。可以认为杜威的思想是比较超前的。

进行“课程理解”声音比较大的理论流派就是“概念重建主义课程范式”(也被称作“批判理论”。参见施良方,1996:71)。这是一个松散的流派,其中包括了我们前面提到的批判主义的课程流派。“概念重建主义者”对传统课程理论的批判主要有三个方面:(1)传统课程理论秉持实证主义科学观,追求课程理论的“客观性”,这有违课程理论的学科性质,也使课程理论沦为控制工具。(2)传统课程理论受“技术理性”的支配,课程研究的目的是提供课程开发的“处方”——普适性的程序和规则,这就使课程理论成为“反理论的”“反历史的”。(3)尽管传统课程理论标榜“价值中立”,但它却因此陷入一套保守的、使其政治方向神秘化的价值观念之中,实际上是维持了现行的社会控制体系。(张华,2001:25—27)

可见,从科学的意义上看,“概念重建主义者”是对科学主义的一种反动,突出强调反思和批判。这显然是西方后现代主义兴起所引起的大的社会思潮背景在课程领域的反映。事实上,其中的一些讨论虽然具有促进理论思考的价值,但往往会超出课程讨论的范围,着眼于整个教育与社会的关系,意识形态化的色彩很浓。

3.如何看待传统与现代?

传统与现代是个相对的概念。对于后起的课程理论,之前的都会被看作是传统的。就像是“传统语法”这个概念一样。在以叶斯柏森(O. Jespersen)为代表的习惯语法学派兴起的时候,把之前的语法称为传统语法加以批判;结构主义语法兴起时,叶斯柏森等的习惯语法就被归到传统语法里面受到批判;而到了转换生成语法,结构主义语法也成为传统语法的一部分了。同样,在泰勒等看来,夸美纽斯、斯宾塞等是传统的课程思想,而到了上面所说的“概念重建主义课程范式”,泰勒等又成为传统课程观念的代表。

尽管传统课程理念(以夸美纽斯、斯宾塞、博比特、泰勒等为代表)受到批判,但从现实的课程实践看,基本上仍然是在传统的课程理论框架下,而现代课程理念并没有在操作层面上进入学校教育中,更多地是在观念层面上起启发性作用。其基本原因在于,现代课程理念往往不具有可操作性。卜玉华(2001:110)在谈到此类问题时也说:“这样,就决定了传统课程一般都是有‘章’可循、有‘法’可依、系统而完整的,而现代课程理念则相反,几至有种无法把握的感觉。”对于“泰勒原理”不管有怎样的批评,必须承认的是,其最突出的特点就是计划性、程序性和可检验性,因此是可以把握的。著名学习心理学家加涅(R. M. Gagne)(1984/1999:22)在谈到鉴别学习条件的意义时说:“在学生进入学习情境之前,必须仔细计划这些条件。尤其需要依据学生学习前后的性能来进行计划。学生的起点在哪里,他们要达到何处?学习的先决条件是什么?学生下一步将能学习什么?先于有效教学设计之前的计划包括仔细规定这些先决条件。”他说的是学习计划,但从另一角度看,就是课程编制所要完成的任务,明确教学目标,选择、确定并组织教学内容,而在完成这些任务时就必须考虑上述诸方面的“条件”。这种计划性是保证教学(课程)存在的合理性的关键。现代课程理念恰恰在这方面存在致命的缺陷。比如杜威的课程理念基本上也就是在其“实验学校”存在了一段时间,并没有被广泛采用。

需要强调的是,现代课程理念中有值得重视的要素,比如对学习主体——学生的主动性和能动性的强调。卜玉华(2001:172)认为:“没有学生学习的主动性,没有学生在教学中的积极主动参与,教育就可能蜕变为‘驯兽式’的活动。靠重复强化和外在的诱惑或威胁来维持学习活动和产生学习效果,其后果不仅是学习质量和效益的降低,更严重的是压抑了学生作为人所必须具备的主动性和能动性的发展,影响学生积极、主动人生态度的形成,使得他们不能真正体会到学习生活的愉悦,体会到因主动性发挥而得到的精神满足和能力大发展。学生主动性发展的最高水平是能动、自觉地规划自身的发展,成为自己发展的主人,这是我们教育成功的重要标志。”而传统教育(课程)理念在对人(学生)的主动性和能动性方面有所欠缺。[①] 然而,在强调这一点的同时,还必须注意到问题的另一面,即学生之所以为学生的一个重要特征就是,很多学生并不清楚自己该学什么,以及该怎样学习。这是一个基本的教育事实。因此,在我们为那些颇具吸引力的现代课程理念而感到兴奋时,还需要冷静思考其现实的可能性。其实不只是学生因素如此,教师因素也一样。有些课程理念不可谓不先进,也颇有道理,但真正能实现理念倡导者目标的教师寥寥无几。正如张华(2001:177)所谈到的那样,人们批评“生成性目标”取向过于理想化。认为运用“生成性目标”意味着教师要能够与学生进行有意义的对话,但大多数的教师并没有受过这方面的训练。即使有教师受过对话方面的训练,也不大可能运用这种互动性教学方法,因为这需要额外的计划和努力。对许多教师而言,教学是一种工作,而不是生活的使命。显然,上述批评的理由是成立的,符合教师的实际。所以在理念问题上,应有的恐怕是一种积极的而又务实的精神。

佐藤学(2003:11)概括了传统课程研究和现代课程研究的区别:“以往的研究是以教育内容的选择、编制、评价以及学习经验的技术与原理为对象的,而现今的课程研究是探讨课堂中产生的师生的文化的、政治的、伦理的意义,以解读产生这种经验的权力关系为中心课题。”从这个角度看,本书的定位无疑是传统的,甚至是保守的。但对于一门新型的交叉型应用学科,对外汉语教学的课程研究,在现阶段还是应该在传统的课程理论基础上加以构建,也许在未来的某个时候,现代意义的课程研究思想可以成为本领域的主调。何况事实上,这些现代课程理论多半只是作为一种理念而存在的,在学校的教育实践上并没有实施的空间。

---

① 说传统教育理念中完全忽视学生,只关注知识的工具性,恐怕也是不客观的。

在人类的教育活动中，何以需要课程？换言之，课程存在的合理性是什么？无论是传统的教育（课程）理念，还是像杜威等现代教育（课程）理念的主张者，都承认课程的工具本质，[①]即课程是为实现一定的教育目的而必须采用的一套工具或手段。如卜玉华（2001:174）所说："课程理念的演变逻辑已经告诉我们，课程最初的存在与发生，是作为工具为一定的教育目的服务的。所以脱离了这点来规定课程价值，实质上是从根本上否定了课程存在的合理性。"这恐怕是认识课程问题的一个基点。

第三节　课程与教学

在教育学中历来存在一个理论问题：课程是教学的内含部分，还是独立的一个领域？大体上有三种看法，一是课程包含教学，二是教学包含课程，三是有联系但互不包含。

课程与教学的关系问题成为困扰现代教育理论与实践的重大问题。（张华，2001:75）泰勒的名著《课程与教学的基本原理》即是把课程与教学放在一起论述的，属于既分又不分的类型。比如在谈到学习经验的选择原则时，所谈到的五条原则（参见前文）就不纯粹是针对课程内容的选择，而是包括了教学原则。近年我国课程理论研究中提出的"大课程观"主张课程本质上是一种教育过程，包含了教学过程，（卜玉华，2001:215）显然持的是第一种看法。施良方（1996:258）指出："虽说课程作为独立的研究领域已近百年，但直到现在，仍然有一些著作中对这两者不加区分，合而为一或者混为一谈。我国的一些《教育学》乃至《教学论》和《课程论》著作，对此的区分也不甚明了。到目前为止，课程理论与教学理论的关系并未完全理清，我们所得到的常常是一些模糊不清、相互矛盾的信息。"据此看来，也是主张区分课程与教学的。张华（2001）则似乎是主张第三种意见，即有联系但互不包含，他的《课程与教学论》就是将二

① 不过杜威要将工具伦理化（参见卜玉华 2001:136）。

者联系起来分别阐述的尝试。在该书后记中,作者说:“课程在本质上是一种教学事件。教学在本质上是一种课程开发过程。把课程与教学截然分开,使一方控制另一方的做法本质上是‘工具理性’的产物。以学生和教师的发展为宗旨的教育应既保持课程与教学的相对独立性,又使二者内在统一。”尽管如此,他接着也承认“把这两个研究领域的成果整合起来是极为困难的”。这番话应该说把课程与教学的关系问题的现实说得很清楚了。

不管怎样,讨论对外汉语教学的课程问题,这也是无法回避的一个问题,所以本书单列一节具体讨论这个问题。

一 理解教学

前面我们已经对课程有了一些基本的了解,这里需要对教学做一些讨论,以便于认清课程与教学二者的关系。

什么是教学?概括地说,教学是教师与学生以课堂为主渠道的交往过程,是教师的教与学生的学的统一活动。(张华,2001:73)这种活动的基本旨归是学生获得知识和能力,以及其他人格、情感等方面的发展。教与学是一种相互依存的关系,就像一张纸的两面。作为在学习理论上有重要影响的学者,加涅对教学有一系列论述。他(1984/1999)在《学习的条件与教学论》第三版序言中对教学做了如下阐述:“教学就是由有意识地计划和安排的这些外部事件构成的。因此可以合理地把教学定义为旨在促进学习而设计的居于学习者之外的一些事件。”他(1984/1999:23)又说:“从特殊的意义上看,教学的功能是从对学习所需要的条件的描述中派生出来的。教学意味着安排存在于学生之外的条件。”按照这样的解释,可以认为加涅所说的这些“事件”或者“条件”就是课程,尽管全书并未出现“课程”字样。加涅等(1999)在《教学设计原理》中再次指出:“教学是以促进学习的方式影响学习者的一系列事件。”加涅等人特别区别了“教学”(instruction)和“教授”(tcaching)两个概念,以体现其基本思想,指出如此区别的主要原因是:“我们希望描述对人们的学习有直接影响的所有事件,而不是只描述由教师个人发起的那些事件。”显然,这种区别是有意义的,将教学从传统的“教师视角”变为“教”“学”一体的视角。

如果就教与学的整个过程而言，当然包含了内容、原则、方法等；但如果仅就教师的教学活动而言，更多的是着眼于"怎么教"的问题，即教学原则与方法的问题。

二　课程与教学的关系

从所见的相关论著看，大部分还是主张区分课程与教学的，所不同的只是如何看待二者的关系。例如，波姆和贝克（W.J.Popham & E.Baker）(1970)的《制定教学目的》（*Establishing Instructional Goals*）一书专门区分了课程和教学：课程是指学校的意图，教学则是指学校的实践；课程是为有目的的学习而设计的内容，教学则是达到教育目的的手段。相应地，课程理论主要探讨教育的目标和内容，教学理论主要关注达到这些目标的手段。（施良方，1996：260）

关于课程与教学的关系，美国学者塞勒（J.G. Saylor et al.）提出了三个隐喻：(1)课程是一幢建筑的设计图纸，教学则是具体的施工。(2)课程是一场球赛的方案，这是赛前由教练员和球员一起制定的；教学则是球赛进行的过程。(3)课程可以被认为是一个乐谱，教学则是作品的演奏。"这三种隐喻不仅涉及课程与教学的关系，而且还触及何为教学的问题。事实上隐喻一隐含着'教学是门科学'；隐喻二和三隐含着'教学是种艺术'。"（施良方，1996：139）不同的课程论者在上述三种隐喻中会有不同的倾向。

在各种课程模式中，约翰逊（M.Jhonson）模式比较好地区别了课程与教学，揭示了课程与教学两个系统的动力学关系。图1-2（转自钟启泉，1989：328）直观地反映了这种关系：

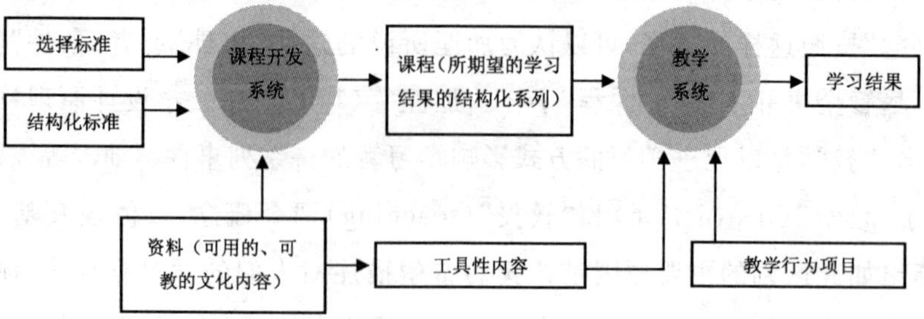

图1-2　约翰逊模式

基于上面的介绍，我们倾向于课程和教学二分，课程是计划或称蓝图，教学则是计划的实现。

第四节 课程的构成要素

实践性课程理论的创立者施瓦布认为课程是由教师、学生、教材、环境四个要素构成的。这是一种不同于单纯强调学科内容意义上的课程的观念，注重的是对课程产生作用的相关要素的相互关系，应该说是符合课程实际的认识。因此我们以此为依据，具体讨论课程与该四要素的关系。

一 课程与教师

课程，无论是否有教师参与编制，具体实施的主体是教师。如果套用课程是“蓝图”的隐喻，那么教师就是实现蓝图的人。因此，教师之于课程的重要性不言自明。然而我们注意到，早期的教育思想家对教师的地位和作用认识不足。比如夸美纽斯(1632/1985:249)就在他一系列类比式阐述中，过分强调了他的一套学校教学体系方法的作用。说到这套方法的好处，他说：“即使没有教学天赋的教师，他也能用它，从它得到好处；因为他们不必自己去选教材，不必自己去想办法，他们只要知道那些已合适地安排好，并准备了合适的工具去教的材料，把它灌输给他们的学生就行了。”显然，这是一种完全忽略教师的主体能动地位的认识。他接着说：“一个学校教师眼前有了应教的题材和教法，他便什么都应该能教。”这显然过分夸大了教材和教法的作用，和实际的教学规律不符。夸美纽斯在教育学上的奠基者地位无可置疑，但对于教师在教学(课程)中的地位和作用是非常忽视的，《大教学论》一书通篇没有这方面的正面论述，我们看到的只是上面引用的偏颇的看法。这种认识并非只是由时代的局限性造成的，因为这种认识在当今的教育实践中也并非不存在。在对外汉语教学领域，近些年热议的教学模式，以及对教材作用的不断强调，一定程度上是这种倾向的反映，过分迷信教学模式、教学方法和教材的作用。事实上教师才是教学(课程)问题的核心和决定性因素。谈到教师和课程的关系,佐藤学(2003:19)指出:“即便同一种教材,也是取决于教师,取决于课堂语境能够产生何等程度的多样的实践,这是基于经验的众所周知的事实。”的确如此。在对外汉语教学实践中,同样使用一种教材,不同的教师采用的教学设计、教学策略、教学方式都会有所不同,甚至即使上述方面都一样,每个教师的实践也会有所不同。因此,教师之于课程,无疑是决定性的因素。一句早年在业内流传的话足以体现这一点:“一个好老师可以把一本烂教材上得很精彩,一个差老师可以把一本好教材上得很烂。”同样,对于课程来说,无论课程编制、设计做得多么好,最终是要由教师来具体实施的,教师自身诸方面的因素决定了课程实施的质量。一个高水平的教师,可以把某种有设计缺陷的课程教得很出彩,反之则是另一种结果。

当然,我们说夸美纽斯的认识是偏颇的,但他所讲的也是有一定的现实基础的。也就是说,对于一定比例的教师来说,在实施具体课程时,对课程标准、教材还是有比较大的依赖性,的确存在一些不是很愿意发挥主观能动性的教师,这是不能否认的现实。这样一来,从保证规模教学的总体质量的角度考虑,提供指导性更强的教师用书还是必要的。夸美纽斯(1632/1985:251)提出:“我们应该有两种教本,一种包含教材是给学生用的,一种是帮助教师,使他能够正确地处理他所教的学科的指导书。”这种思想在当时来看是很前卫的,是保障教学(课程)目标实现的重要手段。反观我们的对外汉语教学,为教材配教师指导用书只是在近些年才成为一种广泛认同的做法,令人感叹。

我们再看一下教师在课程开发与编制中的位置问题。以往(包括目前)的课程开发与编制,教师往往没有参与的权力和机会,主导者要么是各级教育行政部门,要么是教育研究人员,教师只是课程的具体执行者。针对这种情况,佐藤学(2003:13)提出:“以往的课程开发受中央机构主导、研究主导的‘研究—开发—普及’的样式所支配。然而,倘若以教师为实践主体、以实践性认识为核心推进教育改革,那么,课程研究与实践必须在‘实践—审议—开发’的样式中推进。”他的这一主张显然来源于实践性课程模式的代表人物施瓦布的理论。这一主张无疑具有现实意义,将教师从旁观者、执行者变成课程开发的主体。

在谈到教师与课程的关系时，他(2003:19)又说：“对于教师而言，课程可以说是以教材为媒介的儿童学习经验之可能性的构想，并根据这种构想进行的教材与计划的设计。从功能上说，这种‘教师构想的课程’在实践情境中发挥着重要的作用。这是因为，无论是作为‘公共框架’的课程还是作为学校‘教育计划’的课程，在课题情境中只能靠‘教师的课程’——被每一个教师的意图、解释、构想、设计所演绎的课程——来发挥其现实的功能。”“教师的课程”的提出，可以说是对教师与课程关系的最好阐释，即教师不是外在于课程的，而是融为一体的，教师的主体性在教学的实施中有充分的体现。对此他进一步谈到：“教师构想的课程还体现了表达教师的个性化经验与能力的开发与实践的可能性。这里所说的教师构想的课程，可以作广义的理解：业已描述和明示的计划，作为计划尚未条理化的主意，乃至潜在地制约教育活动的教育观。明示了的教学计划有可能体现并具体地探讨教师的教育观和构想，然而课堂中实际起作用的课程，是超越了教学计划的。况且，教师的课程是在实践过程中变化和发展的课程。例如，即便长期制订教学计划的教师，在实践情境之中也要不断地展开制订和修正计划的活动，在这个过程中改进并发展教材、大纲和构想。教师构想的课程是立足于教师日常实践中的决策的课程，是囊括了同实践互动的动态的课程。”这些认识完全符合教育实践的真实课程形态，对于消除教师在教学实践中有意无意地“外在”于课程的问题有重要意义。这也是我们前面提到的课程定义的层次性的另一种表述。在对外汉语教学实践中，此类问题同样存在。各类教学机构(学校、学院、中心等)中，课程的开发、编制往往是教学组织者的事，教师一般是课程的具体实施者、执行者。如何发挥教师在课程建设中的积极作用，应该是教师发展的一项重要任务。

佐藤学(2003:387)还指出：“教师不是课堂外开发的课程、教科书和大纲的被动的执行者。教师是在不断地制订计划、修正课程和大纲、反复地进行教学中多样的选择和判断，凭借自己的信念与理论，展开日常的教育活动的。”这固然是应有的状态，但却是有前提的，即教师必须有制订计划、修正课程和大纲的机会和权力。此外，还蕴含着先要有课程、大纲，才存在修正的问题，因此一定意义上说，教师仍然是执行者，只不过是在执行中教师可以能动地对待课程和大纲。

课程编制还必须充分关注教师的经验和认识。美国课程设计专家 Kathleen Graves(2000/2008:3)非常重视来自教师的声音："目前出版的、我所熟悉的语言课程设计资源中，非常缺乏一线教师的心声和经历，而这些教师才是真正能够将理论应用于实践的人。许多书中提供的例子或者是来自于出版的材料，或者是学术专家提供的例子，但是关于一线教师的例子却很少。"并认为教师是课程设计的主体，"我相信教师是设计他们所教课程的最佳人选，对于课程设计的描述之所以用动词，如'评估需求'，而没有用名词，如'需求评估'，意味着每一个动词都有一个主体。我觉得教师就应该是这些动词的主体，他们负责课程设计的整个过程，而不是扮演课程的简单接受者。"这当然是指每一门具体的课程，而不是一个学校或某一个领域的课程体系意义上的课程。尽管如此，作者也很强调与相关各方的合作，"虽然教师扮演着主动的角色，但也不排除他们与学生、其他教师以及学校管理者之间有效且愉快的合作。实际上，这样的合作是非常重要的，因为一个课程通常是一个大的课程系统或者一个体制的一部分"。这一认识无疑是重要的，单个课程的设计必须与整个课程体系形成紧密的内在联系。

作者还谈到"课程发展"，指出："课程计划或设计不是课程本身，只是课程发展的一部分。""课程发展包括计划课程、教授课程、评价课程，以及基于评价重新计划课程，然后再根据重新计划的版本去教授课程的过程。"(Kathleen Graves,2000/2008:9)课程设计"是一个不断发展的工作"的思想很重要，尤其是对语言课程更加重要。一般以"蓝图"的思维，会把课程设计看作是固化的而非动态的。

课程改革没有教师的参与也是要失败的。美国 20 世纪六七十年代声势浩大的课程现代化运动最终宣告失败，"究其原因，不能归咎于教育现代化方向上的过错，问题在于改革的推进者只是专业的科学家。他们未得到教学第一线教师的理解与合作，因而教师不适应新教材，教学方法也未能相应地跟着改变"(钟启泉,1989:31)。

二 课程与学生

课程说到底是一种基于目标的内容选择和组织以及评价的过程。在目标的确定、内容的选择和组织以及评价上,都必须充分地反映学生的需求。这种需求包括学生认知上的需求,即基础和目标,要充分考虑学习的特点。

在课程发展史上,对学生因素最为重视的当属杜威所倡导的人本主义课程观。这一点我们前面做了简单介绍。以往的传统课程观念都是把学生看作被动接受教育的客体,和教师之间是主体与客体的关系。到了博比特那里,就更是将学生视为被加工的“材料”与经过教育过程后的“产品”。学生在教学过程中的主体地位被忽视。而在杜威看来,“学校课程中相关的真正中心,不是科学,不是文学,不是历史,不是地理,而是儿童本身的社会活动”(转引自施良方,1996:276),把对学生本身的重视推到极点。此外,课程开发中过程模式的倡导者也非常重视学生的主体性。该模式鼓励学生探索具有教育价值的知识领域,进行自由自主的活动,把学生视为一个积极的活动者,主张教育过程给学生以足够的活动空间。(张华,2001:120)上述情况表明,不同的课程观念的形成很大程度上与如何认识课程和学生的关系直接相关。

与课程编制直接相关的问题是,学生是课程目标的第一来源。这在前面对“泰勒原理”的介绍中已有了解。加涅等(1992/1999:6)在谈到教学设计时说:“教学设计必须基于人们如何学习的知识”,“在考虑个人的能力是如何发展的问题时,仅说能力是什么是不够的,我们还必须深入考察能力是如何习得的问题。教材不仅要反映编者所知道的东西,也能反映人们希望学生如何学习这些知识。”这一思想对于第二语言(外语)教学中的课程设计尤其具有重要意义。加涅等(1992/199:24)还谈到:“对于设计者来说,单纯猜测要教学生的技能是什么是不够的,比较好的方法是与学生交流,测验学生技能,直至你对他们有充分的了解,足以进行适当的教学设计。”

总之,在课程编制的全过程中,都必须充分重视学生的因素。但也需要注意问题的另一面,也就是不能因为强调了学生因素,而放弃了课程的本来意义,失去其“轨道”价值。换言之,学生无论怎样自由,都应该是在“轨道”上的自由,而不是漫无方向的状态。“强调学生的自主性并不意味着课程设计者可以不用设计供学生选择、能鼓励学生练习判断力的内容。总之,对于老师和学生而言,细致、综合的课程计划与基于课堂水平的改编一样。所以,赋予老师自由、赋予学生权利这种值得称赞的目标并不能成为不设计课程的借口。”(Stern,1992;转自 Kathleen Graves,2000/2008:140)

三 课程与教材

何谓教材?正像课程一样,也有多种理解和定义。最普遍的广义说法是,教材包括了教师教授行为中所利用的一切素材和手段。(钟启泉,1989:329)

课程目标要通过课程内容来实现,课程内容的主要载体就是教材。说是主要载体是因为构成课程内容的并非都以教材的形式来体现,比如活动类课程内容。在对外汉语教学领域,近些年教材建设投入了大量的人力和财力,但不可否认的是,大量的教材并非按照一般的教育原理,以课程目标为驱动,而将教材和课程视为两个不相关联的部分,为编教材而编教材。当然,教材编写者不可能完全不考虑课程的问题,也就是用于何种类型、何种对象、实现何种教学目的的问题,只是明确的程度有较大的差别。这是造成大量教材无人采用的重要原因。很多国家的学校虽然也选用一部分,但也有不少教学单位只使用自己编写的教材,除了某些非学术的因素外,重要的一点就是这样做可以较好地实现课程与教材的内在关联。

Kathleen Graves(2000/2008:190—191)谈了使用教材的利弊。她把有利之处概括为:(1)因为编者已经规定好学什么、以何种顺序学,所以课程有了大纲。(2)教材使学生有安全感,因为他们等于拥有一张关于这门课程的地图——他们知道自己将要学什么,也知道课程对他们有何要求。(3)教材提供了一系列图像、活动、阅读材料等,因而为教师节省了亲自寻找和开发这些材料的时间。(4)有些教材还提供了测验或评估的工具,因而能够帮助教师评估学生的学习情况。(5)还有一些教材可能会包括一些辅助性的材料(如教师手册、磁带、课程表、录像带等)。(6)如果所有的教师都使用同一本教材的话,那么这些教师在教授同一水平的学生同一门课程时,就能保持内在的一致性;如果他们使用的教材遵循某种递进的顺序，但是同属一个系列，那么在不同水平间也可以保持连贯性。她把不利之处概括为：(1)教材中的部分内容或范例可能与所教的对象群体不相关，或不适合他们。(2)教材中的内容可能偏难或偏易。(3)教材可能过于强调语言的某些方面，而对其他方面关注不够，也可能没有包含你想到的所有方面。(4)活动设置可能不合理(如 X 项活动太多，而 Y 项活动太少)。(5)教学顺序太单一，缺乏灵活性。(6)提供的活动、阅读材料、图像等可能比较单调。(7)有些材料可能过时了。(8)完成整本教材或其中某些部分的时间安排可能不切实际。这至少说明，课程并非一定要依托在有形的或者是固定的教材上，固定的教材更大的意义在于辅助教师和学生实现课程目标。

正因为存在上述诸方面的利弊，语言教学实践中，教材就处于一种被需要而常常又被改造的状态中。教师们常常会感到教材不好用，这就表明，其实教师在教授一门课程时，无论是有无明确的意识，都会基于对学生的认识、对语言及语言教学的理解，做出该门课程的定位，以此来衡量被选用的教材，就会出现好用或者不好用的认识。

Kathleen Graves(2000/2008：193)在谈到如何将教材作为课程的辅助工具时说："把教材用作教学工具的第一步——吃透教材，并且了解教材是如何组织以及为何这样组织的——实际上涵盖了设计一门课程所包含的三个要素在内的一系列步骤：构建内容，建立教学目标和目的，组织课程。从某种意义上说，你是在追随编写者的足迹，了解如何构建内容，编写原则是什么，如何编排内容的先后顺序，每单元的学习目标是什么，各单元是如何组织起来的等问题。"这对课程实践很有启发意义。

与前面提到的教材和课程分离这种情况相反的，还有一种情况是把教材和课程等同起来。比如刘英林、李景蕙(1987)《试论对外汉语基础课程(教材)结构》一文，既是讨论课程，也是讨论教材。这并不是一种问题，而是对外汉语教学实践中的一个现象。课程的目标和内容都具体化在有形的教材中，是一种体现的关系，即教材具体体现课程的目标和内容。一般说来，教材的内容和结构就是课程的基本内容和结构。但事实上，这只是理论上的，而非实践上的。课程和教材毕竟属于两个范畴，教材还要通过教师和学生来实现课程目标，这两个因素就决定了实际的课程不可能完全和目标相吻合。

四 课程与环境

任何一种教学活动都是处于一定环境中的，小到教室，大到社会，不存在真空中的课程。因此，课程必然和环境形成相互的联系和作用。正因如此，历来对课程的讨论都很重视环境与课程间的关系。

美国课程论学者施瓦布在进行实践性课程模式的探究中，确立了新的课程理念，明确将环境作为课程四要素之一加以强调，认为课程就是在这四个要素间相互作用的过程中实现课程的功能的。他认为这四个要素之间的交互作用构成了一个有机的"生态系统"，"对教师、学生、教材或环境的某一个方面关注过多或关注过少，都会打破班级或其他教育情境的'生态平衡'。"(转自张华，2001:21)可见，在他的课程理念中，环境的作用被放在了和教师、学生、教材同等重要的地位。施良方(1996:205)对课程环境的界定是："所谓环境，是指学生学习赖以发生并使学习结果得以产生的那种情境。"张华(2001:20—21)认为："课程环境是由除教师、学生、教材之外的物质的、心理的、社会的、文化的因素构成的，它直接参与到课程相互作用的系统之中，是'实践性课程'不可或缺的组成部分。"

就对外汉语教学而言，毫无疑问，环境更是对课程影响很大的因素之一。目的语环境的课程编制与母语环境的课程编制会有显著的不同，无论是对于目标的确立，还是内容的选择，以及课程实施的途径，都需要充分考虑环境因素。从课程资源的角度说，环境是一个非常重要的部分。近几十年来，越来越多的国外大学利用暑期在北京等地举办汉语课程项目，吸引大批的汉语学习者。这就是将环境作为课程资源的典型实例。据了解，各个项目因主持者观念的差异，对环境因素的重视程度还有差异。比如有的项目安排了大量课时在教室讲授和操练，学生很少有时间和机会到汉语环境去体验和使用。而有的项目则安排较多的时间进入汉语环境，让学生"在做中学"。理论上说，后者应该是符合第二语言(外语)学习的要求的。

第五节 对外汉语教学课程概说

对外汉语教学，关键词之一的“教学”标志着其学科属性的一个重要方面——教育学。既然是教育学，就必然离不开对课程的研究。正如施良方(1996:1)指出的：“任何教育过程都涉及知识、技能、能力、态度或情感等方面的因素，即都涉及‘教什么’的问题。从这个意义上说，课程的问题是教育上的一个永恒的问题。”但长期以来，对外汉语教学界对课程的认识基本停留在实践层面，即在具体的做的层面上，至于为什么这样做，理论的认识不足。包括一些在学科建设上影响很大的学者，如果我们注意一下其论著的参考文献，就会发现基本都不参考教育学的理论著作，尤其是很少看到课程论方面的论著。因此，至今还没有一套系统的对外汉语教学的课程理论。比如吕必松(1994:158)谈到课程研究时说“课程研究的任务之一是研究某一门课的教学，探讨或揭示这门课的特点和规律，提出这门课的教学内容、教学原则和教学方法以及教材编写和其他有关的问题。”显然，虽然这些也是一种课程研究，但和教育学课程研究的取向有较大的不同。这种状况并不奇怪，因为就整个国内教育学界的情况看，正如施良方(1996:1)指出的那样：“我国教育界对课程问题的研究有相当长的历史和相当广泛的经验，但对课程理论体系的构建则刚刚起步。”教育学无论是在理论上还是实践上，在我国发展的历史都要远比对外汉语教学长，情况尚且如此，我们当然不能苛求对外汉语教学界的前辈。需要做的是，在充分学习一般教育学理论的基础上，对已有的对外汉语教学中的课程实践和课程研究进行梳理和总结，使课程理论成为对外汉语教学学科发展的有机组成部分。

一 课程与第二语言教学课程

理论上说，无论是哪一种学科领域，只要涉及教育活动，就必然有课程。换言之，课程是教育的核心概念之一。对外汉语教学是一种第二语言(外语)

教学，是一种交叉性的学科，教育学是其基础学科之一，因此，课程在对外汉语教学中同样处于核心地位。因此，从逻辑上说，前面讨论的所有课程方面的基础理论都应该适用于第二语言（外语）教学中的课程，也自然适用于对外汉语教学中的课程。同时，由于教学对象、目的的不同，第二语言（外语）教学和对外汉语教学又会具有自己的特殊性。

我们注意到，包括夸美纽斯、斯宾塞等在内，甚至古希腊时期的柏拉图等，在阐述他们的思想时都包括了对语言教学的看法。前面我们了解了夸美纽斯对第二语言（外语）教学的贡献，对其他学者也有或多或少的认识。

虽然这些先贤们对语言教学有这样那样的认识，但还是将语言教学作为若干学科的一种来探讨普遍的教育教学原理，而不是把语言教学作为独立的一个对象加以观察。即便是像夸美纽斯那样，已经在第二语言教学上有比较明确的教学思想（如直观教学）的学者，也仍然是在一般的教学原则和方法层面做文章。从课程角度来对语言教学进行系统的理论思考，就更是不可能的了。就整个外语教育发展史来看，更多的也是在教学法方面的探讨，也就是更多关注的是“怎么教”的问题。

前文我们介绍了教育学领域课程理论的发展脉络，这是就一般的教育而言的，具体到第二语言（外语）教学，由于目的、目标的特殊性，因此在课程观念上也与其他教育类型形成一定的差异。换言之，某些课程观念不一定适用于第二语言（外语）教学。自教育学产生以来（以夸美纽斯《大教学论》的问世为标志），就一直存在着课程理念之争，这一点在前面的描述中已经看到。在课程理念演化过程中，主要是围绕着儿童教育为基础的教育（以杜威为代表）展开的，并且这种儿童教育又是普通教育中的儿童教育。因为此类教育必然要关注儿童的全面成长所涉及的因素，因此在教育（课程）理念上存在诸多的分歧就是很自然的了。

第二语言（外语）教学的核心目标不是“人的全面发展”，而是第二语言（外语）能力的获得，这就决定了我们在考虑第二语言（外语）教学课程问题时既要注意到教育学课程理论的一般原则，又要充分考虑到第二语言（外语）教学的特殊要求。佐藤学（2003:178）谈到：“以现象学和政治学为基础的‘概念重构主义者'W.F.派纳也设定了课程开发的中心课题是,寻求基于'个人经历'的自我批判的觉醒作为课程的中心,创造使自身摆脱异化、得以解放的政治话语和自传话语。"这类的课程理念尽管有其前卫的启发意义,但对于类似第二语言(外语)教学这样的特定的教育类型来说,显然不具有现实的可应用性。

第二语言(外语)教学因其特定的教育目的,课程形态与普通教育有很大的不同。普通教育的课程一般要以学科课程(如数学、物理、语文等)、活动课程等为主体,知识的传授占有很大的比例。而以语言能力培养为目标的第二语言(外语)教学,学校教育的课程形态则主要不是以知识的传授为主要任务,往往是按照语言技能的构成来设置课程,比如综合课、口语课、听力课、阅读课、写作课、翻译课等,也按照语言能力的发展阶段来设置课程,如基础汉语、中级汉语、高级汉语等。这只是就占第二语言(外语)教学主体的非学历教育的一般情况来说的,对于专业学历教育,情况又有所不同。因为专业学历教育需要完整的知识结构和能力结构,进入一定阶段,就需要有相应的知识课做支撑,比如北京语言大学汉语学院的课程体系中就包括语言知识类(语法、语音、词汇、修辞、汉字等)、文化知识类(中国社会概览、文学、历史、中外交流史等)。这些内容我们会在本书的有关部分进一步讨论。

二 对外汉语教学课程的特点

这里说"对外汉语教学课程"实际上可以指不同的方面。一是指对外汉语教学的课程实践,即在实际的教学实践中课程的形态;二是指对对外汉语教学中的课程的认识。本节集中讨论第一个方面,第二个方面属于课程的研究,我们将在第八章具体论述。

作为一种第二语言(外语)教学,对外汉语教学在形成和发展中逐渐具有了独特的课程特点。概括起来,主要有以下两个方面。

(一)对外汉语教学课程具有强实践性

这是对外汉语教学的第二语言(外语)教学的本质所决定的。一般教育理论所涉及的课程多半带有很强的知识教育的目的,尽管也强调学生各种能力的培养,但往往都是以知识的掌握为前提的。而对外汉语教学的主要目的是培养学生语言能力和言语交际能力,不是以对学术性知识的掌握为前提的。虽然包括语音、词汇、语法乃至修辞等在内的语言知识是教学中重要的内容,也是保障学生形成语言能力和交际能力的重要条件,但这些语言知识也是经过了教学转化的、更有利于指导学生获得语言实践能力的"教学知识"(如"教学语法"),而不是纯粹的理论知识。这方面在对外汉语教学起步阶段有过教训,过于重视纯理论知识的讲授导致了许多问题。具体情况请参看第二章。

同样要强调的是,上述特点也是主要针对非学历语言教育而言的,因为学历教育涉及完整的知识结构和能力结构的培养问题。而知识和能力的关系问题,是一个非常复杂的问题,这里暂不讨论。

(二)对外汉语教学课程具有弱意识形态性

尽管第二语言(外语)教学离不开文化,甚至是意识形态性很强的政治,但和文学、历史等学科领域的教学相比,它具有鲜明的弱意识形态性。第二语言(外语)学习者,尤其是成人学习者,一般已经在母语文化中形成了自己的世界观、价值观等,学习第二语言(外语),无论是出于何种目的,最主要的还是掌握一门第二语言或外语,对语言本身的知识和技能的学习是他们主要关注的问题。至于说学习了一种语言,就连带着对这种语言所负载的文化产生感情,这是另外的一个问题,也可以说是语言学习的副产品。外语教学和学习的动机很复杂。比如欧洲传统的一门语言课程是作为第二语言的拉丁语或希腊语,这门课的设立绝不是出于让学生热爱古罗马或古希腊的文化,而是为了训练学生的记忆力等其他能力。

强调这个特点,主要是因为前面介绍的各种课程理念中,不少是着眼于教育(课程)的社会文化功能,而对外汉语教学作为一种第二语言(外语)教学,具有的这种弱意识形态性特点,决定了我们在进行课程编制时应当选择更符合这一特点的课程编制模式,而不是跟着课程观念的潮流盲目地求新求奇。其实,美国20世纪初的进步主义课程改革,之所以以失败告终,主要的原因就是观念"看上去很美",却和教育现实不合拍。对外汉语教学也需要警惕这种倾向。

三 两个概念:“课程”与“课型”

在对外汉语教学实践和理论探讨中,常常用到“课型”这个概念。目前我们所见,主要是吕必松的一些论述,将课型和课程加以区分。吕必松(1993)提出:“课程和课型是两个不同的概念。教学内容有相对独立系统的叫课程,属于一门课程的分支的叫课型。”(“数学”叫课程,“几何”叫“课型”?)吕必松(1992)又认为:“课堂教学的类型也可以叫作课型。”他又用到“课程类型”的概念,指的是“第二语言教学的课程类型的总的范围,而不是指某一种教学类型或某一个具体教学单位的课程设计中必须包括的课程类型”,并指出“第二语言教学总的课程类型的范围,通常包括语言课、翻译课、语言知识课、文学课、其他文化知识课和有关的理论课”。对这个类型划分我们可以先做一点分析。如果说从构架课程体系的角度说有必要进行类型的划分的话,分类须有内在的逻辑关系,且均指向教学目的。以此看来,这样的分类显然是有问题的,分类的标准并不一致。前三类究竟是什么关系?可以说都是广义的语言课。关于“语言课”,他指出“对外汉语教学方面的语言课就是汉语课,现代汉语和古代汉语应作为两门独立的课程”。显然所指并非单指以培养听说读写能力为主要任务的语言技能课,因为对于古代汉语来说,其教学目的和一般意义上的对外汉语教学有别,知识的比重更大。那和“语言知识课”又是什么关系?所以总的来说,这个分析框架值得商榷。他在谈到“现代汉语课的课型”时解释道:“为了全面培养学生的语言能力和语言交际能力,也为了适应不同学生的不同需要,根据语言、语言学习和语言教学的客观规律,在现代汉语教学中可以把有关的内容从总的教学内容中分解出来,有侧重点地进行教学。”据此,他分为“综合课”、“专项技能课”(如“听力”等)、“专门目标课”(如“报刊阅读”“科技汉语”等)。他自己也接着谈到了这种分类的问题:“上述三类课型是从不同的角度划分的,所以有交叉现象。上面列举的几种专门目标课,除了科技汉语以外,都属于专项技能课,而科技汉语既可以开设综合课,也可以开设专项技能课。”既然如此,上面三类的划分问题就很大了。他(1992)下面的一段话比较清楚地说明了其“课型”的含义:“语言教学的内容是综合性的,上面列了五项(指言语要素、言语技能、言语交际技能、有关的文化知识以及语言知识——引注)。这五项内容可以用一种课型教,也可以用两种或多种课型教。如果用一种课型教,这种课型就叫综合课。如果用两种或多种课型教,不同的课型可以根据它们承担的任务的性质命名。例如,如果有一门课的主要任务是进行听力训练,这门课就可以叫作听力课。"尽管这样解释似乎说清楚了"课程"和"课型"的区别,但仍然存在问题,比如"开设课型"本身在语言上就是不通的。不少论述中也是"课程"和"课型"混用的。例如,杨惠元(1996:1—2)说到:"课程设置跟教学原则要趋向一致。从重讲轻练出发,设置三种课型——讲授课、复习课和练习课。"前面是"课程设置",后面是"设置课型",不知道何以如此,似乎他是把"课型"理解为同一课程目标的三种不同的任务。再如一篇文章中小标题是"关于课型性质的表述",论述则是"如果说名称只是课程的代号,那么对课程性质的表述就属于对内涵实质的说明了"①。

我们目前所见的教育学论著中,包括百科全书,未见"课型"这个说法。那么这个问题就需要讨论了。到底"课型"这个概念存在的理据是什么?在学术讨论中有无价值?并不是说教育学论著中没有,就不可以存在,相反,如果确实在一个具体的特殊的教育领域,缺少了这个概念就难以进行细致的讨论,当然有必要提出一个概念。这也是对教育学的丰富和贡献。至少目前我们不认为"课型"这个概念有这样的作用。

思考题

1.对于课程的含义,都有哪些不同的理解?你对课程有怎样的认识?

2.结合自己受教育的经历,思考不同层次(从理想的课程到经验的课程)的课程。

3.结合本书所论,进一步思考第二语言(外语)教学中的课程和普通教育中的课程有哪些不同。

---

① 参见岑玉珍《汉语言专业本科生的培养及精读课的任务》,载《中国对外汉语教学学会北京分会第二届学术讨论会论文集》,北京语言文化大学出版社,2001。

第二章　对外汉语教学课程发展简史

了解了课程的本质、课程理念的发展历史，接着自然要落实到对外汉语教学这个语言教学的具体门类。首先还是要从课程角度看对外汉语教学在60余年的历史中，经历了怎样的发展过程，尤其是要用教育学的课程理论作为观察的“有色眼镜”，而不是纯经验式的过程叙述。本章以主要的汉语教育类型为主线，以时间为暗线，以课程编制原理为观察点，回顾对外汉语教学课程发展的基本脉络，力图较为全面地反映课程发展过程中重要的理念、实践的具体面貌，尤其是突出课程实践中具体都做了什么，有关对外汉语教学课程研究的理论问题留待第八章具体讨论。严格说来，对外汉语教学包括两个部分，一是目的语环境的汉语教学（即中国国内的汉语教学），二是非目的语环境的汉语教学（即海外的汉语教学）。课程史的讨论应该涵盖这两大部分，但因为我们掌握的资料主要集中在国内的课程情况，国外的部分只能暂付阙如。

第一节　概　说

新中国对外汉语教学起步于1950年的清华大学东欧交换生中国语文专修班，自然对外汉语教学的课程实践也随着该班的设立而开始。因为有学校教育就必然有课程，不管对于课程的认识如何，教学总归要以课程的形式来进行，具体的教学目标要通过课程来实现。

众所周知，作为事业，对外汉语教学已经走过60余年的历程；作为学科，对外汉语教学也经历了几十年从起步、探索、发展到逐步确立的历史。吕必松(1994:140)从学科发展的角度把新中国对外汉语教学分为两个阶段:经验型阶段和从经验型向科学型转变的阶段。“所谓经验型,就是缺少系统的理论指导,课程设置、教学大纲的制定、教材编写、课堂教学、测试等各项教学实践活动凭经验办事的成分多。70年代末以前,我们基本上处于经验型阶段。”1950年就参加对外汉语教学创建工作的钟梫(2010:13)在谈到那一时期的教学时也说:“当时并没有成熟的教学经验和模式,主要就是邓懿从赵元任那儿学来的那些。很多东西都是慢慢地摸索、探讨出来的。”这些论述反映了初创时期对外汉语教学的实际状况。虽然不能说是从零开始,因为毕竟还有可以依据的“教学模式”,也就是邓懿从赵元任那里带回来的“听说法”为主的教学设计,但总体上看本钱不多。随着事业的发展,进入80年代以后,理性认识不断加强,教学(课程)才逐渐走上科学化的道路。

在教育教学实践中存在着一种比较普遍的现象,具体的教育工作者(教师)往往是凭借其“教育本能”从事教学工作的。换言之,即使缺乏明确的教育教学理论的指导,教学活动还是能够“八九不离十”地得以开展。泰勒(1949/1994:46)就曾谈到:“毫无疑问,那些富有教育艺术的教师,虽然对目标没有清晰的概念,但对什么是良好的教学、什么材料具有重要的意义、什么课题值得探讨,以及为了使学生有效地学习,如何呈现材料和编制课题等方面却有一种直觉,因而正在做着某种卓有成效的教育工作。”20世纪50年代初期对外汉语教学就不是在明确的教育理论指导下起步的。张亚军(1990:89—93)在论述了对外汉语教学的若干教育学理论基础后实事求是地说:“特别是50年代初,我们的事业刚刚开始之时,如果说那个时候,我们就已经掌握了辩证法,或者就研究了什么样的教学法理论,这是无论如何不能让人信服的。我看当时对我们教学起着直接作用的,应该说是我们头脑里的这些中华民族的传统教育思想。”这番话固然是坦诚的,但不完全符合实际,有些过于强调民族性。其实早期那批教师所受的影响既有中国传统的,更有西方的,因为中国现代教育,主要是学校教育的思想本来就源自西方。同时,其中还包含着某些“教育本能”的成分。我们一开始就强调对外汉语教学是在上述薄弱的基础上起步,意在强调，对外汉语教学事业乃至学科就像是整个人类教育教学事业和学科的发展历程一样，先有具体的教学活动，后有对活动的理性思考和认识，逐步发展，渐成大业。

准确全面地反映一个事业、一个学科的历史原貌是一切历史叙事的基本原则。我们在对相关资料的梳理中发现，对60余年对外汉语教学（课程）历史的描述存在芜杂的问题。例如关于初期的课程面貌，杨秀华（2007）引述程裕祯《新中国对外汉语教学发展史》（北京大学出版社，2005）的描述，"第一年课程有听课、练习、习字、单授、录音、唱歌、时事学习。第二年课程语文课程占40%，包括基本读物、文法与修辞、作文；文化课程占60%，包括简要的中国地理、简要的中国历史、新民主主义革命运动简史、中国文学作品选读、时事专题、文艺专题等内容。"如果从最广义的"课程"——即学生在学校中的一切活动和经验来看，上述内容可以称为"课程"。但这显然和一般理解的课程是有距离的，比如"听课"是一种学生的行为，如何就成了"课程"？根据钟梫（2010）对当时课程整体面貌的描述（详见下文），上述资料是不可靠的。钟梫1950年即参加该专修班的工作，并执笔写有《十五年（1950—1965）外国留学生汉语教学总结》，所叙述的课程历史应该是准确的。再比如，有文章在描述留学生汉语言本科专业的发展特点时，完全不看相关文献，做出"1984年，山东师范大学率先开始对外国留学生开设汉语言本科专业"的错误描述，[①]将该专业的历史推后了几乎10年。本书将尽力真实记录和反映对外汉语教学课程历史的概貌。

对外汉语教学是一个范围很广的概念，一切以汉语作为第二语言（外语）进行教学的活动都属于对外汉语教学。从地域角度看，有国内国外之分；从学习者年龄角度看，有成人非成人之分；从教学途径看，有学校非学校（广播、电视、刊授等）之分。还可以有其他角度。如此广泛的教学活动，想要在一本书的一个章节里全面反映，既不可能，也无必要。因为本书的重点不在于详细全

① 参阅陈颖、吴方敏《外国留学生汉语言本科专业的发展特点简析》，《云南师范大学学报（对外汉语教学与研究版）》2011年第6期。

面地记述整个1950年以来对外汉语教学课程发展的每一个方面和细节，而是试图通过对主要的教学类型课程面貌的描述来思考两个基本的问题：(1)在对外汉语教学60余年的发展历程中，课程理论和实践在多大程度上遵循了一般教育学课程原理？(2)在未来的课程建设和发展中，需要从历史的总结中汲取哪些经验教训？因此，本章拟主要以国内、成人、学校教育教学活动中的课程为考察对象。描述的主线将不采取纵向年代的线索，而是以教育类型为主线，将年代作为暗线。观察点则是课程原理的基本内容，即目的目标、内容及其组织、评价等。教育类型可从不同角度划分，类型也是多种多样的。限于篇幅，本书集中讨论以汉语预备教育为主的非学历教育和以汉语言专业为主的学历教育两种类型。

第二节　短期速成汉语教育课程的发展

如果要问哪一个层次或类型的教学最能代表对外汉语教学的学科特点，恐怕只能说是基础汉语教学，短则几个月，长则两年。这是由语言本身特点和第二语言(外语)学习规律所决定的。语言的构成要素中，语音是基础的基础，在外语的学习中一般都要在最初的阶段打好这个基础。因此，对外汉语教学初始阶段一般都安排两三周的集中的语音教学，之后则随着其他知识要素和技能要素的展开学习语音。语法是语言构造的规则，要形成外语能力，在具备了语音的基础后就需要打造语言构造能力的基础，因此，语法就成了外语教学基础阶段的一个主要内容。词汇作为基本的表义成分则是从语音阶段就开始进入教学的，[①]并伴随着外语学习的全过程。三种要素本身的语言属性决定了其在外语学习中不同的阶段性功能。而之所以说基础阶段汉语教学最能代表对外汉语教学的学科特点，是因为无论是在教学原则还是在教学设计、教学

① 因为纯粹的音素操练会很枯燥，一般会结合具体的词汇进行语音教学，如区分四声用“妈”“麻”“马”“骂”等。

方法等方面，基础阶段的汉语教学都集中地体现出本学科的特点，比如实践性原则的体现最为充分。其实这不只是汉语教学的特点，也是其他所有外语教学的特点。

正因如此，我们首先从短期速成汉语教育这种类型开始对课程历史的叙述。从阶段性的角度看，这种类型的主体部分也就是基础汉语教学。需要说明的是，这里说的短期速成汉语教育并不和具体的教育机构的职能划分相关联，而是纯粹从教育目的和目标的角度确定的一种类型。① 因此，下面即将谈到的汉语预备教育就作为这里谈的短期速成汉语教育的一种类型安排在本节描述。李更新(1997)指出："预备教育要求学生在一年或两年的时间里掌握比较宽博但无需精深的汉语基础知识，具有熟练的汉语基本技能和初步的汉语交际能力。实际上这是一种速成性质的语言教学。"李培元(1987)也认为预备教育是一种强化教学，早期主要的措施包括：(1)课程集中，只设一门汉语课，使学生能集中精力学习；(2)分小班上课，每个教学班一般不超过10个学生，每个学生都有充分的练习机会，提高课堂训练的强度；(3)多课时，每周教学时数一般为24个学时；(4)教学进度快，量多。一年制学生一学年接触词语4000—4500个。他们的认识是符合实际的。求精深的学习是我们后面要谈的专业学历教育的任务。目的目标的不同决定了包括课程在内的教学设计的不同。在这一大类型中，又因为对象、目标的差异，分成两个类型：汉语预备教育、其他短期速成汉语教育。其实还包括另一类型：汉语进修教育，即有一定汉语基础的各类学生，比如国外在读的大学生，来华进修一定时间的汉语课程，这类教育就是进修教育。但其基本的课程编制情况大体和其他类型的相似或相同，②因此本书从略。

一　汉语预备教育

汉语预备教育从1950年起至今，一直是对外汉语教学中的一种重要类

① 例如，北京语言大学把汉语预备教育放在汉语进修学院，汉语速成学院不负责汉语预备教育。

② 施光亨、杨俊萱(1990)说到："1987年，北京语言学院一年制普通汉语进修班课程设置计划初步确定。该计划以精读课为主干，辅之以各语言技能的专设课程。"可见和其他类型并无大的区别。

型,有其独特的目的目标和教学内容及其组织,需要编制可以实现特定目标的课程体系及具体课程。李更新(1997)认为:“汉语预备教育必须有自己的教学计划和课程教学大纲、建立起科学、完善的,适应预备教育培养目标的课程体系和教材体系。它不是本、专科教育的一部分,而是一个与本、专科教育同一个层次的教育子系统。那种认为和本、专科学生一起学习一年或两年,就算完成了预备教育的认识和做法是不妥的。”这个认识是完全正确的,也说明在教育实践中存在着上述不妥的做法。虽然我们没有进行大范围的汉语预备教育的调研,但总体上感觉,随着形势的变化,对预备教育的重视程度要比以前下降。李更新指出的问题在各高校中不同程度地存在着。①

(一)课程目的与目标

任何一种教育活动,无论是否有明确的理性意识,都具有一定的目的性,都要实现一定的目标。这一点我们在古希腊先贤对教育的论述中看得很清楚。(参阅第一章)

新中国建国之初,政府决定在清华大学设立“东欧交换生中国语文专修班”,同样有明确的目的。根据有关资料,1950 年中央政府决定设立这个班主要是出于外交的、政治的目的。“当时有国家向我国提出要交换留学生,后来政府决定跟罗马尼亚、保加利亚、匈牙利、捷克这些国家交换留学生。”(钟梫,2010:1)这就奠定了我国对外汉语教学长期以来带有鲜明的外事工作色彩的基础。在谈到为什么会挑中自己做这个专修班的班干部时,钟梫(2010:3)谈到:“更主要的是我觉得他们考虑的时候是觉得我适合做外事工作。”1984 年,首任专修班班主任、著名物理学家周培源给时任清华大学校长高景德的一封证明信里就说:“钟梫同志适合做外事工作,就调他做班干部。”(钟梫,2010:5)笔者 20 世纪 80 年代参加对外汉语教学工作时还要接受外事纪律教育,就说明了这种特点。到今天也有类似“培养知华、友华的汉语人才”的目的表述。反映在课程上,早期就曾开设过政治课,(钟梫,2010:16)这和当时的政治和外

① 以北京语言大学汉语进修学院为例,该院承担着汉语预备教育的任务,但从该院的《学生手册》有关课程部分的内容看,并没有将此类教育单列出来。

交需要密切相关。

从目标看，最初的中国语文专修班是为解决留学生入系学习专业所遇到的语言障碍而设立的，即属于语言预备教育。“从 1950 年有计划地接受外国留学生开始，直到 1978 年，这段时间的汉语教学，基本上都是汉语预备教育。”[①]（李培元，1989）因此，新中国对外汉语教学从起步时就负载了明确的语言预备教育的目标：在有限的时间内使学生具备能够在目的语环境生活的能力和进行专业学习的语言能力。钟梫（1965/1979）曾对早期预备教育的目标（他称之为“教学要求”）有过比较具体的说明：“一个要进入我国理工院校进行正规学习的外国大学生（假定他具有高中毕业的知识水平）入系之前在汉语方面必须达到：能应付日常生活，掌握必要数量的数理化词汇，具有一定的阅读数理化浅易原文的能力，初步受到听数理化通俗讲座的训练，并具备必要的口头表达能力。要求入系后能借助字典读懂参考书的基本意思，听懂专业课的 80%—90%。”从这段教学目标的说明看，预备教育的特征体现得很清楚，对专业词汇，以及学习专业课所需要的听、读、说的技能都有总体描述。此外，还对目的语环境的语言生活能力做了说明。也反映出当时的教学对象将要学习的专业主要集中在理工科，才专门针对数理化做了目标描述。

教学目的和目标的确定首先要考虑学习者的因素，这一点在“泰勒原理”中有清楚的论述。那么在这一时期的学生的情况是怎样的呢？钟梫（1965/1979）在 1965 年的总结中说：

> 十多年来，学生对象变化极大，不但在文化程度上参差不齐，而且在学习要求、学习自觉性以至于年龄等方面，情况都很不同。按学习要求的不同，学生可分为以下几类：（1）正规留学生——在我校接受 1—2 年汉语预备教育，结业后入我国高等院校用汉语学习大学课程（理工专业的，在我校学习一年汉语，文史哲的学习两年汉语）。（2）专学实践汉语或进修汉语的学生——这一类学生又各有各的特点，有的从头学起，学两三年实

---

① 说“基本上”是准确的，因为其实从五六十年代就已经有了其他学习目的的学生。参见钟梫（1965/1979）。

践汉语回国当翻译或汉语教师；有的在国内学过一些，来我校专门进修汉语；或一边进修汉语，一边写自己的研究论文。

由此看来，在最初的15年里，教学对象并不是单纯地接受汉语预备教育的所谓“正规留学生”，已经有了后来被称为汉语进修生的学生[①]和专业学历生，只是未作为专门教育类型独立出来。

这种特殊的教育目的所形成的教育类型给对外汉语教学后来的发展带来了重大影响。比如教学内容的选择和组织着重于“核心”部分（基本词汇和基本语法等），并且尽可能地压缩在一到两年内。再比如，汉语水平考试（HSK）的研制过程也和这种特定的教育类型的需要有很大的关系，北京语言学院（今北京语言大学）最初推出的HSK主要就是针对目的语环境一至两年的教学成果来研制的，一年的对应于初等，二年的对应于中等。所以后来推出HSK（高等）时，为了区别开，把最初研制的测试定名为HSK（初中等）。总体上形成了基础汉语教学相对成熟、中高级阶段汉语教学建设不足的局面。至今这种局面仍旧存在。

根据目前掌握的资料，总体上看，虽然对外汉语教学经历了60余年的发展，对汉语预备教育的目标描述，依然停留在比较概括的层面，并没有十分具体化，没有超出上述钟梫（1965/1979）的描述水平。目标描述的粗略化是影响对外汉语教学整体教学质量的一个重要因素。

（二）课程内容

我们大致以20世纪七八十年代为界分早期和后期两个阶段描述。

1.早期的情况。

受特定的历史条件和认识水平的限制，对外汉语教学在最初的一段时间里，将语言理论知识放在教学内容的首位，课程的主体部分就是被称为“讲授课”的部分，讲授的内容就是语言知识，主要是语音知识和语法知识。与之配合的就是被称为“复练课”的部分，内容就是操练所讲授知识所涉及的技能。

① 针对这类学生的特点，北京语言文化大学（今北京语言大学）于2003年专门设立了汉语进修学院。

这和最初邓懿引进的国外特定目的的外语教学模式有直接关系。这是一种美国在第二次世界大战期间采用的“非普遍教授的语言”的教学法。“这就是语言学家和说所教语言的教师合作授课的教学法。根据这种方法,语言学家在说所教语言的教师的协助下分管该语言的训练。”“语言学家往往不会说这种语言,甚至连读写也不会。”(Thompson,1980)其基本的思想是,知识是技能的基础,要使知识转化为技能,就需要进行大量的操练。邓懿回忆:“他(赵元任)自任主讲教师外,还有二十来人的青年集体,作为练习课的教师。”“赵先生很重视口头练习,他的大课之后,总要配上几节练习,那就是我们这些青年教师的工作了。”(鲁健骥,2003)邓懿将此模式引进,用于最初的对外汉语教学中。最早任教于专修班的杜荣1994年回忆:“邓先生每天上一节讲授课,由其他教员上三节练习课。”到1952年转到北大时改为基础课每天授课两小时,练习课两小时。(鲁健骥,2003)这种基于行为主义心理学理论的听说法的模式至今仍有较大的影响。

课程内容的主要载体就是教材。①。当时的情况是,对外汉语教学仓促上马,在还没有成形的教材的情况下,课就开出来了,也就是说课程与教材同时起步。那个时代,由于缺乏严格意义上的教学设计,课程目标的设定不是从学生、社会、知识这三个方面有计划地设定的,基本凭感觉,因此就造成了后来发现的问题,也就是学生入系学习专业后无法适应。“他们(指入系后的学生——引注)也有反映,在咱们这儿学的生词,有的就用不上,因为在咱们这儿学的生词,还是文学方面的词汇多一点儿,而理工机械制造这方面的词根本没学过。需要的词没有给他,给他的用不上,这就是教的东西跟用的东西脱节。”(李培元,2010:23)这里面谈的其实就是教学内容的选择问题。尽管不能说当时没有课程目标,但至少是不明确的,或者说是模糊的,在内容的选择上也就带有了盲目性。

具体体现内容的教材情况是怎样的呢?最早一部教材《汉语教科书》(1958)的主要编写者之一是邓懿。如果说最初的教学还能够基本在比较科学

① 强调是主要的而不是唯一的载体,是因为课程还包括辅助的课外活动等其他的“教育经验”。

的轨道上进行的话，那就要归功于邓懿在美国得到的经验。“她编教材的时候还是有一些原则和依据的。大致有这么几个：首先，以语法为纲，一直到后来1958年教材成书也是明显以语法为纲的，这可能跟教美国人的路子有关。赵元任先生在美国教美国人汉语的《口语入门》也是以语法为纲的。”（李培元，2010：31）此外，还有实用性等原则。这部教材确立了对外汉语教学主要是基础汉语教学的基本内容框架，具体内容可以参看《汉语教科书》。

需要指出的是，早期教学内容的主体部分，也就是语法，对赵元任的继承并非全盘接受，也有调整和创造。“我们最开始用的教材就是邓懿翻译赵元任的。但是我们也得从实际出发，赵元任在美国用的教材不完全适用于我们，所以，词汇上的改动大一些。句型，也就是 sentence patterns 用的是赵元任的，例句根据实际情况做了一些改变。语法上我们参考了很多，比如胡裕树的，张志公的，有冲突的我们还是用邓懿（赵元任）的。这个语法体系我们既没有用张志公的系统，也没有用王力的系统，更没有用北师大的系统，黎锦熙的更没法用，最接近的还是张志公的。”（钟梫，2010：66）这就是根据国内具体的教学实际，结合需求和目标的实际，进行了创造性的调整。李培元（2010：101）明确提到了对丁声树等《现代汉语语法讲话》的吸收，他说：“50 年代编写《汉语教科书》的时候，丁声树先生有一个《现代汉语语法讲话》，编书的时候我们就吸收了不少成果，像四种句子类型：‘名词谓语句’‘动词谓语句’‘形容词谓语句’‘主谓谓语句’。特别是‘主谓谓语句’，是《现代汉语语法讲话》里提出来的，这个我们就吸收进来了。”这都是集中在教学语法的知识内容方面的。这些知识内容的选择显然不是凭空的、无根据的，而是以来华留学生学习掌握汉语技能为目标驱动的，是以学生生活、学习中的实际需要来选择语法项目，这说明对外汉语教学从一开始就有明确的“学以致用”的第二语言教学意识。李培元（2010：33）引述了当年教学总结的一段话：“编写语法，主要是从生活实际出发，排列次序，是按照生活需要的缓急来定的，同时也是从简到繁的，所以和一般语法理论书籍的词法、句法的安排很不相同。”事实上，我们看到的《汉语教科书》语法系统是融合了传统语法和结构主义语法两种特点的，是综合了当时各家的认识，同时又在明确的实用原则的指导下，结合对外汉语教学实际的一种创造，因此至今仍然具有重要的地位。

在“教什么”这个内容选择的问题上，除了上面说的以语法为主体的内容选择以外，这一时期的一个重要问题是，作为预备教育，“打语言基础要不要结合专业需要及怎么样结合专业需要”(钟梫，1965/1979)，这也是汉语预备教育一直存在的问题。钟梫(1965/1979)回忆：“1957 年，为了解决政经专业学生结合专业的问题，我们曾在第二学期末增加了‘政治经济学’的阅读材料，以大量阅读、课堂讨论的形式搞了一个多月，效果很好。在这个经验的基础上，1960 年第二学期末，我们为理工专业的学生搞了四周至六周的专业阅读。虽然效果不太理想，但是大部分同志认为这个做法不失为结合专业的一条出路。以后几年就照这个模样，做些改动，沿用下来了。”这说明到了 1965 年作者写这篇总结时还是这样的做法。总的说就是以这类专业知识材料作为汉语综合课的补充和配合，整体构成教学内容去实现教学目标。洪材章(1985)谈到科技汉语教学时则提出了“汉语课程与科技课程同步结合”的原则，指出“近期目的是成人学习外语的主要动力，因此为成人开设的外语课程都要充分考虑学习者的近期目的”。这个问题应该说到今天也没能得到很好的解决。恐怕关键的问题就是一直没能严格按照课程编制的基本原理，对目标做细致的描述，并将目标与课程内容有机地统一起来，仍然停留在一般性的目标认识上。另外一个也许更是颠覆性的问题：对于多数正常学能的学习者来说，用一年的时间学习一门外语能够达到入系学习专业的水平吗？即，预备教育的这个前提是否成立？李培元(2010：23)也谈到当时的争论：“本来很早以前讨论教学计划的时候，就有不同的意见。比如说学外语，你用一年的时间来学一种外语，然后把你送到国外去学一种专业，这困难很大，时间太短。”这涉及是否尊重客观的语言学习规律的问题。① 对于大部分语言学能正常的学习者来说，从零开始，仅用一年(或两年)，是难以达到学习专业的语言水平的，尤其是学习一

① 由于特定的政治环境，无视语言学习规律的长官意志一直存在于对外汉语教学实践中。张亚军(1990：84)就提到：“1964 年，中国高等教育部部长来北京语言学院，向全体教师提出，希望外国留学生经过 1 年汉语预备学习，入系后听课，能听懂 90%。这虽然只是在听的方面提出的速度标准，但由于在理论上缺少科学的论证，所以也没有得到认真的执行。”

种“远距离语言”[①]，困难会更大。如果是这样，那就是给语言教育加上了不能承受之重，就不是能够通过正常的课程和教学的精心设计和实施所能达到的了。汉语预备教育在对外汉语教学中是客观存在的一种类型和现象，我们的上述认识是基于事实的一种分析，是需要思考的问题。

对初创时期对外汉语教学存在的问题，钟梫(2010:15)谈到：“过去由于种种原因，我们没意识到留学生大部分不是来学汉语理论的，无论语音、词汇，还是语法理论，对他们来说只是一根拐棍儿。正因为如此，导致我们讲语音理论太多，讲语法理论太多，讲近义词比较多，忽视了实践性原则，影响了学生实际运用汉语的技能的提高。”他谈的问题从理论上说，是在未能对学生要素进行充分分析的情况下就确定了教学内容和教学形式，表面上是课程内容的选择问题，实质上是未能遵循一般教育规律。历史地看，这也是时代特点造成的，不可能有充分的时间去做这种科学的设计，另外也没有明确的接受教育理论指导的意识。李培元(2010:3)回忆：“当时专修班的教学任务很重，主要是因为软件的准备不足，比如教学设备，特别是教材。我当时(1953)到了语文班后，有三个教研组：一个是东欧组，主任是邓懿先生。一个是朝越组，主任是周祖谟先生，主要接受朝鲜和越南的学生。后来周祖谟先生离开语文班回到中文系去了，朝越组主任由赵荣普先生担任。还有一个二年级组，主任是王还先生。那个时候教材是教学中非常重要的一个依据，没有现成的，要现编、现印，然后发给学生。这是什么状况呢？比方说，我在东欧组，东欧组的教材是邓懿先生编的，她也得了解学生的情况，学生来了，分班，定下来了她教这个班，然后她编教材。”这些情况表明，至少到1953年，对外汉语教学实践仍然处于无规划无设计的应急(或称“急就”)状态，谈不上以明确的教育理论指导教学，主要靠的是教师自身具有的经验和“教育本能”。

初期教学内容还包括语言实践这种辅助性的内容。根据钟梫(2010:14)对初期课程面貌的描述(详见下文)，对外汉语教学的课程从一开始就很重视利用目的语真实的语言环境，进行语言实践活动，形成课堂教学和语言实践活

① 指类似汉语和印欧语系诸语言之间在语言类型上关系较远的语言。

动结合的格局。李培元(1987)说:"那时已经开始注意把实践性原则贯彻到各个环节中去,充分利用社会这个大的真实的语言环境,把课堂教学和课外活动结合起来。把'语言实践课'作为一门课程正式列在课表之中,就反映了当时这样的想法。在这种思想指导下,还有计划地组织'看教学电影''汉语节目表演'等多种活动,既提高了学生学习兴趣,又可以补充课堂上一时学不到的东西。"这样的内容一直保持到今天,成为一种传统。

2.后期的情况。

20世纪七八十年代以来,包括功能法、交际法等国外外语教学理论开始对对外汉语教学产生影响。在教学内容方面,从50年代延续下来的语言知识(特别是语法)为主体的局面逐渐被打破,功能、意念等方面的内容得到强调。在内容的选择方面,从最初的主要在语法项目的选择上做文章,到后来的既要考虑语法、词汇,还要考虑功能项目以及文化内容,努力在结构、功能和文化之间形成有机的联系。这一意图集中反映在80年代开始的"汉语水平等级标准和等级大纲标准"(简称"标准")的制定工作中。"80年代以来,我国对外汉语教学界更加重视针对教学对象的特点(包括年龄、文化程度、汉语水平、第一语言跟汉语的关系等)和学习目的选择教学内容。采取的主要措施有:根据不同的学习目的和要求划分专业类型;根据不同的专业类型制定专门的教学大纲,并制定《汉语水平等级标准和等级大纲》。"(吕必松,1990/1993:210)该"标准"的制定今天看来意义重大,在性质上是和《欧洲语言共同参考框架:学习、教学、评估》同类的大纲,是第二语言能力标准,是覆盖学习、教学和测试三个方面的最上位的语言标准纲要,尽管还不是很完善,但却是学科发展的重要一步。最初设计的"标准",计划包括语言、功能、文化三个方面,最终完成的只是语言部分的大纲——汉字、词汇和语法,功能纲和文化纲迄今阙如。这是标准层面的情况。在教学层面,经过长期的酝酿准备,基础阶段包括语言纲、功能纲、情境纲等在内的内容大纲终于在90年代末问世,这就是杨寄洲主编的《对外汉语初级阶段教学大纲》(1999),为基础阶段汉语教学的内容选择提供了参考依据。

就语言(语法)知识来看,总体上没有大的变化,基本沿用了1958年《汉语教科书》的语法框架，变化的只是受语法理论研究的影响而进行的一些局部调整，比如原来的体词谓语句包括“我是老师”一类，后来的则不包括这一类。

课程内容后来变化较大的是在语用知识和文化知识方面。“70年代末，80年代初，我国对外汉语教学界开始认识到语言学习中文化因素的重要性，个别教材（如《初级汉语课本》）针对外国人在汉语学习和使用中因文化差异而普遍存在的困难，对跟语言理解和语言使用有密切关系的一部分文化知识，诸如怎样使用问候语、怎样打招呼、怎样问姓名以及拜访、邀请、作客等方面的一些风俗习惯等，结合有关的表达方式通过注释有重点地加以介绍。”（吕必松，1990/1993:205）这里所涉及的文化就是后来称为“交际文化”的内容，是对语言交际有直接影响的部分，当然是语言教学中需要教授的内容。只是这方面到底包括哪些内容，并无系统性的研究，多半都是举例性质的。这也是一直有制定文化大纲的呼声而迄今并无成果的重要原因。特别需要指出的是，对外汉语教学中的文化教学存在“泛文化”的问题，即超出了“交际文化”的范围，这会导致语言教学目标的偏离，课程内容的选择也将更加困难。还需要强调的是，我们说后来对语用、文化知识重视了，并不意味着《汉语教科书》时代的教学内容就不包括类似怎样使用问候语、怎样打招呼等内容。无法想象完全脱离了此类“文化”内容的语言教学如何能实现培养语言能力的目标，因为语言和文化本来就是融为一体的。不同的仅在于，早期的教学内容主体是语言知识，不是有意识地去处理语言结构、语言功能和文化之间的关系，而后期的更重视这种关系而已。

（三）课程内容组织

课程内容组织包括宏观和微观两个层面。宏观的课程内容组织指的是针对某类特定对象的需要所确定的课程目标（宏观），编制彼此有系统联系的一组课程（课程体系），对这组课程间的系统组织结构的设计安排就是宏观的课程内容组织；微观的课程内容组织是指每一门具体课程的内部的内容组织结构。两个层面的组织都包括学时的安排。[①]

---

① 原理阐述的详细内容参见本书第五章。

1.宏观层面。

(1)早期情况。

课程内容组织是根据课程目的目标来进行的课程编制工作,因此同样要以学生的需求为基础。在谈到最初15年的课程组织时,钟棂(2010:134)说:“以理工专业学生的汉语教学为例,曾有人设想延长至一年半或两年。我们没有这么做,因为不利于留学生的培养:他们主要是学专业来的,如果五至六年专业学习之外,还要耗上两年时间学习语言,在中国就要待上七八年,不太合适。”这说明当时在学习时间的安排上,主要是从缩短学生在华时间的角度着眼的,并不是从第二语言(外语)学习规律本身的角度考虑的。因为仅就外语学习的一般规律来说,零起点学习一年,要达到用外语学习专业的目标几乎是不可能的。这就使得整个的教学(课程)都要在既定的时间范围内做文章,由此也带来了相应的一些问题。这与当年大的社会氛围有关系,强调“挖掘潜力”。如果按照科学的标准,这种强行缩短学习时间的做法显然有问题。因为从第二语言学习者的角度考虑,影响第二语言学习的因素很多,不只是动机、态度等。在其他因素(如学习者自身的习得过程因素)不具备的情况下,即使学生动机再强,态度再积极,要达到目标也是不现实的。当时的历史条件也影响了对外汉语教学。

具体就课程而言,最初是怎样的一种面貌?起步时学生数量较少,[①]教学资源有限,更主要的是邓懿是唯一在美国接受过现代外语教育思想影响的教师,因此直接借用了美国的模式,开设了后来被称作综合课(或精读课)的汉语课,由两位老师分别担任主讲老师和复练老师。[②] 教材则是八年后出版的《汉语教科书》。钟棂(2010:14)介绍了当时课程的整体面貌:

① 根据钟棂的回忆,最初只有14名学生,到1952年转到北大时也只有77名学生。但根据李培元(1989),第一批留学生为33人,1952年北大专修班学生共87人(东欧各国44人,朝鲜、蒙古等国43人)。

② 钟棂(2010:34)介绍了当时他和另一位老师的配合情况:“每天我们在上课之前,到我住的地方碰头,我们合作得非常默契,他把他的教案设计告诉我,我把我的教案设计告诉他,这样我们在课堂上就不浪费时间。他不会外文,需要我说外文的,我就在课堂上补几句,不让他那儿为难。他有他的特长,他对学生的训练、抓学生的语音、语法错误非常在行,耳朵一听立刻就抓住了。”

有讲授课和练习课，讲授课主要是系统地给学生讲解汉语的语音、词汇、语法，练习课没有新内容，主要是针对讲授课上的内容进行进一步的强化练习。此外，还有一个小时的听录音，相当于现在的听力课。学生还有出去的实践课，上外头去参观、访问，去商店买东西，我记得有一次去了杭州的灵隐寺。那时的课程设置不太固定，留学生还有过政治课。政治课当时叫作《中国历史》还是《中国革命史》，我记不太清了，后来慢慢演变成《中国概论》。汉字课也曾经是独立的，但上了多长时间我就不记得了。当时要上哪些课主要是由邓懿决定的，不那么固定。

这段讲述让我们了解到起步时对外汉语教学课程的基本面貌，带有鲜明的草创特点和时代特点，也带有不同于其他外语的鲜明的汉语教学特点，这主要是从汉字课的开设上体现出来的。这说明从一开始就认识到汉字教学对于外国学生形成综合的语言能力是非常重要的。关于当时综合课的教学模式，钟梫(2010:50)介绍："当时的模式是老师先讲理论，把理论讲清楚了，再让学生练习。老师讲得多，讲得细，没有翻译学生听不懂。所以邓懿是主讲教师，她在前面说中文，我翻译，把她说的给学生翻译成俄文。① 后来出现了一些什么情况呢？班里有一个匈牙利的学生，她的俄文不行，所以邓懿讲中文我翻译成俄文就不行了。她的英文很好，邓懿就直接用英文给她讲了。"谈到"带翻译上课"的问题，他说："采用翻译法的原因是多方面的，一方面当时我们从主观上还没有认识到汉语教学的实践性特点，理论讲得多，讲得细，当然不能一来就用汉语直接讲，学生怎么听得懂？另一方面，当时学生的国别比较单一，使用一到两种语言就行了。后来我们也意识到这个问题了，明白了教的是实践汉语，要讲求实用，翻译法就开始改革了。学生的国别也越来越复杂，常常一个班就有好几个国家的，你用哪种语言都不行。现实就迫使我们放弃翻译法，差不多到了60年代初就改了。"这说明，教学路子的改变并不是一种主动的理性认识的结果，而是一种现实压力的结果。李培元(2010:21)对当时的课程组织谈了如下认识："在课型设置上，从学生来说是一星期24节课，从老师来说

① 据李培元(2010:50)，这种带翻译上课的情况持续到1964年左右。

是两个人带一个班，主讲教师上‘讲授课’，上练习课的老师一种是复习，一种是练习。讲授课还是带有当时的以讲为主的特点，讲发音部位、发音方法、语法知识等。后来我们把‘讲授课’改成了‘讲练课’，教师上课要边讲边练，毕竟是实践汉语课，不完全是传授知识。甚至于当时想规定讲和练的时间的比例，不然没有可操作性，大致规定讲练的比例是1∶4。”这番话让我们了解到，在最初的十几年中，课程的宏观组织从外观结构看虽然没有大的变化，都是以精读课为主体，辅之以复习、练习课，但课程的内涵变了，这从“讲授课”到“讲练课”的变化上可见，一字之差，反映的却是对目标的修正，课程内容中不同知识类型间的比例关系发生了变化，从初期的陈述性知识占主体，到后来的程序性知识占主体。这正是那一代教师在实践中不断摸索的结果，逐渐走到外语教育的正路上来。李培元(2010:51)在谈到对综合法的认识时说：“后来我们自己还是提综合法，但认识有所深化，比方说课程设置我们不是像国内的外语教学有精读、泛读、口语、听力课，我们只有一门汉语课，既包括精读课也包括泛读课。另外在四项语言技能的训练上我们也不是设几种课，特别是在基础阶段我们就是在一种课里加强听、说、读、写，这都是综合性质的。”这种课程内容的组织形式是由教育目的决定的。国内一般的外语教学都是学历教育，而非强化性质的预备教育。学历教育需要对较长时段(一般四年)的教学进行规划。我们后面要谈的学历教育就是和国内一般的外语学历教育一样的组织结构了。其实李培元谈的也主要是基础阶段的情况，按学期说就是第一学期的情况。到了第二学期就有分技能课程了。“那时候(指50年代——引注)是到第二学期就设一些听力、阅读、口语、写作课，老师们叫‘小四门’。主要是进入短文阶段的学习，给学生增加各方面的训练，活跃学习气氛，另外也是根据学生的不足加强某一方面的训练。但并不是像外语院校，从一开始就设‘语音课’‘语法课’。”在最初的基础阶段以综合的方式组织教学有其合理性和必然性。钟梫(1965/1979)对“分科教学还是综合教学的问题”进行了总结，“短期实践外语教学采取分科的办法好，还是综合的办法好，这个问题在国内外都有争论。我们教研室内部也曾经有过这种议论，但是主张分科的意见从未占过优势”。这其实就是课程组织的问题，即对于目标的实现采取何种组织策略的问题，在认识上一直有分歧。

钟梫(1965/1979)在总结中还谈到了“课内课外结合的问题”，他说：“外语学习必须强调课内课外结合起来，这是没有疑问的。我们探索的是如何在外国留学生中做好这个工作。以下几点是值得注意的：(1)某些课外活动可以独立设‘课’。‘语言实践课’便是如此。(2)针对留学生的兴趣和愿望，多组织参观访问。事先发给生词表，学生既了解了中国的情况，又学到了语言。这个方法较受欢迎。(3)多组织看教学电影。(4)开辟课外活动室，组织丰富多彩的活动，活跃学习生活，提高学习兴趣，扩大语言运用范围。(5)组织不同规模的汉语表演和演讲会，有的由学生自己主办，教师协助。”这些都是课程内容的不同表现形式，需要同样给予重视。尤其是语言教育，仅靠课堂形式的课程难以实现教学目标。这一认识没有分歧。

对于20世纪七八十年代的预备教育，吕必松(1985)介绍了当时北京语言学院的预备教育类型及课程组织情况：“按照不同的专业需要，分别开设了文科汉语班、理工汉语班、西医汉语班和中医汉语班。理工汉语班和西医汉语班的学制均为一年，文科和中医汉语班都分一年制和二年制两种学制。准备学习文科专业的学生，如果入学前没有学过汉语，或者所学甚少，编入二年制文科汉语班；如果入学前学过汉语，并且达到了一定的水平，则编入一年制文科汉语班。一年制文科汉语班的水平，相当于或接近于二年制文科汉语班二年级的水平。具有大学毕业以上学历，准备短期进修中医或中药的学生，编入一年制中医汉语班，其他准备学习中医、中药专业的学生编入二年制中医汉语班。一年制中医汉语班的水平属于一年级水平。不同专业和学制的班级分别使用不同的教材(只有二年制中医汉语班一年级学生与二年制文科汉语班一年级学生混合编班，使用相同的教材)。”从上面的介绍看，尽管当时的教学(课程)组织有相当的合理性，但也存在着明显的缺陷。比如“具有大学毕业以上学历”作为外语学习的编班依据似乎道理不充分。关于课程(吕必松称“课型”)，他说：“我院1973年恢复招生以来，在不断总结教学经验的基础上，对基础汉语教学的课程设置进行了多次调整，逐步形成了下面的课型设置计划。”

表 2-1　北京语言学院七八十年代基础汉语课程计划之一

<table>
<tr><th colspan="2">第一阶段
（5 周零 4 天）</th><th colspan="2">第二阶段
（14 周）</th><th colspan="3">第三阶段
（16 周）</th><th rowspan="2">总课时</th></tr>
<tr><th>课型名称</th><th>周课时</th><th>课型名称</th><th>周课时</th><th>课型名称</th><th colspan="2">周课时</th></tr>
<tr><td rowspan="4">精读</td><td rowspan="4">24</td><td rowspan="4">精读</td><td rowspan="4">20</td><td rowspan="4">精读</td><td>文科班</td><td>8</td><td>544</td></tr>
<tr><td>理工班</td><td rowspan="3">16</td><td rowspan="3">672</td></tr>
<tr><td>西医班</td></tr>
<tr><td>中医班</td></tr>
<tr><td rowspan="4"></td><td rowspan="4"></td><td rowspan="4">听力理解</td><td rowspan="4">2</td><td rowspan="4">听力理解</td><td>文科班</td><td rowspan="4">4</td><td rowspan="4">92</td></tr>
<tr><td>理工班</td></tr>
<tr><td>西医班</td></tr>
<tr><td>中医班</td></tr>
<tr><td></td><td></td><td>口语</td><td>2</td><td></td><td></td><td></td><td>28</td></tr>
<tr><td rowspan="4"></td><td rowspan="4"></td><td rowspan="4"></td><td rowspan="4"></td><td rowspan="4">阅读理解</td><td>文科班</td><td>8</td><td>128</td></tr>
<tr><td>理工班</td><td rowspan="3">4</td><td rowspan="3">64</td></tr>
<tr><td>西医班</td></tr>
<tr><td>中医班</td></tr>
</table>

对于这种设计的指导思想，吕必松（1985）介绍说："主要靠一门精读课来完成基础汉语教学的任务。精读课实际上是一门综合课，既教口语，也教书面语，并进行听、说、读、写的全面训练。""在基础汉语教学阶段开设口语、听力、阅读（或称泛读）等课型是我院的传统做法，'文化大革命'前就开设过听力课、阅读课和写作课等。实践证明，为了在较短的时间内使学生的'四会'能力得到均衡发展，在周课时较多的情况下提高学生的学习兴趣并增强他们对所学内容的记忆，在基础汉语教学阶段开设多种课型是完全必要的。"在指出主要是综合教学的同时，他强调了"在周课时较多的情况下"是开设分技能课程的前提。另外考虑的是提高学生的学习兴趣，增强记忆。这些都是宏观课程组织的一种"辩护"。[①]

---

① 课程辩护是指对课程存在的理据的解释。

他同时指出上述课程设置存在三方面的问题：精读课教学困难多，听力课、口语课和阅读课教学效果差，教学管理负担重。为解决这些问题，重新设置课程如下：

表 2-2 北京语言学院七八十年代基础汉语课程计划之二

类型	课型名称			周课时
	1	2	3	
文科汉语班	读写			8
		听力		4
			说话	8
中医汉语班	读写			8
		说话		8
			听力	4
理工汉语班	听说			8
		阅读		8
			听力	4

从表 2-2 中我们大致可以分析出不同类的预备教育目标间的差别是课程组织重点不同的依据，但很难说理据性有多强。根据作者对该课程组织的说明（详见吕必松，1985），我们认为存在"课程辩护"上的不足。

（2）后期的情况。

表 2-1 所呈现的课程组织形式，到 20 世纪 70 年代末 80 年代初有了重大的变化：由综合式组织形式改变为分科式组织形式。

吕必松（1983/1994：17）谈到："我们对一年级的教学，历来主张靠一门精读课来进行听说读写的全面训练。这样安排的目的是把四种言语技能的训练紧密地结合起来，防止出现'瘸腿'的现象。但是这种办法给教师分工和课堂教学带来了一定的麻烦。[①] 为了解决这一问题，我们曾经进行过把听说和读写分开来教学的实验，设听说和读写两种课型，听说课领先。实践证明，这种

① 主要是分别承担主讲、复练任务的两个老师配合上的麻烦。

分课型教学的办法有一定的好处。但是由于听说课不出现新汉字，学生到读写课看到汉字时，对听说课学过的词印象不深，甚至要当作生词重学一遍。这样，同一个生词等于要学两遍，无形中增加了学生的负担，使分课型教学的优越性没有得到充分的发挥。[①] 最近一些同志又提出了一个新的实验方案，建议设读写、听力、说话三种课型，以读写课打头，按照读写、听力、说话的顺序进行教学，并通过各个课型中相重叠的语音、语法和词汇内容来建立三种课型之间的内在联系。这一方案充分考虑了汉语教学的特点，如果实验获得成功，就可以从教学的总体安排上解决汉语教学中如何处理听说和读写以及听和说、读和写的关系等问题。”作为这一实验的主要负责人，鲁健骥（2003）也介绍了当时课程改革的情况：“上世纪 70 年代，外国新的教学法理论已经介绍到中国，如功能 - 意念大纲、交际法等，都引起我们对对外汉语教学现状的思考。始于 1979 年初的教学改革，就是在这种情况下进行的。首先是考虑如何在有限的一年里，加强学生的语言能力的培养，改变教学以语言知识为纲的状况。经过认真的分析，我们认为，四种语言能力不能平均使用力量。因为听和读是被动能力，听和读的内容，学生自己无法控制；而说和写是主动能力，说什么和写什么，自己是可以控制的。对于在华学习汉语、又要进入中国高等学校学习专业的外国学生来说，这四种能力如何安排得合理，就成为我们思考的核心问题。”从中可以看出，到了 70 年代末，为期一年的汉语预备教育中课程内容（知识和技能、各技能之间的关系）的组织形式一直是存在困扰和争议的难题，也成为课程改革的突破口。上述思考的结果是，“我们认为，在一年的时间里，‘说’应该控制在一定的限度。这限度就是学生‘说’的能力应该能满足生活上的需要，而不必提出更高的要求。在他们专业学习阶段‘说’的能力的提高，是跟他们专业学习同步的；在一年的汉语预备教育阶段，没有必要也不可能顾及那么多。但是‘听’和‘读’就不同。从学生的实际情况考虑，他们学习专业的时候，课上要听讲，课下要阅读大量的讲义、参考文献。外国学生如果缺乏听和读的训练，不掌握听和读的技能，没有养成听和读的习惯，是很难适应的。

① 这实际上在初期的两次关于“语”“文”关系的教学实验中已经出现过。参见本章第五节。

因此，我们把‘突出听、说’改为‘突出听、读’，这就是改革后的教学模式的总格局”。表2-3就是改进后的课程结构。

表2-3 改进后一年制汉语预备教育课程结构

	第一学期			第二学期		
	口笔语综合实践课	听力课	汉字读写课	精读课	听力课	阅读课
日学时数	2	1	1	2	1	1
周学时数	10	5	5	10	5	5
年学时数	400	200	200	400	200	200

按照鲁健骥(2003)的说法，“试行的结果表明，这一模式适合它所规定的教学对象。也达到了预期的‘突出听、读’的效果。因而得到推广，并为全国有同类教学对象的学校所接受，采用至今。”吕必松(1990/1993:205)谈到该实验时说：“第一年实验的结果达到了预期的目标，特别是在听力和阅读能力培养方面取得了令人鼓舞的教学效果。”体现该模式课程特点的教材就是《初级汉语课本》①。需要指出的是，对于改进后的课程结构的实际结果(效果)，我们只是看到上述的表述，至于究竟与之前的组织形式(综合式课程)相比有怎样的效果差别，以及用该模式培养的学生进入专业学习后听课、阅读能力有怎样的提高，未见有实证的报告。也就是说，基于课程目标的课程组织调整后的合目标性，我们没有见到支持的实证材料。这就是课程评价的问题了(参见第七章)。按照“泰勒原理”，从课程目标到内容选择和组织，再到评价，并不是一个直线形的结构，而应该是一种环形结构，即评价既是对目标的检验，同时也作用于目标的调整和确定。显然，按照课程编制的这一原理，上述的课程改革，我们还无法做出确定的判断。全国一些机构对该模式的采用固然是一种检验的角度，但严格按照科学的标准看，还不足够。

究竟是综合模式好还是分科模式好，由于一直缺乏足够的实证研究加以

① 该系列教材包括：《初级汉语课本》，1988年，共3册；《初级汉语课本·听力练习》，1986年，共3册；《初级汉语课本·汉字读写练习》，1986—1987年，共2册；《初级汉语课本·阅读理解》，1989年，共1册。

证明，不同的认识也就一直存在。近几年来，北京语言大学汉语进修学院在一年级中又进行“主讲－复练”模式的尝试。我们看到，在该院2013年的学生手册中，初级汉语的课程介绍中把初级汉语分为“初级（上）”和“初级（下）”。对初级（上）的课程说明是：“初级汉语必修课。通过汉语基础词汇和基础语法的学习以及听、说、读、写等语言技能的综合训练，使学生具备初步的汉语交际能力。共设两种课型：初级汉语A：讲练课。讲练汉语的基础词汇和基础语法。初级汉语B：复练课。复习、巩固讲练课所学内容，综合训练学生的听、说、读、写技能。”尽管在具体内容和做法上跟初期的“讲授－复练”模式有所区别，但总的思路显然是基本一致的，走的是综合的路子，是一种回归。据了解，在北京语言大学汉语速成学院的基础阶段教学中，也有同样的回归表现。[①] 这至少表明，人们在教学实践中认识到这种综合模式有其不可替代的价值。但因为未见到相关的资料，不好评论这种“回归”是对原有模式的超越还是回到老路。

2.微观层面。

这里主要看主干综合课的内容组织情况。根据《汉语教科书》所反映的最初的教学内容的组织来看，一直遵循着一般的教育规律和原则：先易后难，先简单后复杂。词汇的安排注重重现率。邓懿主持编写《汉语教科书》遵循的原则主要有：(1)实用性原则；(2)量力性原则，每课生词大致控制在15个左右，语法点就是三四条；(3)循序渐进，先易后难；(4)强调词汇的重现率。（李培元，2010：31—32）这些原则显然都是教学内容的组织原则，无论是出于纯粹的“教育本能”还是理性认识，显然是符合第二语言（外语）教学的要求的。因此，从一开始对外汉语教学就能够打下良好的基础。

后来的课程内容的组织，总体上没有大的变化，尤其是组织的原则延续了早期的原则，所做的调整也是局部内容的微调。比如语法项目的排序问题。早期《汉语教科书》时代就有了明确的教学顺序的考虑，遵循语言本身结构规律和语言学习规律，在实践上已经做到了较为科学合理的语法项目的组织。

① 详见本章附录1：《北京语言大学汉语速成学院速成系2013年春季课程表》。

《对外汉语教学初级阶段教学大纲》(1999)则基本延续了这个传统,在语法点的切分和安排上做了更加细致的工作,可以说合理组织教学内容的理性意识更强了。近些年来学界进行了一些语法项目排序方面的研究,对于人们理性认识内容组织问题的意义无疑是有价值的。需要指出的是,这种组织上的"合理据性"不可过分夸大。换言之,是否存在唯一合理的组织,恐怕是个无解的问题,或者也可以说也许根本就不存在。尤其是大家一再强调的要按照第二语言习得顺序来组织教学内容,更是有待研究和证实的一种假设。

(四)课程评价

对于课程评价,不同的课程理念会有不同的评价观,有的注重过程性评价,有的则注重结果性评价。我们这里主要谈结果性评价,就是对课程目标的实现结果进行检验。由于预备教育特定的目的,决定了对教学结果尤其重视。因为学生是要进入相关专业学习的,能否适应专业学习,直接关系到对汉语预备教育任务承担者的评价,对结果的重视也就是很自然的了。相比而言,早期对预备教育的评价要比后期(尤其是近一二十年)更加重视。这和整个对外汉语教学大的形势的变化有关,预科生在总的学生中的比例下降。此外,和早期比,加诸汉语预备教育的政治负担有所减轻。

早期课程评价的最典型的事件就是1962年和1963年的两次调查活动,目的是要了解预科生入系后到底能否适应听课学习。这实际上就是对课程目标实现结果情况的评价,是一种结果性评价活动。

当年为解决汉语预备教育中暴露出来的问题,北京语言学院前身"外国留学生高等预备学校"①曾分别于1962年和1963年派四名有经验的教师到北京大学和清华大学进行驻校调研,了解学生入系后的语言能力表现。调查结论有:(1)日常生活用语基本解决了。(2)学习中语言方面的困难依次是听课、阅读教材、写实验报告,说的困难不大(入系初期,学校对留学生说和写的要求还不高)。(3)6个星期以后,汉语水平中等的学生,数学课能听懂60%以上,物理课能听懂50%左右,辅导课能听懂80%。(4)入系初期,汉语水平中等的

① 成立于1962年,其主要任务仍然是汉语预备教育。

学生，阅读化学教科书“绪论”“溶液”两章时，每小时能读 3 页（约 1500 字）。(5)听课中的困难，有教师的语速问题、方音问题、板书不规范的问题等，但是最大的语言障碍是生词太多。根据听了 10 大节专业课的记录，学生在高等预备学校未学过的词语约有 40%。（李培元，1987）根据这些结论，当时采取了一些改进措施：(1)在教学的目的要求上明确了“四会全面要求，侧重听读”。(2)加强结合专业的阅读训练，专业阅读从过去的 4 周增加到 8—10 周。(3)编写结合专业的泛读材料和实用的汉外对译常用专业词表。(4)采取多种办法加强听力训练。此外，还在学年后期开设了以数理化知识为内容的讲座课，以培养学生听专业基础课和阅读专业基础课教材的能力。（吕必松，1990/1993：201）

从上述资料看，当年的调查还是非常深入和细致的，对各项语言技能的实际能力表现做了较为全面的调查，比如对阅读速度的调查等，这是非常难得的。我们因此也可以认为，尽管目前没有见到当年对具体目标的描述，但从这份调查结果的材料可以推断，至少在当时的教学中，教师们的心里是有具体目标的，否则这两次调查也就不会设置这些调查项目。上述的改进措施就是依据评价结果对课程目标、内容及其组织的一种反馈和修正。因为没有见到调整后再评价的资料，[①]因此无法了解改进之后的教学是否解决了所存在的问题。尽管如此，这两次调查从课程评价理论角度看具有重要的价值和意义。课程评价的一种重要形式就是“课程的调查审议”(curriculum appreciation)。在谈到该评价形式时，英国课程学者菲利普·泰勒等（1979/1989：11）指出：“这种形式既注意各种事实和证据，也考虑教育过程的价值问题。其目的一方面在于弄清当前所进行的东西是否与所要达到的东西相一致，另一方面则考虑该教育过程（包括课程在其中所起的作用）是否有价值，从而决定其取舍或提出修改意见。”尽管当年很可能并没有这种理论上的清晰认识，但在实践上基本上做到了。遗憾的是，此后类似的调查未再见到。

课程评价自然不仅限于这一种形式。对学生学期、学年的成绩测试也属

① 很可能后来未再做同类的评价，因为两三年后“文革”开始，对外汉语教学中断。

于课程评价的范围。而类似 HSK 的语言测试则不属于课程评价的范围。

二 其他目的短期速成汉语教育

在汉语预备教育诞生并发展了近 30 年后的 1978 年，短期速成汉语教育起步。当年暑期，30 名法国学生在北京语言学院参加了短期培训班，时间是 6 周。到了 1980 年，全国已有 12 所高校接受了来自 16 个国家的 708 名学生。(张亚军，1990：49)这种教育类型从此确立。与汉语预备教育相比，短期速成汉语教育的区别性特征就在于其学习者目的目标的多样性与教学设计和实施的灵活性。吕必松(1990/1993：184)把短期汉语教育的特点概括为“学习期限长短不一(一般最短的 4 周，最长的 16 周)、汉语程度高低不限(一般分四种程度编班)、教学与旅游相结合”。这些特点都是表现性特点，根本上说，此类汉语教育类型的存在基础就是能够满足目的多样的学习者在短时间内获得汉语技能的外语学习需求。这一根本性特点使得此类教育带有较强的市场属性，因此在过去的几十年间，不仅众多高校开办此类教育，而且各类社会机构也纷纷加入。总体看，在课程编制的规范性上良莠不齐。在未对学习者需求进行充分调研，并进行合理的内容选择和组织的情况下就开班的现象比较常见。若使此教育类型健康发展，就需要按照课程理论和教学理论科学设计、科学实施相应课程。

(一)课程目的和目标

如上面所述，短期速成汉语教育之所以与其他类型不同，主要就是体现在目的和目标上。如果说其他教育类型具有相对的目的与目标的单一性，那么此类教育的目的与目标则具有多样性。打一个未必恰当的比喻：预备教育或者专业学历教育，制作的是标准尺码的服装；而此类教育则是可以满足不同喜好、不同要求的“裁缝店”，是满足汉语学习多样性需求的一种教育类型。卢晓逸、朱子仪(1995)则把这种特点表述为灵活性，认为：“灵活，是短期汉语教学适应能力的体现，因此，它还必将贯穿到短期汉语教学的未来。”这应该是符合实际的，至今仍然是此类教育的存在基础。

以长期困扰对外汉语教学的“语”和“文”的关系问题为例，此类教育就和预备教育在目的和目标上表现出根本的不同。毛悦(2010)在谈到特殊目的速成汉语教学模式时介绍了北京语言大学汉语速成学院连续举办多年的丹麦 MAERSK 实验项目的两种教学形式。该项目最初按照总公司的要求不教学汉字。在 8 期(每期 20 周)中,前 3 期采用的是"语文分开,只语不文"的模式,所有教学内容和教学过程都不出现汉字。期末听力和口语考试结果与"语文并进"学生相比,口语表达水平总体差异不大。对结业后学生跟踪调查显示:90%"能顺利地实现与公司内同事间的沟通及处理公司业务";92%"在华工作、与中国同事口头交流、在华生活基本没有问题";70%"工作和生活还存在一些问题,诸如不能阅读工作文件、看不懂商品说明、看不懂指示牌等"。后 5 期由于公司和学生都提出要学一些汉字,所以采用"语文分开,先语后文"的模式。教学过程分三个阶段:只语不文(听说领先);适当认读(语文并举);集中识字。这 5 期学生除听说能力达到要求外,大部分学生能掌握 300 多个汉字,其中部分人汉字书写正确率达到 90%以上。这个案例说明,特殊目的短期速成教育具有很强的灵活性和针对性,可以根据"客户"的要求"量体裁衣"。开始要求不教汉字,只学听说,那就按照不教汉字来做教学设计;之后"客户"又有了阅读上的需求,还要学汉字,那就再根据需求调整目标,设计教学。而前面谈的预备教育则不存在这种灵活性。此外,这个案例也说明了一个问题:教学对象有时对自己的需求并不真正清楚,因此会采取回避困难的策略,但经过实践检验发现必须面对困难时,才重新调整学习要求(目标)。作为教育服务的提供者,就需要以教学设计的灵活性去适应学习者目的目标的变化。

此种教育类型的强化性质,决定了"短期+高效"的基本目标追求。根据 90 年代的有关资料,[①]曾经确定了速成班的如下目标:零起点的初级速成班通过 20 周的强化教学,达到国内一般基础汉语教学一学年所达到的汉语水平,即达到《汉语水平等级标准和等级大纲》(试行)所规定的等级标准的初级 A;中级速成班通过 20 周的速成教学达到 HSK 中级 B 或 A。显然,这个目标是比较高的,实际教学是否达到了这个目标,因为缺乏相关资料,无法具体评说,

① 北京语言学院《汉语速成教学大纲》(试用),1993 年 8 月,打印稿。

至少反映了当时对此类教育的目标追求。

总体来看，经过几十年的发展，此种教育类型在总的目的和目标上没有太大的变化，变化的主要是教学对象，类型更加多样，具体的目的类型也就更加多样。

(二)课程内容

内容的选择是要根据目的和目标来确定的。根据卢晓逸、朱子仪(1995)，北京语言学院在开办短期汉语教学之初，教学内容基本上是照搬长期班的，"由于教材明显缺乏针对性，教学时间又有限，自然难以满足学生的学习要求"。由此可见，这种教育类型同样是在没有基本的课程设计的情况下开始的，也就是说并没有对学生的需求进行分析，据此确定教学目标、选择合适的教学内容并加以组织，而是用已有的长期班教材，先开班授课。结果是，"一番不太顺利的尝试，迫使我们开始考虑短期汉语教学的独特性"。这一过程和整个对外汉语教学起步时是一样的。经过初期的摸索，逐渐形成比较明确的类型意识，也就有了章法，针对性比较强的教材陆续问世，比如《汉语三百句》和《新汉语三百句》就是四周零起点班的适用教材。

就具体的内容构成看，此类教育与其他教育类型并无太多的区别，都是在语言知识、语言技能、交际技能、交际文化知识等范围内。需要着力的主要在于根据学习时间、学习目的以及学生的已有水平来选择针对性强的内容。比如在词汇方面，如果是类似上面说的公司班，就需要根据商务活动的需要，选择更多的商务词汇。如果目的又是主要在听说能力的培养上，就需要根据商务活动的特点，在进行基础的语法教学的同时，结合功能上的因素，选择口语中常用的一些表达形式。而对于四周左右的暑期国外大学生班，则应重点选择语言中最基础和最核心的内容，比如基础的语音、最基本的语法，功能情境上应该是问候、问路等最基本的功能情境。以这些内容实现奠定学生最基本的汉语基础，树立学生继续学好汉语的信心这一目的。

综合性课程内容的主体结构与其他类型不同，即不以语法结构为纲，而以话题、功能结构为纲。换言之，言语交际能力的获得占据主导地位，不强调语言知识的系统掌握。这当然是由短期速成的特点所决定的。"学以致用"的原则更加凸显。80年代初期对短期汉语教学的认识是:"从学生的实际需要出发,打破以语法为中心的体系,重口语,重实践,教学方法要多样灵活,以培养和提高学生用汉语进行交际的能力为主要任务。"(转引自卢晓逸、朱子仪,1995)这应该是对此类教育的一个基本认识,迄今并无改变。

关于文化的内容,卢晓逸、朱子仪(1995)基于短期学生"既要学习汉语,又要了解中国"的学习目的,认为"短期生来华的目的决定了我们的教学内容应同时兼顾语言内容和文化内容",并认为"在针对性原则指导下从总体上扩大教学内容的范围(特别是在中高班增设多门选修课),已成为我们教学适应新形势的必由之路"。开设的选修课有外贸口语、古文选读、唐诗欣赏、中国书法、绘画等。这些措施应该说都是积极的,但一个不容回避的问题就是,语言也好,文化也好,知识的量可以说是海量的,如何选择?还是要回到最基本的问题上来,总目标是什么?具体目标又有哪些?一个人的目标还是一个群体的目标?只有根据目标来选择才不会是盲目的。从我们下面要谈到的同一机构(汉语速成学院)差不多20年后最新的课程计划看(详见附录1),上面说的"必由之路"看来未被认同,课程重点更集中在语言能力的强化训练上,而不是开设花样繁多的文化选修课。

除了课堂教学的内容外,此类教育中课外语言实践占据重要位置。崔永华(1996)在讨论速成教学对课外时间潜能的挖掘时说:"一般的语言教学,对学习者的课外时间是不予控制的,而速成教学则要把所谓'课外时间'算入教学进程。语言速成教学又称为'全浸式'(total imersion)语言教学,就是说,这种教学的特点是学习者24小时应当完全沉浸在目的语言环境中。所谓课外时间的合理利用体现在三个方面:一方面是进行不必教师指导或只要稍加指导的课型(听力课、阅读课);第二方面是需要教师个别指导的活动(个别辅导、预习和复习的答疑);第三方面是对日常生活必须用目的语交际的控制。"显然,这是一种理想的速成教学课程组织形式,是一种"应然"的课程,能否实现取决于多方面的因素。对于多数动机不是很强的学习者难以实现。

(三)课程内容组织

短期速成汉语教育,由于学生水平、需要等不同,需要确定适当的内容组织策略。根据张亚军(1990:124)的记载,20世纪80年代末北京语言学院短期速成教学的组织方式是按照学生的汉语水平分成A、B、C、D四个等级进行分班教学。A级是初学者;B级是掌握了1000个左右汉语单词、对汉语基本语法和句型有初步的了解者;C级是掌握了1500—2500个汉语单词及汉语基本语法、句型者;D级是在听说读写四个方面有较高能力者。A班只开设一门口语课,采取综合教学模式,两位老师分别承担生词、语法的讲练和句型、会话及练习的操练,以及教写汉字;B班只开设一门口语课,内容和组织基本和A班相同,只是教材要深一些;C班开设三门课:中级口语(8课时/周)、报刊阅读(4课时/周)和听力理解(8课时/周);D班开设三门课:小小说阅读(8课时/周)、报刊课(6课时/周)和《中国文明浅说》课(6课时/周)。我们从北京语言大学汉语速成学院速成系2013年春季课程表(详见附录1)中看到,仍以A、B、C、D形式分级,只是更加细化了,从"A0"到"E普"共12级。课程组织的基本模式以综合课为主体,辅以听力、口语、阅读等分技能课,是对外汉语基础阶段教学的传统组织模式,更加简化、集中。A0级零起点班,回到传统的"主讲-复练"模式;D普属于中级水平,以《桥梁》(上)作为综合课教材,配以听力、口语、阅读三门技能课。总体上突出综合课的主体地位和作用,和上面80年代的D级课程明显不同,反映的是认识的变化,是语言课程理念趋于成熟的表现,更加符合第二语言(外语)教学的要求,尤其是强化汉语教学的特点要求,目标集中,组织简化。崔永华(1996)对速成教学课程组织的简化也有认识,"在教学过程中,合理地安排课型,减少人为因素的干扰,保证知识掌握和技能训练的连贯性也是一个重要的问题。例如每天上午4节课分为'精读-阅读-听力',这种安排可能不适合于速成教学。因为频繁地改变教学内容和学习环境而浪费了时间,更不利于学生注意力的集中和对所学内容的熟巧掌握。"这个意见是正确的,不能过于追求课程的频繁变换和花样翻新。

(四)评价

与汉语预备教育和汉语言专业学历教学相比,评价在短期速成汉语教育中的地位和作用显得尤其特殊,这是由其特定的目标追求所决定的。换言之,这种教育类型的存在依据就在于其所追求的在最短的时间内实现所期望目标的最大化。目标在教和学双方都成了最受关注的部分。从对学生学习起点的评价，到学习结束时对学习效果的评价，都是备受关注的。由于学生来源的多样，尤其是已有水平差异很大，所以历来很重视入学分班测试（鉴定性测试，或称诊断性评价，详见第七章），上面谈到的细化为 12 个级别就是这种重视的体现。分得越细，教学的针对性就会越强，实现目标的可能性就越大。卢晓逸、朱子仪（1995）曾谈到："短期汉语教学和长期班教学一样，应掌握有效的测试手段。我们主张常规测试和水平测试相结合。短期班过去只有入学前的分班测试和检查学生学习效果的常规测试。随着水平等级标准在短期汉语教学中的引入，短期班也应该注重检查学生语言综合理解和运用能力的水平测试。"他们强调的是在评价中引入水平（能力）测试，意图固然是可以理解的，但严格说并不合适。从课程建设的角度说，更应该加强与确定学生学习起点及影响课程目标实现诸因素相关的各方面的评价，当然也包括对目标实现情况的结果评价。

第三节 本科专业汉语教育课程的发展

随着对外汉语教学事业的发展，完成了基础阶段汉语学习的学习者日渐增多，越来越多的这类学生有了进一步提升汉语水平的需求，相应地也就有了将汉语作为一种专业来学习的愿望。从社会需求看，国外一些国家也逐渐出现了对高层次汉语人才需求增长的趋势。比如有些国家对汉语教师和翻译人才出现需求。这种来自学生和社会的需求催生了本科专业汉语教育。

事实上，本科专业汉语教育的起点可以追溯到"文革"以前。"1964 年北京语言大学前身北京语言学院独立建校之初就有一批巴基斯坦学生要求专门学习汉语，将来从事翻译工作。为此成立了一个'翻译专业'，学制定为三至四年。到 1966 年已有 20 多位学生。尽管该专业并不成熟、不完善，但它是中高级阶段的汉语教学中的一个新的范畴——汉语言专业的发端。"（李杨，2008）在此基础上，北京语言学院（今北京语言大学）于 1975 年开始试办本科专业汉语教育。1976年，教育部正式批准北京语言学院设立现代汉语专业（后改称“汉语言专业”），学制改为四年。在一年级汉语预备教育的基础上进行三年专业教育。1978年正式招收第一批本科生，所以现在一般说该专业的历史是从这一年算起。北京语言学院为该专业的设立专门组建现代汉语系（后称来华留学生二系），“由四个教研室组成，负责汉语专业教育，即从事二、三、四年级的教学”（李杨，2008）。自此，一种在目的语环境进行本科专业汉语教育的类型诞生了。1981年7月，首批25名学生获得现代汉语专业学士学位。[①]

和非学历汉语教育相比，本科专业汉语教育有很多不同的性质和特点。李更新（1997）强调了教学类型和层次与目标的关系，认为“由于对外汉语教学的类型和层次不同，因此不同类型和层次的教学所要达到的具体水平和目标也不尽相同”，并认为汉语言专业的“教学目的是学生要把汉语作为一个专业来学习，要求学生要成为汉语专门人才；教学内容则要包括比较系统而深厚的汉语基础知识，语言基础理论，较高水平的交际技能和与汉语相关的中国社会、文化知识”。在这些方面，都体现出了和短期速成汉语教育很不相同的特点。

尽管到目前为止，仍然有人对这种在目的语环境中的汉语专业学历教育表示质疑，个别大学拒设此专业，但无论是从国家层面还是学校层面，其专业地位已经确立，需要努力的是如何建设得更好。

一　课程目的和目标

就教学目的而言，该专业从开始设立到现在应该说没有大的变化，即通过系统的专业教育，培养高水平的汉语人才，但在总的目标上，则经历了变化的过程。与总目标相关，具体目标上也存在不同的认识。

（一）总目标

1975年试办时期确定的培养目标是“能担任一般汉语翻译和汉语教师工作”（李杨，2008）。这显然和60年代时的目标有继承性，也是因应了当时的人

---

① 笔者在巴基斯坦国立语言大学中文系任教期间（1999—2002）的同事米思巴老师就是这25名学生中的一位，她已经是该校中文教学的骨干。

才需求。1976年教育部正式批准设立现代汉语专业时，目标确定为“培养汉语翻译和大中学校现代汉语师资，也具有从事现代汉语研究的能力”(李杨，2008)。目标明显提高，增加了学术能力上的研究型目标。到了90年代，培养目标做了重大调整，不再以这种比较明确的目标来描述了，变成了比较笼统的表述。李杨(1996)的描述是：“教学的总体目标是培养学生熟练运用汉语的能力，使其具备扎实的汉语基础知识和一定的专业理论与基本的中国人文知识，造就熟悉中国国情文化背景的应用汉语人才。”如果就目标的明确性来看，显然这是一种相对比较笼统的目标，“应用汉语人才”的面就很广了，目标层次也随之降低，比如不再提汉语研究能力了。这种目标调整，很大程度上是为了顺应整个对外汉语教学的发展形势，越来越多的学生有专业学习的需求，目标过高会把一些学生挡在外面，因此这种调整有其现实的合理性。但由于目标的宽泛化，带来了培养结果的不确定性。其实，之所以迄今仍然存在对这个专业的质疑，很重要的原因就是“成品”质量问题。总体看，一定比例的毕业生语言水平和专业水平不高。要解决这个问题，还是要从目标这个根本上找出路。

而目标的确定首要的就是对学生需求的分析。在这一领域，对学生需求的调查历来比较重视。90年代初，北京语言大学的高彦德等(1993)曾做过一次规模较大的调查。关于“学习目的”一项设立了五个选项：(1)从事汉语教学与研究；(2)从事翻译工作；(3)从事外交外贸工作；(4)为学习专业做准备；(5)为了了解中国。结果是：多项选择所占百分率依次为：(5)74%，(2)52.9%，(3)49.6%，(4)30.6%，(1)24%；单项选择所占百分率依次为：(3)27.6%，(5)24.1%，(4)24.1%，(2)15.4%，(1)8.9%。最初确立的两个培养目标(汉语教师、翻译)，至少在这个调查中未能表现出很强的需求。90年代末在北京语言文化大学(今北京语言大学)汉语学院曾经做过学生需求调查，目的是为专业方向设立提供依据。当时虽然也有部分学生选择了做汉语教师，但因为数量原因，并没有将汉语教师作为培养目标。万业馨(2009)报告了专门针对北京语言大学汉语学院三四年级专业227名学生的调查结果。该调查包括七个选项，前五个和前述调查相同，增加旅游、其他两项。结果和1993年的不同，其中值得注意的变化是“从事汉语教学与研究工作”一项位置明显前移,“在三年级东南亚(女)、欧美非(男)等学生所选中甚至位居第二”。这表明,从学生和社会需求看,过去的20多年间已经有了明显的变化。因此目标也应做相应的调整。目前,培养汉语教师的“汉语教学方向”已经成为该专业的一个方向。

(二)具体目标

无论是最初明确的培养汉语教师和翻译的目标,还是后来的各类较为笼统的目标,都将构建学生完整的知识结构和能力结构、使学生成为高层次的汉语人才作为共同的目标。在此总目标之下,就要对目标加以具体化。在这方面,理论和实践上的认识也还处在探索的过程中。

实现上述目标,需要包括语言知识、文化知识、语言技能等多个方面具体目标的支撑。比如虽然在“语言知识”课(包括语法、语音、词汇、修辞等)的开设上没有分歧,但对于此类课程的目标一直有不同的认识,课程目标定位就存在问题。比如开设在三年级的现代汉语语法课,究竟是以语言技能为目标还是以知识结构的建构为目标?一种意见就认为,这门课主要的作用是帮助学生梳理从一年级开始学到的语法内容,进一步通过技能操练,帮助学生掌握诸如“了”“‘把’字句”等语法项目的用法,着眼点在语言技能上。孙德金(1999)则认为这门课的主要目标应该是通过对汉语语法知识体系的系统学习,在更高层次上帮助学生认识汉语,理解汉语的构造规律和特点,从而使学生真正具备本科专业学生的知识结构和能力结构。

总之,汉语言专业的建设,首要的还是要解决目标体系问题,因为这是一切的根本。“汉语言专业到底应该培养什么样的人才,即如何确定汉语言专业的培养目标,仍是一个值得探讨的问题。”(崔永华,1997)这个问题到今天都不能说已经很好地解决了。

二 课程内容

本科专业汉语教育是一种系统性较强、纵横关系复杂的教育体系,和非学历教育的灵活性、单一性有很大的不同。这就决定了这种类型的汉语教育在内容的选择和组织上复杂而特殊的形态。

(一)总体内容构成

由前述目标所决定的本专业课程的内容从知识结构上看主要包括语言知识和文化知识;从能力结构上看主要包括语言能力、言语交际能力、一定的学术能力。这样一种整体内容结构其实从专业设立之初就已经基本有了雏形。1975年设计的课程包括:二年级——中国历史讲座、汉语、报刊听读、文言阅读、翻译(第二学期)、体育;三年级——中国哲学、文章选读、报刊听读、汉语概论、翻译、体育。(李杨,2008)此外还包括语言实习、毕业论文写作两门课。[①]虽然很明显具有初创特点,但大体的内容类型有了。汉语、报刊听读、文章选读、文言阅读、翻译等属于语言能力和技能课,汉语概论是语言知识课,中国哲学是文化知识课。再看1976年正式批准专业设立时的课程:现代汉语、报刊听读、文章选读、古代汉语、汉语概论、中国文学简史、中国历史和其他专题讲座,还设有中国概况、体育等公共课。[②] 虽然没有按照年级列出,但总体上看变化不是很大,基本的内容构成没有什么变化,主要是取消了中国哲学课,增加了文学和历史课程。到了90年代初期,课程内容的构成趋于丰富和系统,形成以语言能力培养为主体(体现为必修课),以各类语言知识、文化知识及相关能力教育为主要内容的体系性较强的课程内容框架(详见附录2)。确立了汉语言专业比较完整的课程内容体系。在过去的一二十年里,对这个课程框架也做了一定的调整,比如调整了一些课程,改变了个别课程的地位(选修还是必修的问题),但大的格局并没有改变。

(二)具体内容构成

1.语言技能。

对于这个专业的认识,在语言技能的作用和地位问题上经历了一个变化的过程,即从轻技能重知识到技能和知识的协调发展。人们逐渐认识到,培养高层次的汉语人才,首先是要使学生具有较高的汉语综合运用能力,同时具有全面系统的语言文化知识和相关技能。因此,语言技能培养的内容在整个课

① 这两门特殊课程一直是该专业整个课程体系的重要组成部分,也是体现专业特点的课程。

② 《北京语言学院现代汉语专业简介》(1976年12月29日),转引自李杨(2008)。

程内容体系中的比重得到了保障。各年级都安排了包括综合课（如中级汉语）、分技能课（如高级口语）和专项技能课（如报刊语言基础）等各类语言技能课，内容覆盖了汉语语言能力培养的各个方面。

2.语言知识。

作为一个语言专业，毫无疑问语言知识是主体。而我们知道，语言知识范围极广，不可能在有限的教学时间里要求学生学习和掌握所有的语言知识，必须和所有的课程一样，要在目标的制约下进行知识内容的选择。从上面的回顾看到，最初只开设了“汉语概论”一门语言知识课——一种综合性的汉语知识课。在有限的课时里，语音、词汇、语法、修辞等知识只能是很简略的。到了90年代末，基本形成了语言知识的分科设课，即汉字、语音、词汇、语法、修辞独立设课，分别进行系统教学。虽然都处于选修课地位，但毕竟为学生系统语言知识结构的形成提供了条件。

3.文化知识。

由于语言与文化之间密不可分的联系，无论是从高层次语言能力的形成还是从完整的知识结构的构建，都离不开文化知识。这一点在初创时期就有认识，这在上面的课程介绍中可以看到。而文化知识漫无边际，在学校教育的有限时间里必须选择“最有价值的知识”（斯宾塞语）。这就存在选择标准的问题。曾经出现过的因人设课问题就是在标准问题上违反了教育原理。“个别课程没能从学生需要出发而是按师资条件和专长设课，偏离了方向”，“如开设古代白话小说选以及鲁迅、老舍、茅盾语言分析等过于专门的课程”（李杨，2008）。后来则做了调整，纠正了这类问题。

90年代末，北京语言文化大学（今北京语言大学）汉语学院曾经组织文化教研室拟定文化大纲，以解决文化知识内容的选择问题，但因为各种原因未能完成。

三　课程内容组织

（一）宏观层面

汉语言专业课堂教学形式的课程主要是三类：语言技能课、语言知识课、文化知识课。[①] 所谓课程组织的宏观层面就是依据专业的培养目标对这三类课程的地位、关系、比重等方面的合理配置。这是个复杂的系统性很强的“工程”,要配置组织好非常不容易。李杨(2008)在该专业设立30周年的时候回顾说:“由于我们对专业及专业方向的性质和培养目标的认识有一个过程,在认识带有片面性的时候,也曾导致课程设置在三类课型的比重、每一类课内部的系统性、某一门课的定性定位的准确性方面,出现过失衡或不够健全的现象。”她还谈到:“每类课程在不同年级、不同阶段所占比重值得认真研究。本科教育的时间是有限的,某类课程过多必定会挤占其他课程,使学生的某些必要的能力、知识、理论得不到增强,影响整个培养目标的实现。在专业初创阶段,中、高级课程设置曾受中国学生中文专业课程设置思路影响,知识课比重过大。”这些问题经过后来认识的逐渐深入,得到了较好的解决。

在三类课的组织上,和目标实现关系很大的就是各类课的地位问题,具体体现在必修还是选修的问题上。因为这直接关系到学习者最终形成怎样的知识结构和能力结构。总体上看,经过30多年的发展,基本形成了一个共识,即语言技能的发展是该专业的基础,也是主要任务,因此语言技能课无论是在纵向(不同年级)的课程体系中还是在横向(同一年级)的课程体系中都应该占主要位置,以必修课加以体现。同时配置相应的语言知识类和文化知识类的选修课。陈绂(2001)从该专业应达到的水准的角度认为要把语言本体课程列为必修课,以保证培养规格。这一意见有其合理性,但对第二语言(外语)学习者来说,要解决好知识和能力的关系殊非易事,可能需要在纵向的组织结构上加以系统设计。

(二)中观层面

上述三类课程,每一类又构成了一个小系统,在整个课程体系中处于中间位置,内部也存在组织的问题,可以称为中观层面的课程组织。

先以语言技能类课程为例。暂且不谈一年级的课程,仅看二、三、四年级

① 北京语言文化大学(今北京语言大学)20世纪90年代末陆续推出的对外汉语本科系列教材就是由这三个子系列构成的。

的语言技能课，就形成纵横的各种关系。这在最初的课程体系中复杂的表现还不明显。但随着认识的深化，课程体系渐趋系统，就需要对此类课程的纵横关系有合理的处理了。首先是纵向的综合课的联系问题。二、三、四年级的综合课应该是和语言能力发展水平相适应的从低到高的级次关系，形成有层级的系统发展关系。过去一二十年的发展中，虽然有层级系统的认识，但总体上看，并没有很好地实现综合课的系统化，存在应该在二年级甚至是一年级讲练的内容却放在了三四年级等现象。这方面的任务仍很艰巨。此外，还有综合课与其他技能课之间的关系协调问题，限于篇幅，暂不做进一步讨论。

(三)微观层面

上述三类专业课程是由若干具体课程构成的。每一门课程本身也存在内容组织的问题，这就是微观层面的内容组织。这里仅以“中级汉语”这门二年级语言技能综合课为例来看内容组织的情况。

这门课是连接基础阶段汉语教学和中高级阶段汉语教学、具有承上启下作用的重要课程。从课程设立之初到后来一直存在一些争议的问题。比如要不要以名家名篇的文学作品作为教材的问题，这涉及如何处理语言技能培养和文学文化知识讲授的关系问题。最初这门课的名称是“文选课”，反映的就是这样一种认识倾向，重视对“名家名篇”赏析性阅读，忽视此一阶段语言综合能力的培养。到了90年代末，这种倾向得到比较彻底的扭转，标志就是中级汉语教材《桥梁》(陈灼主编)的问世。李杨(2008)谈到了转变的过程：“从‘精读’课到‘文章选读’课，从‘汉语’课再到目前的‘汉语综合’课，这一课程名称的更迭过程，显示出我们对这门课从精讲、精练，侧重于读，到听说读写全面要求，从强调‘名家名著、精雕细刻’到强调‘精讲多练，成段表达’的认识过程。从而逐步明确了这门课的综合性基础性地位，其教学方向也经历了一个质变的过程。”这是在总的方向上的转向，初步解决了上述的关系问题，但在其他内容组织问题上还有尚待解决的问题。比如语篇结构知识、语体知识等如何与相关语言材料组合成有机的教学内容，以满足此一阶段目标的需求，目前还没有很好的解决方案。

四　课程评价

作为一个专业，课程评价涉及的面更广更复杂。因为从目标来说，就存在前述的总体目标和具体目标的目标体系。不同层次的目标又与不同的内容及其组织相关联。尽管如此，课程编制的基本原理同样适用于一个专业课程体系的评价，只是更加复杂，更加需要系统的设计。

总体上看，该专业几十年的建设和发展中，比较重视以各学期、学年的期中和期末考试为主要内容的结果性评价，作为学生升级的依据。也比较强调通过此类评价适度淘汰不合格的学生，以保证专业培养质量。但相比而言，确定学生起点的诊断性评价，以及了解学生行为变化过程的过程性评价显得薄弱。

和课程内容及其组织等相比，该专业在课程评价方面已经做的工作有限，还有很多工作要做，包括对课程本身的各类评价。

第四节　对外汉语教学课程发展的主要特点

纵观对外汉语教学课程 60 余年的发展，总体呈现出从感性到理性、从经验到科学的不断成熟、不断完善的趋势，也体现出几个比较鲜明的发展特点。比如，关于课程内容的组织，究竟是综合设课好还是分科设课好？从一开始确立的“主讲－复练”模式，就形成了一种综合式的语言技能教学组织形式。这实际上是将语言知识（陈述性知识）和语言技能（程序性知识）融为一体的组织形式。从语言能力构成的整体性角度看，综合式无疑是一种符合语言本身特点的组织形式。听与说、读与写，以及听说和读写之间，尽管我们可以从语言的、心理的等各个角度做出各种分析，但这些都是出于认识的需求进行的一种分解式的划分，就像是为了语言分析的需要分解出语音、词汇、语法等一样，最终我们还是得承认，语言及语言能力是一个整体，在分解的同时还要考虑综合。正因为如此，综合也好，分项也好，理论上说都有其合理性。关键在于哪一种组织形式更具有合目的性。经过数十年的探索，看来总体上已经形成了一种该综合则综合、该分项则分项的基本认识。比如在最基础阶段，出现了前述的“回归”现象，回到“主讲－复练”的综合模式上来。而到基础后阶段，则是“综合＋分项”的组织模式。这似乎已经成为现阶段的一个共识。

这里我们重点谈课程发展中两个方面的突出特点。

一 课程与教材同步建设

按照课程编制的原理，应该是先有课程目标，再根据目标选择课程内容并加以组织、落实到教材，一定意义上说教材就是课程内容及其组织的“实物化”。然而在对外汉语教学课程的发展中，很多时候并不是按照这个基本原理进行课程实践的。对外汉语教学最初的起步就是边编教材边上课，课程几乎和教材编写是同步的。这在后来的教学实践中仍不同程度地存在着。比如前面提到的短期速成汉语教学，在 1978 年初建时，先开起班来，临时选用长期班教材，当然会出现与目标不符的问题，后来才逐渐解决。

这种问题在历次的课程改革实验中，也不同程度地存在着，教材的编写和课程的改革同步推进，而不是先有基本完整的课程改革方案，并落实到实验性教材中，然后实施实验，再评价实验结果。吕必松(1985)在谈到 1975 年听说和读写分开教学实验时就说道：“由于是第一次实验，也出现了不少问题。主要问题是：准备教材的时间太短，大部分教材是一边上课一边编写的，来不及推敲和修改，一使用就发现不少缺点。”可以说，出现问题是必然的。之后的 1979 年进行的课程改革实验，则是先编写实验教材，再试用。吕必松(1985)谈到鲁健骥主持的这次实验时说：“这套教材的编写者在编写过程中没有考虑改变当时统一的以精读课为主的课型设计，但是由于吸收了 1975 年实验教材的长处，编出的教材更适合于分课型教学。在试用的过程中，任课教师主动改变了课型设计，并根据教学需要临时编写了补充教材。”这是一种很特殊的课程与教材间的关系。也就是说，虽然编写的是实验教材，但教材用于怎样的课程，开始时并不明确，才会出现试用教材时改变课程设计的现象。从积极的角度说，这是一种在课程编制中充分发挥教师主动性的体现，也体现了课程与教材之间的良性互动关系。但不可否认的是，这还是带有“误打误撞”的盲目性。

在课程和教材关系上，处理得比较好的一个典型就是上面提到的北京语言大学中级汉语课程与教材。在从“文选课”到后来的“中级汉语综合课”的改革和发展中，比较好地遵循了“设计→实验→调整→实验→定型”的基本路径。课程改革的主持者先有理性认识，包括课程目标及课程内容的选择等。该课程改革成果体现于后来影响广泛的中级汉语教材《桥梁》。该教材主编陈灼的《试论中级汉语课的设计》一文反映了她的理性认识。她(1991)说：“中级汉语课是二年级课程中的主干课，要进行相应的语言内容(词汇、语法等)和有关的文化知识的教学；要进行听说读写的综合训练。中级汉语课有很强的实践性、综合性。”“中级汉语课作为二年级的基础课程，为其他专项技能课提供训练的基础。它为专项技能课更广泛、更深入的训练，提供词汇、语法项目以及文化知识和素材(如写作课所需要的人物、事件、场面描写)，使专项技能的训练更丰富、更自由，专项技能训练和主干课的综合训练互相促进，相得益彰。”作者对该课教学目标的讨论主要集中在词汇和语法项目的选择上，能够反映其教学理念的是对为什么制定语法大纲的说明：“中级汉语课制定语法大纲，加强语法教学，不是为了多学几个语法点，而是为了使学生能够以语法为工具，去理解和使用语法。”这可以明显看出其“能力导向”的基本理念，这为《桥梁》的编写提供了思想上的准备。作为同事，笔者见证了这门课程的改革和教材编写的过程。教材编写出来后在几个平行班试用，然后教研室集体讨论修改，再试用、修改，最后定稿。因此，这门课的改革比较成功，《桥梁》也成为迄今最有影响的中级汉语主干教材。

二 “语”“文”关系是课程内容的关键难题

(一)问题的前提

由于汉语是以汉字记录的，这就形成了对外汉语教学中必须面对和解决的一个难题：如何处理好口语和书面语的关系。吕必松(1994:83)谈到：“基础汉语教学阶段怎样设计课型，我们有过很长时间的争论，也进行过几次实验。争论的中心问题是教学中如何处理‘语’和‘文’，也就是听说训练与读写训练的关系。”如果要获得汉语听说读写四种技能的全部能力，就必须通过汉字的学习获得阅读和写作的能力。对外汉语教学从一开始就面临着如何处理“语”“文”关系的问题，这个问题是一种既涉及课程内容，更涉及内容组织的关键问题，于是就出现了“先语后文”还是“语文并进”等不同的组织策略之争，并且这个问题一直延续至今，仍然是认识分歧。

这个问题的存在前提决定于学习目的。如果并不想获得全面的汉语能力，这个问题可以不存在。李培元、任远(1986)就曾谈到：“教学要求总是从属于教学目的。50年代初，我们曾经接受过到中国来学习体育、绘画等技能的留学生，他们不是念大学本科，只是接受短期的技术训练。对于这类学生，根据他们的具体情况，只对他们进行大量的听、说训练就可以了，并不一定要求他们掌握汉字。而对于学完汉语要在中国的大学学习各种专业的留学生，以及研究汉语或中国文化的进修生，企图避开汉字这个难点那是不可能的。”目的决定目标，这应该是一条基本的教育原则。近些年来还是有一些企图避开汉字的所谓尝试，答案恐怕已经清楚了，一切取决于教学的目的。

(二)解决“语”“文”关系问题的探索

1.70年代以前的探索。

李培元、任远(1986)介绍了早期的几次探索的情况。谈的是汉字教学问题，实质是如何解决“语”“文”关系的问题。探索的结果是，“语文并进”是相对符合实际的模式。这里重点介绍曾经做过的几次重要尝试，虽然失败了，但也有启发思考的价值。

(1)先语后文。

在初期就进行了两次尝试，并且都以失败而放弃。关于第一次尝试，李培元、任远(1986)谈到：

> 1950年，对外国学生的汉语教学刚开始，我们用的基本是‘先语后文’的办法。在五六个月内，学生只接触拼音(当时用的是威妥玛式注音法)，不接触汉字，在学生掌握了几百个生词以后，才开始同时学习汉字。实验一个学年以后，我们认为：这个办法虽然在初学阶段分散了难点，但是后期学生在学新词的同时，既要学新的汉字，又要补学旧的汉字，实际

是集中了难点。而且学生都是成年人，开始只学拼音课文，比较单调，他们知道以后要用的是汉字，老不见汉字容易产生一种急躁情绪，后来出现汉字时又是劈头盖脑地压下来，学生吃不消。经过总结，我们认为这种做法弊多利少，便否定了这个办法。

这段介绍值得我们思考。在选择课程内容和组织内容的时候，必须充分考虑学习者的特点和需求，在对学生的需求进行充分分析的前提下确定目标和内容。这些学生属于预科生，是要学习专业的，不可能回避汉字，而教学的组织偏偏是长时间不出现汉字，急躁情绪自然难免。

接着在1952年又用当时流行的“祁建华速成识字法”进行了一次尝试。选了一个班再次实验。具体做法是：学完七八百个单词和基本语法后，不讲新课，停十来天，专门突击学过的单词所包含的汉字。实验的结果是，这个班的学生掌握汉字的情况比其他班差得多，再次否定。李培元、任远(1986)下面的分析值得重视：

实际上，速成识字法的对象仅仅是不识字的汉族人，外国学生学汉语是作为外语学的，汉字不是他们民族语的文字。他们学汉语的时间很短，语法、单词掌握得不巩固，到突击汉字的时候，猛一下从拼音过渡到汉字，不但出现了集中认写汉字的困难，而且单词、语法又有回生现象。

这实际上涉及一个根本性的理论问题。母语者学习汉字是在基本已经掌握语言的情况下进行的，只需要将已有的语音形式的词和书写符号对应起来，所以“根据速成识字法的经验，一天突击七八十个汉字，应该并不吃力”(李培元、任远，1986)；而外语者并没有语言能力的基础，出现上述结果也就是必然的。根本问题在于无视两类不同对象的本质差别。

(2)听说与读写分开设课。

前面曾提到，1975年北京语言学院进行了一次把听说和读写分开教学的实验。[①] 李培元、任远(1986)谈到了实验的背景：“‘语文并进’的教学安排，必然形成一个‘语文一体’的教学体系，就是学说什么话，就教写什么字，语言与

① 小组成员有王学作、黄政澄、刘岚云、李清华、吕必松等。

文字、听说与读写同步前进。这种教学体系，不仅不能按汉字的结构规律出汉字，而且由于汉字难学，听说训练也会受到很大影响。”为解决这个问题，进行了课程改革。具体做法是：语音阶段（两周）只出现拼音，不出现汉字，课上除教拼音方案外，主要是听说训练。语音阶段结束后开始增加读写课，听说课和读写课的比例是3∶1。听说课教材开始以拼音为主，同时出现读写课上学过的汉字，没有学过的以拼音代替，或用拼音为生字注音，听说课后期的教材，则过渡到全部使用汉字。读写课初期的教学重点是汉字，所用的单词和句型都是听说课学过的，但教学内容不需要与听说课完全一致。（李培元、任远，1986）这实际上是另一种形式的“先语后文”的路子，因此50年代初“先语后文”实验所存在的问题也一定程度存在。谈到这次实验，吕必松（1985）就说：“由于采用了‘听说先行’的办法，一些词学生是根据拼音学的，过几天学习用汉字写的同一个词时，不能直接把字形和字义联系起来，实际上要当作生词重学一遍，无形中增加了学生的负担。”这也是当年“先语后文”实验被认定为失败的主要原因。

2.70年代以后的探索。

70年代以来，不断有各种解决“语”“文”关系的设想和实践。直到近年，仍有学者倡导“先语后文”的模式，如赵金铭（2011）就在对此前的各种设想和实践进行梳理的基础上，认为“先语后文”是“初级汉语教学的有效途径”。

这里重点介绍一线教师在这方面所做的积极探索的一个实例。2003年北京语言大学汉语进修学院张伟老师和同事们进行过“汉字入门”课的教学实验。她（2010：111）谈到：“（这门课）属初级选修课，学生热情很高，当时开了四五个班，每班人数都超过33人，盛况空前。学生国别很广泛，既有汉字文化圈中的韩国、日本学生，也有东南亚地区的印尼、泰国学生，还有南亚的印度学生、中亚的蒙古学生，以及来自非汉字文化圈的非洲加蓬学生，欧美的法国、美国学生。”关于方法和成果，她说：“我们采取的方法依旧是从笔画、笔顺开始，到独体字，再到合体字。合体字时，既以形旁为主，又选取了一定数量的声旁，全面介绍汉字的特点和识记的标记信息等。同时，增加了书写汉字速度的要求。我们除了听写已学过的汉字词组或句子外，还把前一课学过的汉字编成一段话，要求学生在规定的时间内抄写完毕，为的是训练学生写字的速度。非常可喜的是，经过三个月的训练，有的学生一分钟可抄写汉字达26个，而且还工整漂亮，没有错误。一般出勤较好且学习认真的学生，也可达到一分钟书写21个汉字的速度。”这项实验很有启发意义。从学生角度看，如此高的选课热情说明这门课的确是学生需要的；如此广泛的国别，说明汉字的问题并非只是非汉字文化圈的难点，对韩、日学生来说，同样有学好的任务。从内容看，很重要的一点就是将“文”和“语”紧密地结合起来了，这主要体现在书写训练用的汉字是在词组或句子中，甚至是段落中，并且这些字是以前或刚刚学过的，因此这种训练就是真正的“语文一体”的训练，而不是“语”“文”分离的训练。课程成功的另一点是，课程目标明确、具体，是一种行为指向的训练，即书写技能的培养，两种训练方式（听写、抄写）符合此目标。这项积极的探索对于打破汉字难学的神话无疑具有启发意义。教师的反思同样是重要的，张伟（2010：112）谈到：“基于此次实验，我想，汉字书写这一语言技能，相对于语音、词汇、语法，如果能滞后一段时间，当是最理想的状态。但如果重复五六十年代的那种实验，学过一段时间后，又大量识记学过的生词，则是没有意义的。我们可能需要的是弹性的汉字量，是依汉字笔画、笔顺、形旁、声旁等特点，一次所教的汉字量控制在15个左右，每天一节课，开一个学期，可能是一种较好的选择。”对于解决汉字教学问题，李培元（2010：77）也主张汉字教学要单独设课：“要真正落实汉字教学的效果，提高汉字教学的地位，应该把汉字课独立出来，汉字课老是依附于精读、语法课，效果不容易提高。那时候汉字到底是由主讲老师负责还是由练习老师负责并不是十分明确，大家只是在备课的时候商量，某个问题这个老师查查，另一个问题那个老师负责，等等。汉字从属于精读，一直有这个问题。”这一情况说明，对于汉语所存在的特殊的“语”“文”关系问题，从一开始虽然有所认识，并且也做过一些实验，试图解决，但在课程编制上一直未能明确地将此问题落实到具体的课程目标上，并通过合理的课程设计将目标实现所需要的内容落到实处，所以必然使汉字问题悬置。这和学界对汉字和汉语的关系认识不清有直接关系。

(三)我们的看法

解决"语""文"的关系问题,需要回到两个根本点上:一是语言是第一性的,文字是第二性的。[①] 早期的实验之所以失败,很大程度上是因为违背了这一基本原理。二是母语者和外语者"语""文"关系上的表现有本质的不同。

还需要指出的是,所见文献的一些主张"语文分开"或"先语后文"的效果报告在可信度上存在问题。以笔者在瑞士苏黎世大学所了解的情况看,[②]实情和文献介绍有出入。总体看,这所大学汉学系虽然最初一段时间采取了"分立先后推进"的模式,即用拼音的"语"的教学和汉字教学分两门课,"语"快"字"慢,但该校走的总体上还是"语文结合"的路子,坚持多年的汉字强化和母语者的汉字教学有本质的不同,是和语言的学习结合起来的。

我们赞同进行各种教学(课程)的实验,但更希望能见到有较高可信度的实验报告,这对于推进课程建设是有利的,否则会产生误导。

附录1 北京语言大学汉语速成学院速成系2013年春季课程表

<table>
<tr><th>等级</th><th>班级</th><th colspan="5">课程及教材</th><th>备注</th></tr>
<tr><td rowspan="2">A0</td><td>A1</td><td rowspan="2">基础
《汉语十日通》
(1—3册)</td><td rowspan="2">活动
《汉语十日通》
(1—3册)</td><td rowspan="2">听力
《汉语听力速成·入门篇》</td><td rowspan="2">汉字读写
无教材</td><td rowspan="2">听说交际
学院自编教材</td><td rowspan="2">基础、活动即主讲、复练模式</td></tr>
<tr><td>A2</td></tr>
<tr><td rowspan="2">A普</td><td>A3</td><td rowspan="2">综合
《汉语十日通》
(1—3册)</td><td rowspan="2">口语
《汉语口语速成·入门篇》上</td><td rowspan="2">听力
《汉语听力速成·入门篇》</td><td rowspan="2">无</td><td rowspan="6"></td><td rowspan="6">相邻等级使用同一教材时,前后会相差4—6课</td></tr>
<tr><td>A4</td></tr>
<tr><td rowspan="2">A+</td><td>A5</td><td rowspan="2">综合
《速成汉语基础教程综合课本》
(2—3册)</td><td rowspan="2">口语
《汉语口语速成·入门篇》上</td><td rowspan="2">听力
《汉语听力速成·入门篇》</td><td rowspan="2"></td></tr>
<tr><td>A6</td></tr>
<tr><td>B-</td><td>B1</td><td>综合
《速成汉语基础教程综合课本》
(2—3册)</td><td>口语
《汉语口语速成·入门篇》下</td><td>听力
《汉语听力速成·入门篇》</td><td>阅读
《汉语阅读速成·入门篇》</td></tr>
</table>

① 我们之所以在这里强调这一普通语言学中最为基本的原理,是因为一些主张以"字本位"理论来解决"语""文"关系问题的论者试图否定"语言是第一性的,文字是第二性的"这一基本原理。

② 笔者2012—2013年在苏黎世大学汉学系任教,并教授过一期汉字强化班。这个汉字强化班并不是单纯地操练汉字的认读和书写,而是结合认读和书写,将重点放在对汉字以及汉字与汉语关系的理性认知上。体现这一教学思想的教材《中国字·认知》(万业馨编著,商务印书馆,2013年)。

（续表）

<table>
<tr><td rowspan="2">B普</td><td>B2</td><td rowspan="2">综合
《速成汉语基础教程综合课本》
（3—4册）</td><td rowspan="2">口语
《汉语口语速成·基础篇》</td><td rowspan="2">听力
《汉语听力速成·基础篇》</td><td rowspan="2">阅读
《汉语阅读速成·入门篇》</td><td rowspan="4"></td><td rowspan="9"></td></tr>
<tr><td>B3</td></tr>
<tr><td>B+</td><td>B4</td><td>综合
《速成汉语基础教程综合课本》
（4—5册）</td><td>口语
《汉语口语速成·基础篇》</td><td>听力
《汉语听力速成·基础篇》</td><td>阅读
《汉语阅读速成·入门篇》</td></tr>
<tr><td>B++</td><td>B5</td><td>综合
《速成汉语基础教程综合课本》
（5—6册）</td><td>口语
《汉语口语速成·基础篇》</td><td>听力
《汉语听力速成·基础篇》</td><td>阅读
《汉语阅读速成·入门篇》</td></tr>
<tr><td>C－</td><td>C1</td><td>《捷径》上</td><td>口语
《汉语口语速成·提高篇》</td><td>听力
《汉语听力速成·提高篇》</td><td>阅读
《汉语阅读速成·基础篇》</td><td rowspan="6">视听说
教师自己组织教学资料</td></tr>
<tr><td>C普</td><td>C2</td><td>《捷径》上</td><td>口语
《汉语口语速成·提高篇》</td><td>听力
《汉语听力速成·提高篇》</td><td>阅读
《汉语阅读速成·基础篇》</td></tr>
<tr><td>C＋</td><td>C3</td><td>《捷径》上</td><td>口语
《汉语口语速成·提高篇》</td><td>听力
《汉语听力速成·提高篇》</td><td>阅读
《汉语阅读速成·基础篇》</td></tr>
<tr><td rowspan="2">D普</td><td>D1</td><td rowspan="2">《桥梁》上</td><td rowspan="2">口语
《汉语口语速成·中级篇》</td><td rowspan="2">听力
《汉语听力速成·中级篇》</td><td rowspan="2">阅读
《汉语阅读速成·提高篇》</td></tr>
<tr><td>D2</td></tr>
<tr><td>E</td><td>E1</td><td>《现代汉语教程》</td><td>《发展汉语》下</td><td>无</td><td>阅读
《汉语阅读速成·高级篇》</td><td>“古代汉语”
“中国历史”
教师自编教材</td></tr>
</table>

附录2　北京语言学院（今北京语言大学）现代汉语专业课程情况[①]

<table>
<tr><td colspan="6">二年级课程设置、学时、学分明细表</td></tr>
<tr><td colspan="2">课程</td><td>总学时</td><td>周学时</td><td>学分</td><td>最低上课学时</td></tr>
<tr><td rowspan="2">必修课</td><td>中级汉语</td><td>228</td><td>6</td><td>6</td><td>159</td></tr>
<tr><td>听力口语</td><td>152</td><td>4</td><td>4</td><td>106</td></tr>
</table>

① 引自张亚军（1990：126－129）。

（续表）

选修课	中级汉语阅读	76	2	2	38
	汉语写作	76	2	2	38
	现代汉语语音、文字、词汇	76	2	2	38
	报刊语言基础	152	4	4	76
	新闻听力	76	2	2	38
	文言阅读	152	4	4	76
	翻译	76	2	2	38
	中国近代、现代史	76	2	2	38
	中国旅游地理	76	2	2	38
合计		1216	32	32	
三年级课程设置、学时、学分明细表					
必修课	高级汉语	222	6	6	155
	高级口语（暂缺）	148	4	4	103
	汉语写作	74	2	2	52
选修课	报刊阅读	148	4	4	74
	现代汉语语法	74	2	2	37
	名著选读	148	4	4	74
	古文选读	74	2	2	37
	翻译	148	4	4	74
	中国现代文学史	74	2	2	37
	中国经济	74	2	2	37
	中国古代史	74	2	2	37
	中国文化选讲	74	2	2	37
	语言实习	1周		2	
合计		1332	36	38	

（续表）

四年级课程设置、学时、学分明细表					
必修课	高级汉语	174	6	6	122
	高级口语（暂缺）	116	4	4	81
选修课	小说阅读	58	2	2	29
	古文选读	58	2	2	29
	热门话题讨论	116	4	4	58
	翻译	116	4	4	58
	中国古代文学简史	58	2	2	29
	中国哲学家选讲	58	2	2	29
	中国古代白话小说选	58	2	2	29
	语言实习	1 周		2	
	毕业论文	8 周		5	
合计		812	28	35	

思考题

1.按照课程理论，对外汉语教学中短期速成教育和汉语言专业本科学历教育主要的不同点有哪些？

2.根据对外汉语教学课程发展的实际，思考一下课程理论对课程实践具有怎样重要的意义。

3.近些年来，有一些学者主张用“字本位”的思想来解决汉字教学问题，也有学者反对这种主张。查阅相关资料，谈谈你对这个问题的看法。

第三章　对外汉语教学课程目标

任何的教育教学活动都是基于一定的教育哲学思想，为实现某种教育目的和目标而设计并实施的。在课程理论和实践中，首要的任务是要确定明确的课程目标。有了明确的目标，课程内容的选择和组织才有准则和方向，课程评价也才会有依据。因此，历来的课程研究都十分重视目标问题。那么什么是课程目标？课程目标为什么重要？如何确定课程目标？课程目标有哪些类型？如何描述课程目标？诸如此类的问题就是在课程编制的理论和实践中需要清楚回答的。本章就是要在前面两章的基础上，在课程理论的框架内对对外汉语教学中的课程目标问题尝试做出回答。

第一节　概　说

在课程理论的发展史中，由于教育哲学思想、课程观念等的不同，先后出现了不同的课程观念模式。包括重视通过教育活动改变学生行为的目标模式（以泰勒为代表），重视课程实践的过程模式（以施瓦布为代表），重视教育的社会改造功能的社会改造模式（以弗莱雷[①]为代表），重视教育的意识形态特征的概念重建模式（或称批判模式，以派纳为代表），等等。每一种模式都有其产

---

①　弗莱雷（P. Freire），巴西学者，主张课程应该帮助学生摆脱对社会制度的奴隶般的顺从。参见施良方（1996：16）。

生和存在的社会的、思想的基础,也都反映了教育活动某一方面的特征,因此都有其理论的或实践的价值。比较而言,从数百年来人类教育实践的自然路径来看,所走的主要还是源自古希腊时期的目标模式,视课程为工具或手段,通过教学(课程)实现理想的教育目标。英国课程论者菲利普·泰勒等(1979/1989:2)就指出:"教育内容、课程乃是教育事业的核心。教育正是通过这些手段才得以进行。倘若没有课程,教育便没有了借以传递其要旨、转达其意义、传播其价值观的媒介物或工具。"斯宾塞之所以提出"什么知识最有价值?"(参见第一章)这个影响深远的论题,即着眼于教育的目标,在比较中选择最有价值的知识促进"完美生活"。迄今,人们看待教育,仍然重视的更多是教育能够帮助自己实现某种特定的目标。泰勒的学生塔巴(也译为泰巴,1962)就曾明确指出:"目标为我们称作课程的、多种多样的活动提供了一个共同的、始终一致的焦点。"(转引自斯坦豪斯,1989:68—69)因此,本书总体以"泰勒原理"的目标理论作为认识对外汉语教学课程的基础。

其实进一步说,人类教育活动走到今天,之所以一直走的是追求一定的教育目标的路径,关键的因素恐怕是这种模式最符合人的理性特点。无论是从事怎样的活动,都要首先确定目的和目标。航行需要"航标",旅行要有"目的地",学习也同样需要目标的驱动力。没有目标的活动,我们就会说这是盲目的活动。因此,尽管在课程观念的演化过程中出现了各种对目标模式的批评甚至是批判,但在现实的课程实践中,人们还是主要选择了目标模式。20世纪初在美国兴起进步主义教育运动,后来很快式微,重要的原因就是理念虽好,但目标不明确,在实践中难以操作。泰勒的学生布卢姆等创立的"教育目标分类学"自1956年在美国出版《教育目标分类学,第一分册:认知领域》以来,影响广泛。瞿葆奎(1998)谈到:"1986年起的10年来,目标教学研究作为一项群众性的教学改革,已从初期的山东、陕西、江苏、辽宁等省市的部分地区发展到现在的全国29个省市、自治区的部分地区。"这在一定程度上表明,以具体目标驱动的教学活动是教育工作者容易认同的。遗憾的是,在对外汉语教学领域,我们虽然也常常谈目标,但基本上还是在一般性的目标描述层次上(参见第二章)。布卢姆等(1956/1986:43—44)指出:"如果教育目标陈述得过于一般化,那么在它们得到比较适当的界说以前,这些目标对于课程和评价是没有什么用处的。""这种一般化的宗旨,在制定一般政策,和为课程编制指明方向时,是有价值的。"他用了"宗旨"而不是"目标",就表明了其基本的认识。显然,我们在课程编制的实践中,不能只是在他们所谈到的两个"宗旨"层面上的所谓"目标"来确定课程目标,而必须是具体的、清楚描述的目标。教育目标分类学之所以受到广大教师的欢迎,其原因是:"它填补了一项空白,满足了以往基本的教育计划无法满足的需要。教育工作者有史以来第一次可以系统地评价学生的学习。"(布卢姆,1996/1998)

具体到对外汉语教学的课程,由于其具有的弱意识形态性和强实践性特点(参见第一章),主要注重的是知识的获得和技能的形成,因此,目标模式所具有的优势与对外汉语教学的课程特点相契合,最适合于对外汉语教学的需要。语言课程在各种课程中具有特殊的地位。斯坦豪斯(1989:12)谈到:"在某种意义上,各种语言也是技能,但其在课程中的重要性及位置是单独处理的。"他把教育内容分成知识主体、艺术类、技能、语言。谈到语言教学(主要指的是外语教学),他说:"学校对语言教学的兴趣起源于拉丁语的教学。……现代语言最初是为思维设置的选修学科,现在则越来越重视其实用价值了。"这是我们看到的比较明确地为语言教学在学校教育中进行的类型定位。一方面他认为语言教学是一种技能性课程,同时也强调了语言教学的特殊性。而不同类的课程,在课程模式的适应性上是不同的。斯坦豪斯就认为目标模式如果用于知识的教育就会失败,因为知识不是某种回忆的东西,而是某种思考的东西。教育学者彼得斯(1966)在谈到不同课程活动的区别时说:"课程活动……如科学、历史、文学赏析与诗等,在其阐明人生的其他领域与提高生活质量方面是'重要的'。……关于骑自行车、游泳、打高尔夫球一类的事没有多少好理解的。这些主要是一种'知道怎样做'而不是'知道原理'的事情,是技巧而不是理解的事情。此外,在这类事中学到的东西几乎不启发人们对其他事物的理解。而另一方面,历史、科学或文学负载着大量的未知事物,如果这些知识被适当吸收,它们就会不断地启发人们对无数其他事物的理解,并加深、加宽他们对这些事物的认识。"(转引自斯坦豪斯,1989:105)他所论述的两类不同性质和特点的课程对于我们认识第二语言教学的课程属性，以及选择适用于它的课程模式是有启发的。斯坦豪斯(1989:120)在比较了过程模式和目标模式后指出，过程模式“主要立足于逻辑基础，在强调知识与理解的课程领域，它比目标模式更适用，而目标模式看来更适用于强调信息与技能的课程领域”。第二语言(外语)教学应该说基本上属于他说的“强调信息与技能的课程领域”，是介乎知识类和技能类之间的一种教学类型。总体上说，目标模式是比较适合于对外汉语教学的一种课程编制模式。

客观地说，在60余年的对外汉语教学实践中，在目标问题上并不都是上述的一般性目标，人们也提出了一些具体目标方面的设想，有的也付诸实践，比如关于听力、阅读微技能的认识。但总体上看，还没有形成普遍的对第二语言(外语)教学具体目标的系统性认识。这恐怕是到今天为止，对外汉语教学难以深入的一个重要因素。教学模式、教学方法等固然重要，但如果目标是模糊的、不明确的，教学的效果和质量也就难以保证了。

一　课程目标的界定

(一)目的还是目标?

在教育实践中，往往存在将“教育目的”与“教育目标”混同的现象。那么二者到底是怎样的一种关系?《现代汉语词典》对“目标”的解释是:(1)射击、攻击或寻求的对象。(2)想要达到的境地或标准。对“目的”的解释是:想要达到的地点或境地;想要得到的结果。从这些解释看，两个词的确存在重合的部分，难免混淆。

塔巴明确地把目的和目标区分开来。他(1962)指出:“只有当个体获得一定的知识、技能与态度时，才能达到各种概括性的目的。这些知识、技能与态度代表一个更具体的目标水平，这一水平上的结果往往被作为教育目标进行参考。”“这一具体的目标水平的主要作用在于对决定课程覆盖什么领域，重点是什么，选择什么内容，强调什么样的学习经验进行指导。”(转引自斯坦豪斯，1989:66)他认为，目的(aims)是指一般的意向或意图，目标则指特定的或具体的学习结果。制定目标这一环节的主要任务，是把一般目的分析成具体目标。

加涅等(1992/1999:21)也对目的和目标做了明确的区分:“在能够进行系统的教学设计以达到教学目的前,笼统的目的必须转化为较具体的目标。”相比之下,泰勒并没有明确区分这两者,而是时常混用。菲利普·泰勒等(1979/1989:5)从要重视目的的角度明确地阐述了课程目的和目标之间的区别:“课程具有为一定目的服务的功能,这种功能在范围上是广泛的,课程的各个组成部分——所要学习的学科或提供的活动——乃是有价值的目的可能得以实现而借助的手段。而学习各门学科所预期达到的结果、根据这些结果所产生的学习方式、通过学习经验而形成的各种技能和能力则是该课程的目标(the objectives of the curriclum)。这些目标不是课程所要为之服务的总目的(purposes or aims)。”接着又说:“用正确的眼光看,作为手段而不是作为最终目的的课程目标,只有在明确地提出课程的总目的之后,才能对课程计划提供有价值的帮助。”在作者看来,人们过分强调的目标不过是实现课程目的的手段。这种明确的区分显然是有意义的。

教育目标分类学的主要创立者之一克拉斯沃尔(Krathwohl, David R.)区分了三种水平的教育目标:总体目标(global objectives)、行为目标(behavioral objectives)和教学指导目标(guidance objectives)。总体目标就是通常所称的“目的(goals)”。总体目标的一个例子是“学生将逐渐获得读写的基本技能”。对这一总体目标更为具体的分析将产生一系列行为目标,如“学生能说出和再认字母表上的字母”“学生能写出连贯的信或段落”“学生能阅读并理解故事和书籍”。最后为教学目的起见,每一个行为目标将要进一步分成细目,成为非常具体的教学指导目标,如“学生能识别四种普通的标点符号”“学生能把字母 O 和字母 Q 区分开来”“学生能以大写字母为每句的开头”。(P. W. 爱诺森,1996/1998)教育目标分类学关注第二层次的目标,第三层次的则交给教师去细化。在目标到底该具体到什么程度的问题上,不同学者有不同的认识。但总体来讲,目标应该具体化是大家的共识。

关于目的和目标的问题,我们再具体看一个对外汉语教学的实例。《对外汉语教学初级阶段教学大纲》(杨寄洲主编)中与目标有关的描述包括在“教学目的”和“教学要求”两个部分中,没有出现“目标”一词。对“教学目的”的描述是：

初级汉语教学的目的是通过一年的教学使学生掌握一定的语言知识，具有初步的听说读写能力和初步的言语交际能力，能满足日常生活、学习和一般社交场合的交际需要。学习结束时，达到汉语水平考试部的《汉语水平等级标准和等级语法大纲》所规定的二级标准。同时具有上专业课、阅读专业材料、进行专业交谈的初步能力，为他们升入高年级后的汉语学习和进入其他高等院校学习相关专业打下语言基础。

通过初级汉语的学习，学生能够具备自学汉语的能力。

这段描述包括语言知识、语言技能等方面，也有明确的与上位的第二语言能力标准对接的内容，还有对学习能力的描述，这带有明显的目的语环境中语言预备教育的色彩。“教学要求”分为两个部分：(1)总体要求，分别对语言知识和语言技能进行描述；(2)阶段要求，分别对语言知识和语言技能进行描述。限于篇幅，重点看总体要求部分：

1.语言知识方面

语音：学习并掌握汉语声母、韵母、声调、变调、轻声(必读轻声的词)、儿化韵(必读儿化韵的词)、词重音、句重音、语调、语气、语流音变。朗读和说话的语音语调基本正确。

词汇：学习2800个汉语常用词(其中一级词1000个和二级词1800个)，要求能正确读出，掌握其基本义项和常用义项，能造出合乎语法的句子。掌握率为90%以上。

汉字：学习汉字等级大纲规定的甲级字和乙级字1600个，讲授汉字笔画、笔顺、部件和书写规则，分析常见汉字的基本组成要素。掌握率为90%以上。

语法：学完《语法大纲》规定的语法项目。掌握率为90%。

2.语言技能方面

听：掌握精听、泛听和检索听的技能。初级阶段结束时，能听懂语速为每分钟200个音节以上、生词不超过2%、新语法点不超过1%的非图像性语言材料。理解正确率应达80%以上。

（其他技能从略）

我们不打算全面评价上述描述。仅从目的和目标的角度看，“教学目的”大致相当于上面谈到的“总体目标”，“教学要求”则大体相当于第二个层次的“行为目标”。但在目标描述上，很显然存在一些问题。主要的问题是，是对教师的要求还是对学生学习结果的要求？比如汉字部分，用的是“讲授……，分析……”一类的说法；语法部分用的是非常概括的“学完……”的说法，并没有包括语法准确性、复杂性等具体的“要求”。虽然存在这类的问题，但整体看，“教学要求”基本是一种具体目标的描述。关于目标描述问题，我们在第四节具体讨论。

采取“教学要求”这一概念，或许是为了强调“教学大纲”对教学的规定性。但作为对教师的指导性文件，首要的是要让教师明确通过教学活动达成什么样的目标。按照目标模式的思想，就是通过教学活动，要使学生的行为发生哪些变化，而不是教师要“做什么”。所以用“教学要求”这一概念是不合适的。而前面的“教学目的”实际上是对教学目标的总体概括性描述，“教学要求”部分是对总目标的细化描述，所以叫作“总体目标”“具体目标（或行为目标）”更具逻辑性。

通过这个实例的分析可以看到，在教育教学实践中，“目的”和“目标”的问题还是存在需要厘清的任务。这既是一个理论的问题，也是一个影响实践的问题。

（二）课程目标的含义

在博比特的课程思想中，目标就是一个首要强调的内容，在课程编制中居于中心的地位。他强调的是一种“具体化”的目标，他把目标作为一种“指标”，学生这一“原料”，经过学校这架机器“加工”成“产品”之后，看看“学生产品”是否达到了指标。这和博比特课程理论产生的背景有关，我们在第一章介绍过博比特所受的泰罗主义的影响。

泰勒的课程原理，继承了包括博比特在内的前人的课程编制思想，将目标置于首要的位置加以强调。泰勒认为，要明智地选择目标，必须考虑三个方面：对学生的研究；对当代社会的研究；来自学科专家的建议。他（1949/1994：

48—49)在论述学生的“需要”时明确指出:“只有在把有关学习者的信息与某些理想的标准以及对公认的常模的某些看法进行比较,从而确认学习者目前的状况与公认的常模之间的差别时,对学习者的研究才有可能提示出教育目标。这种‘差别’或‘差距’,便是通常所讲的‘需要’。”他对目标的认识是“教育目标代表着教育机构寻求使它的学生发生的各种行为变化”。

布卢姆等(1956/1986:25)明确把教育目标定义为:“明确阐述希望通过教育过程使学生得以变化的方式,即学生改变其思维、感情和行动的方式。”

布卢姆等人认为,教育目标主要是为了有助于“内容和行为的选择,这些内容和行为组成了课程的结构,并为评价某一特定的教育计划是否成功提供基础”(瞿葆奎、施良方,1994)。

对于教育(课程)目标,不同的人会有不同的认识。在我们看来,上述主张目标模式的学者对目标含义的界说是具有明晰性和可操作性的,因此将其作为本书对目标问题认识的基础。

二 课程目标的重要性

无论是从普遍的教育活动来说,还是具体到第二语言教育活动来说,首要的问题是为什么需要进行教育,以及通过教育要达到怎样的目标。前者是目的,后者是目标。伴随而来的重要问题是,为了实现某种教育目的,达到某种教育目标,选择何种教育内容,这是自古以来永恒的教育课题。柏拉图所处的古希腊时期将教育的目的确定为使人拥有“有德性的生活”,基于此目标,文法、修辞、算数、几何等便被以课程的形式确定为教授的内容。教育学的奠基人夸美纽斯在构建近代学校教育体系时,首先就是按照教育目标来设计的。夸美纽斯(1633/1985)基于“凡事都要追随自然的领导,要去观察能力发展的次第,要使我们的方法依据这种顺序的原则”对四个阶段、四类学校的教育体系做了具体说明:“在母语学校里(即6岁之前阶段——引注),外感官应该得到练习和教导去辨别周围的事物。在国语学校里(即12岁之前阶段——引注),应当利用阅读、书写、图画、唱歌、计数、量长、测重以及记忆各种事物等方法去训练内感官、想象力与记忆力及其相关的器官。在拉丁语学校里(即18

岁之前阶段——引注），学生应当受到训练，利用辩证法、文法、修辞以及其他根据因果法则的科学与艺术，去领悟感官收集来的知识并加以判断。最后，大学里面的学科是与意志格外有关系的，这就是四分科，其中神学教我们恢复灵魂的和谐；哲学教我们恢复心灵的和谐；医学教我们恢复身体上主要功能的和谐；法学教我们恢复外界事物的和谐。"我们暂且不讨论此种教育体系的短长，从中可以看出，教育目标是构建该体系的核心，并在目标的描述中包含了实现目标的手段和内容。当中也包括了教学设计要基于符合学生能力发展规律的基本思想，强调循序渐进。尽管在16世纪还没有比较成熟的课程编制理论，但其实主要的基本思想已经有了，即，首先明确目标，以目标为驱动力，确定课程内容。所以一般认为，"泰勒原理"并非泰勒的突发奇想，实在是因为有了之前的丰厚的"教育遗产"，泰勒做了系统化的理论构建工作，主张"如果要设计一种教育计划并不断地加以改进，就极其需要对要达到的教育目标具有某些概念。这些教育目标是选择材料、勾画内容、编制教学程序，以及制定测验和考试的准则。"（泰勒，1949/1994:46）也正因为有如此久远且实在的现实基础，这一原理迄今仍然是讨论课程问题的基础，真正具有原理的价值。

我国著名平民教育家陶行知、晏阳初等在20世纪二三十年代进行平民扫盲教育事业时对教学计划和教材有系统的思考，尤其对目标十分重视，这从下面这封函文可以看出[①]：

××先生惠鉴：

日前平民教育促进会筹备会开会，想在十年之内使十二岁以上、二十五岁以下一万万不识字之人民，受一千基础字所代表之共和国民的基础教育。此刻最重要的一件事，就是编辑相当之教科书，未编之前，应有极明了之目标做指标。这许多人受过这种教育之后，对于国家前途应该有何种贡献，对于个人生活应当有何种影响，国民性中固有的，何者应光辉充实，缺少的何者应吸收补足，这都是应当分析出来，做我们具体的目标的。同仁所拟办法，暂定四个月教九十六课，或每课达一目标，或数课合

① 引自储朝晖《晏阳初·陶行知——相切与相离》，台湾《传记文学》2012年11月号。

一目标,或一课合数目标。但以全部论,必有百或数十条明确之目标以为依据,才能发生相当之效力。夙仰先生对于国家大事、世界潮流研究有素,公推先生将新世纪中国民应有之精神态度、知识技能条分缕析,赐做南针,并请于一星期内开单示知,最为盼切。专此奉达,敬请

撰安

陶行知　熊朱其慧　晏阳初　同启

此函可称为重视教学(课程)目标的典范。只是教授1000常用汉字,却将汉字的教学与国家、个人等需要联系起来,不仅要将目标细化到数十或上百条,并且要将目标落实在每课中。这或许和陶行知曾在美国哥伦比亚大学接受过现代教育思想的影响有关。

概括说来,目标是一切教育教学活动的中心,自然也是课程编制的中心。只有抓住了目标这个中心,无论是课程内容的选定,还是课程计划的实施,乃至最终结果的评价,才会有所依凭。因此,对课程目标无论怎样强调都不过分。瞿葆奎、施良方(1994)指出:“当今,国际上许多课程论工作者都坚定地相信,形成明确的目标,不仅是所有课程设计中必需的第一个步骤,而且也是所有其他课程决策的准则。”

三　课程层次与目标层次

课程目标的层次性是布卢姆等(1956/1986)的教育目标分类学中非常重要的组成部分。我们这里说的层次性是与课程的层次直接关联的。

我们知道,课程既指实现某类教育目标的一组课程,也指一门具体的课程,因此可以认为课程具有层次性。当然这里所说的层次性不同于第一章中我们谈到的课程理解上的层次性。

任何一类教育活动往往都是由某种具有内在结构关系的课程体系来体现的。比如我们在第二章中谈到的两类对外汉语教学(短期速成汉语教学和本科专业汉语教学)。不同类型的教学活动存在的基础就是目的目标的差异。这种目的和目标是最高层面的,回答的是培养什么样规格人才的问题,具体说就是通过教育教学活动,使学生具有什么样的知识结构和能力结构的问题。

而对某一种类型人才的培养,往往需要组配承担不同功能和任务但又相互联系的课程,形成课程体系,整体实现教育目标。这样也就构成了最上位的课程目标。该目标具有重要的统辖的作用,覆盖课程体系中的每一层次的课程。比如我们谈到过的本科专业汉语教育,就存在三个层次的课程(参见第二章)。无论有多少层次,下位层次的课程目标都是上位层次课程目标的具体化。具体到一门课程,其目标又可能是具有层次性的,包括总目标和具体目标。比如对外汉语教学中的综合技能课,相比于分技能课,目标层次就有不同,前者要复杂些,后者要单纯些。

总之,在课程目标问题上,需要有层次的、系统的观念。其意义在于,以系统的目标来为每个层次的课程进行准确的定位,以保证不同层次的课程都能实现其课程的价值。

第二节 课程目标的确定

如果说课程目标是整个课程编制的核心,那么课程目标的确定则是目标问题的核心,其重要性不言而喻。目标是否准确、明确、恰当,直接影响着课程内容的选择与组织,也影响着课程的实施和评价。正因为目标的确定如此重要,泰勒在《课程与教学的基本原理》一书中用几乎一半的篇幅来阐述这个问题。

一 一般课程目标确定的理论基础

课程的理论与实践总是与当时所流行的心理学、社会学、哲学的观念联系在一起的。(施良方,1996:77)具体到课程目标的确定问题,上述三种理论是在确定目标过程中起着关键作用的理论基础,直接影响着所有教育领域课程编制的理论和实践。英国学者劳顿(D. Lawton)等人、澳大利亚学者史密斯和洛瓦特(D.L.Smith and T.J.Lovat)则明确提出这三门学科是课程理论的基础学科。(施良方,1996:23)这已经得到学界的公认。

(一)哲学基础

教育教学活动是人的一种活动,在关于“教什么”“为什么教”一类基本的教育问题上,就无法不和哲学发生联系,因为一切和认识世界有关的活动最终都归于哲学。施良方(1996:1)在谈到课程定义时指出:“事实上,每一种课程定义都隐含着某种哲学假设和价值取向,隐含着某种意识形态以及对教育的某种信念。”他(1996:59)在谈到课程和哲学的关系时说:“事实上,每一种学校课程都隐含着课程设计者的某些哲学思想和观念,只不过其表现形式有的明彰、有的隐晦罢了。因为无论我们怎样看待课程,它总是与知识的性质、知识的价值、知识的组织与传递方式有关。”对教育教学活动的认识是一种人类的主观活动,必然具有哲学的意义。教育目标的确立,首先便是基于对教育意义与价值的认识。古希腊哲学家柏拉图是最早提出比较系统的教育思想的哲学家,所欲建立的理想国就是其理想中的教育目标。而他的教育思想完全是建立在他系统的以知识论为基础的哲学思想之上的。他把数学看作知性知识,认为辩证法才是理性知识,是知识的最高级形态,因此只有培养哲学家的教育才开设辩证法这门课程,也只有哲学家才是“理想国”中的管理者。其后的历代有影响的教育思想家,包括培根(F. Bacon)、斯宾塞、杜威(J. Dewey)等人,无不是在诸如知识论、认识论等方面为教育目标提供各自的哲学基础。一定意义上说,不存在没有哲学基础的教育目标。施良方(1996:75)指出:“有一点是肯定的:对知识的来源和性质的不同认识,会导致不同的课程设计模式。”这是符合实际的。

(二)心理学基础

心理学与教育学的紧密联系无需多言。关于心理学和课程的关系,美国教育哲学家杜威在其《儿童与课程》一书中有形象的说明:“心理的考虑也许会遭到忽视或推在一边,但它们不可能被排除出去。把它们从门里赶出去,它们又从窗子里爬进来。”(转引自施良方,1996:26)

心理学存在多个流派,对课程的影响自然不同,这里我们不可能展开论述,重点讨论和目标模式相关的行为主义心理学的影响。行为主义者都坚信复杂行为是由简单行为构成的,因此主张把课程目标和内容分解成很小的单元，然后按照逻辑程序排列，一步步地通过强化手段使学生逐步掌握课程内容，最终达到预期的课程目标。（施良方，1996:31）课程领域的目标模式，主要就是基于行为主义心理学理论，只不过是主张目标模式的课程论者在行为主义思想的表现上有所不同。比如泰勒，因为他主张“教育是一种改变人的行为方式的过程”，被归入到行为主义者的行列。虽说泰勒对教育的界说带有行为主义的色彩，但他对“行为”的解释与众不同，它既包括外显行为，也包括“思维”“情感”等行为主义者不屑一顾的内隐行为。（瞿葆奎、施良方，1994）在学习理论方面做出重要贡献的心理学家加涅，“与分类学的作者们一样，也断言学习是以行为来体现的”，并且他“明确地承认分类学的作者们对评价教育目标之达成所做出的‘独创性’的贡献”。（W.D.罗尔和K.斯隆，1996/1998）可见，学习心理学是心理学中与教育目标的选择及评价关系最为密切的一个领域。探究课程目标问题，首先就必须对学生学习的发生及学习的类型有清楚的了解。在这方面，加涅的贡献是突出的。他（1985/1999:2—3）认为“学习的出现是指人的行为发生了某种可以观察到的变化”，“学习是可以持久保持且不能单纯归因于生长过程的人的倾向或能力的变化。这种被称为学习的变化，其表现形式是行为的变化，通过比较个体置于某个学习情境之前可能出现的行为和接受这样处理后的行为，可以做出学习的推论。”这种对学习的界说显然和泰勒等所持的教育目标的有关主张之间有着极为相似甚至是一致的基础。布卢姆等（1956/1986:26—27）在论述目标分类时指出：“教育目标必须与一种学习心理学相联系……运用学习心理学，能使教师确定各种目标在学习顺序中的确切位置，有助于教师发现能够达到某一目标的学习条件，以及能提供一种确定各种目标之间恰当的相互联系的方式。”W.D.罗尔和K.斯隆（1996/1998）对此补充说：“学习理论可能在教育目标的自身构建中提供指导，对这些目标的范围及其关系加以约束。”这些学者对学习理论的强调与学习心理学者的认识形成了呼应。加涅（1985/1999:22）在谈到鉴别学习条件的意义时指出：“在学生进入学习情境之前，必须仔细计划这些条件。尤其需要依据学生学习前后的性能[①]来进行规划。学生的起点在哪里，他们要到达何处？

① 加涅这里所用的“性能”是其理论中一个有特定含义的概念，大致相当于“能力”。

学习的先决条件是什么？学生下一步将能学习什么？先于有效教学设计之前的计划包括仔细规定这些先决条件。”加涅所论是从学习理论的角度入手的，实际上这里所说的规划，就是包括目标确定中所要考虑的要素。加涅在教育目标确定上提出的一个重要的心理学思想是，他严格地将个人先天能力（IQ中的遗传因素）和人格品质中的相对稳定的人格特质从教育目标中排除出去，也就是严格划定了教育作用的范围，这是非常重要的。皮连生（1999）谈到这个问题时指出："至今，我国许多学者在界定作为教育目标中的一个重要组成部分即智育目标时，不是用学习结果即言语信息、智慧技能和认知策略来界定，而是用发展观察力、记忆力、思维力、想象力来界定。这种说法对于不具备心理常识的人很有诱惑力，但其科学性是值得怀疑的。”我们赞同这一批评。类似的现象在对外汉语教学中也有表现。加涅的上述学习理论对于课程编制具有非常重要的指导意义。泰勒就把学习理论作为过滤各种提议的课程目标的"筛子"，过滤掉那些通过课程学习无法达到的目标。

总之，在课程目标的确定中，心理学（尤其是学习心理学）是十分重要的一个理论基础。

（三）社会学基础

作为一种人类社会活动，教育是处在社会环境中的，和社会环境处于一种互动的关系之中，因此在教育学史上历来重视教育与社会的交互作用。比如柏拉图的理想国是一种理想的社会，也是他的教育目标。他构想的这个理想社会是怎样构建的呢？就是通过设置不同类的课程来培养不同的阶级，每门课程都有明确的目标，培养不同社会等级的人，比如辩证法只是为培养少数哲学家开设的，这类人是管理国家的。尽管这只是柏拉图的一种"理想"，但也恰好说明了自古在课程与社会之间就有着紧密的联系。我们在第一章讨论课程的各种定义时就谈到了其中比较激进的一种定义，将课程定义为社会改造活动。这是对课程的社会作用的极端认识。正由于教育与社会存在如此紧密的联系，20世纪初教育社会学成为一门独立的学科，又产生出不同的流派，如课程社会学等，对课程与社会的关系的认识进入更加深入系统的阶段，对此本书不做更多论述。具体到目标模式中的课程目标的确定问题，自然离不开对社会的认识，社会学的有关成果会为目标的确定提供指导。

在对外汉语教学课程目标的确定上，虽然我们强调过此类课程的弱意识形态性，但既然也是一种教育活动，就必然和社会有着千丝万缕的联系，需要充分利用社会研究的成果，为准确定位课程目标提供社会理论支撑。

二 对外汉语教学课程目标确定的理论基础

上面谈了一般教育教学活动中确定课程目标的几个理论基础，这些基础是具有普适性的，只要是人类的教育教学活动，在确定课程目标时就离不开这些理论的指导。尽管有些时候，在某些教育教学活动初始阶段，接受理论指导的理论自觉还不是很强，但往往也会在教育者自身经验和“教育本能”的作用下，大体上能够做到符合基本的教育规律。这一点在对外汉语教学最初的20世纪50年代的实践中有很明显的反映(参见第二章)。毫无疑问，一项教育教学事业要走向科学的、专业化的道路，就必须增强理论自觉，要在上述各方面的理论指导下设计课程，实施教学。我们在对对外汉语教学课程历史进行回顾时已经看到，仅凭有限的经验和“教育本能”是无法很好地实现教育目的的。比如因为没有对学生的需求、已有的基础(即学习起点)，以及未来将要达到的目标进行充分的研究，造成了后来调查中发现的预科学生需要的没教、不需要的教了不少的问题。

对外汉语教学既然也是一种教育教学活动，自然上述理论基础也适用于它。比如以哲学基础来看，至少哲学中的知识论和认识论就是对第二语言教学有重要影响的。

再看心理学基础。第二语言(外语)教学的根本目的是通过教学活动，使学习者获得第二语言(外语)能力，运用第二语言(外语)进行各种形式的交际活动。其中核心的问题就是语言能力问题。这既是一个语言学的难题，更是一个心理学的难题。本书不打算陷在这个难题的讨论中，这里只是要强调，要对对外汉语教学课程目标进行较好的确定，就必须对第二语言(外语)获得的心理过程加以重视。道理很简单，如果我们对学生是怎样获得第二语言(外语)的完全心中无数，我们所确定的课程目标就难免是盲目的。尽管目前学术界仍然难以回答清楚学习者获得第二语言（外语）的过程，更多的只是假设及对假设的证明，但要使教学目标的确定更加准确和有效，就需要尽力把握更多的学生第二语言（外语）习得规律的线索。比如汉语“把”字句的学习，一定存在某种规律，不到一定的阶段，学生是不会自然地使用的，也即成为其语言技能的一部分，尽管他已经获得了“知识”。

除了上述适用于一般的教育教学活动的理论基础外，对于对外汉语教学这个特定的教育门类来说，还需要语言学理论作为课程目标确定的重要基础。语言学理论对第二语言（外语）教学首要的作用就是语言观，不同的语言观会导致截然不同的教学观。美国语言课程设计专家 Kathleen Graves（2000/2008：33）认为：“你关于语言的观点或者你对什么是精通一门语言的理解，会影响到你的教学内容及教学方式。……你强调哪一种语言观，就会相应地将其转化为如何学习的理念。”比如传统的“语言工具观”视语言为人类最主要的交际工具，基于此种语言观的教学设计就会重视语言的这种工具性，注重交际技能的训练，以掌握交际工具为目标；而持有源自索绪尔的“符号系统观”的学者则会强调语言符号系统在语言能力形成中的系统构建作用，教学设计就会突出以语法为主要结构形式的形式教学；主张乔姆斯基心灵主义语言观的学者则会强调学习者自身语言能力发展的过程和规律，走认知教学的路线。这是从整体的语言观上看到的影响。事实上，就是在以传统语言学为基础的第二语言（教学）中，语言学的基本理论也是整个教学得以有序、科学地进行的基础。无法想象离开了语音学、词汇学、语法学等语言学基础理论知识的支撑，真正意义的第二语言（外语）教学还会存在。具体在课程目标的确定上，语言学理论的支撑作用也是显而易见的。比如语言知识的教学对语言技能的形成有重要作用，这应该是没有分歧的，那么在目标的确定上就需要明确知识目标和技能目标的具体内容，并加以准确的描述。

三　课程目标的三个来源

按照泰勒的思想，与其说是确定目标，不如说是选择目标。他（1949/1994：50）明确地说：“归根结底，确定目标无疑是选择的问题。”关于目标数量问题，他(1949/1994:71)强调指出："所选择的教育目标的数量，应该是以在可利用的时间内实际能够达到相当大的程度为限，而且它们确实是重要的目标，这一点是至关重要的。"因为学校教育具有时间上的有限性，以及其他方面的限制，不可能实现想要实现的所有目标，必须对诸多的目标进行筛选，选出对学生来说最为重要的、又是可以实现的目标，确定下来作为课程内容选择和课程评价的依据。在泰勒之前的博比特就很强调课程目标的选择。他认为，并非所有的目标都适合学校课程，只有那些复杂的、无法在儿童的社会生活中自然获得的能力才宜于成为学校教育的课程目标。和博比特同时代的著名课程论者查特斯(W. Charters)也认为要删除在校外能学得更好的理想和活动[1]，然后确定在学校教育期间能够完成的最重要的理想和活动。(张华，2000:7)以对外汉语教学来说，上述这些课程思想具有重要的指导意义。一个基本的问题是，学生为什么要付出时间和金钱的代价选择某一学校来学习一门外语？答案很简单，因为他们需要学校提供的课程，靠自己或者利用社会语言环境无法达到自己的学习目标。而学校就要充分考虑学生的这种需求，确定对他们最重要的也是能够实现的目标，提供他们最需要的内容。无论是语言还是文化，可以作为目标的很多，但对于学校教育来说，教学时间毕竟是非常有限的。就算是四年制的本科专业汉语教育，教学时间也是有限的，不可能不对目标的范围加以限定。例如，对究竟是否要把对文学语言的理解和产出能力作为对外汉语教学的目标，认识是不同的。对于一至二年的基础阶段教学来说，这或许不存在太多争议，普遍还是认为这个目标过高。但对于中高级阶段的教学，则意见分歧。而要解决目标的选择问题，泰勒所提出的三个目标来源的理论是符合教育教学实际的解决方案。他认为要从三个方面获取目标确定的信息：对学生的研究、对社会的研究、来自学科专家的建议。[2] 理由是"任何单一的信息来源，都不足以为明智而又全面地选择学校目标提供基础"(泰勒，1949/1994:48)。这显然是正确的，因为任何单一来源的信息都无法做到

①　他所说的"理想和活动"是课程内容所包括的两个方面。

②　实际这也不是泰勒的发明，而是对他之前的包括杜威等在内的前人思想的概括。详见瞿葆奎、施良方(1994)。

周全。

(一)对学生的研究

在确定课程目标时,首先要考虑的就是学生这个目标来源。教育教学活动作用的对象就是学生,这是一切教育活动的起点,也是归宿。博比特把学校看作是“机器”,“加工”的“原材料”就是学生。尽管这种比喻后来被一些主张人文主义课程观的学者所批评,但这的确是一种比较简单明了的认识教育作用的说法。

对学生需求的分析是确定目标的一个首要任务。根据一般的课程编制理论(参见第一章),课程目标的确定必须建立在对学习需求的准确把握基础上,即首先需要进行学习需求的调查与分析。只有此项工作做得充分了,目标的确定才会是明确的、适当的。泰勒(1949/1994:48)指出:“教育目标代表着教育机构寻求使它的学生发生的各种行为变化。对学习者本身的研究,就是要找出确定教育机构想要产生所需要的学生行为方式的变化。”需要强调的是,泰勒所谓的“行为”“也包括思维和感情”(泰勒,1949/1994:48)。

在对外汉语教学领域,无论是有无明确的理论认识,在实践中还是基本遵循了上述的确定目标的路径,对学生需求的重视也有良好的传统,比如 20 世纪 60 年代初对汉语预备教育中学生需求的两次调查(参见第二章),以及 90 年代初高彦德等(1993)所做的较大规模的学生调查,都对教学目标的调整和确定提供了关键的信息。现在需要努力的是,在已有的实践经验的基础上,更加系统地从课程理论的角度进行理论建设。

除了对学习者需求做准确的定位以外,同样重要的另一个任务就是明确学生已有知识、技能等的基础,即学生的起点问题。一定意义上说,这也是学生的一种“需要”。按照泰勒(1949/1994:50)的思想,“‘需要’即是指‘应该是什么’与‘是什么’之间的差距”。这是他总的“需要”思想,具体到这里说的知识、技能上的需要,就是要确定通过课程这个手段,要使学生达到的那个“应该是什么”(目标)和学生开始学习时“是什么”(起点)之间的差距。学习理论在阐述学习是如何发生的时候,十分强调所谓“学习的条件”。而各种学习的条件中,非常重要的就是学生已有的知识和技能的基础。所以科学、有效地确定学生的学习“起点”就是确定正确的课程目标的前提之一。这在对外汉语教学实践中一直是比较强调和重视的,尽管可能在理论上未必十分明确。比如在短期速成汉语教育中,很重视入学分班测试,这对于强化汉语教育来说尤其显得重要。只有“起点”明确了,才能很好地设定目标。

(二)对社会的研究

博比特在构建其课程理论时就十分强调教育目标的确定要根据社会的需要。他认为,由于教育是要使学生为完美的成人生活做准备,因此,“我们首先应该根据对社会需要的研究来确定目标”(转引自瞿葆奎、施良方,1994)。在他看来,课程是通过对人类活动的分析而被逐渐发现的东西,所以课程发现者就是要发现当代人类社会所需要的特定的“能力、态度、习惯、鉴赏力和知识的形式”(转引自瞿葆奎、施良方,1994)。对于泰勒将对社会的研究作为目标的来源之一,有反对的意见,但我们认为这恰恰是泰勒原理受到广泛认可的重要方面,因为作为对社会人的教育教学活动,不能脱离社会谈教育。

以对外汉语教学课程的目标确定来看,充分研究社会的现实需要就是目标确定中要完成的一项重要任务。我们在第二章中曾谈到,不同的汉语教育类型,在目的和目标的确定上都是不同的。比如本科专业汉语教育,在目标的确定上经历了一个较大的变化过程。最初确定的总目标是培养汉语教师、翻译,甚至是汉语研究人才。这当然不是盲目确定的,而是根据当时国际上对此类人才的需求来确定的,尽管需求不一定很大,但当时设立该专业还是因应了社会的需要。总目标确定了,相应的各个层次的目标也就要按照总目标的需要来确定了。90年代以来,社会对汉语人才的需求情况有了变化,目标也就随着进行了调整和改变。但正如我们在第二章中谈到的那样,总体上看,由于对人才规格的认识还不是十分清晰,目标的确定还过于笼统,这导致了本科专业汉语教育存在“成品”质量难以保证的问题。一方面当然有对社会需求研究不够的因素,也和对课程目标具体化的认识不足有很大的关系。其他汉语教育类型也不同程度存在同样的问题。

(三)来自学科专家的建议

无论是哪一领域的课程,都要以特定的学科理论和知识作为基础。源自古希腊传统的“七艺”也好，近现代发展出来的任何学科的课程也好，都必须是有学科基础的。因此，相关学科专家的建议和主张成为课程目标的主要来源也就是很自然的了。正如泰勒(1949/1994:64)谈到的：“学校和学院的教科书通常是由学科专家编写的，而且也基本上反映了他们的观点。学校和学院开设的学程一般也是由学科专家拟定的，并反映了他们对学校应该试图达到什么教育目标的看法。”在诸如“物理”“数学”等传统的学科课程的编制中通常是这样的，学科专家主导包括课程目标确定在内的课程编制过程，因此一般说来不会出现明显的目标偏离的问题。但在有些领域，在有些学校，课程的编制未必是由学科专家主导，而是由一定程度上的“外行”主导，而主导者头脑中偏偏又缺乏听取学科专家建议的意识，这就难免会出现所确定的课程目标偏离方向的问题。比如在对外汉语教学领域，在有些学校就存在类似的现象。尽管新中国对外汉语教学已经有了60多年的发展历史，并且学科的建设也已经有三四十年的历史了，但由于诸多原因，迄今仍然存在着将这个学科“小儿科化”的现象。主导教学管理、课程计划等工作的人，有些并不是该领域的学科专家，凭感觉、经验，以及自己是汉语母语者的当然的“优越感”，去确定目标，设计课程，其结果往往就会偏离第二语言(外语)教学的方向。[①] 无论是何种原因造成目前该领域的上述状况，现实的、正确的态度是，不管自己是不是该领域的学科专家，对于课程的主导者来说，都应该有学科意识，在课程编制中以学科的基本理论去指导目标的确定、内容的选择和组织，乃至评价。

这里要强调的是，对外汉语教学是一门第二语言(外语)教学学科，属于应用语言学范畴，并不能因此认为，只要自己是学语言学的，就当然是这个领域的学科专家。换言之，包括语言学、教育学、心理学等对外汉语教学学科的基础学科，以这些学科为专业的教师都并不是当然的该领域的学科专家。道理很简单，作为独立的交叉型应用学科，对外汉语教学学科有其特有的学科知识体系，它融合了(不是“加合”)上述相关学科的理论。对于对外汉语教学领域

① 比如因为自己出身历史、文学或者哲学等“大文化”类专业，就将教学重点放在文化上，偏离了语言教学的主方向。

的学科专家来说，还包括两类不同的能力结构：学术能力和实践能力。也就是说，既要具有本学科的研究能力，还要有教学实践的能力。具备了上述知识结构和能力结构的学科专家才能对正确的、明确的课程目标提出建议。

第三节　课程目标的类型

我们几次谈到，从博比特开始，主张目标模式的课程论者非常强调教育目标的具体化。而要使目标具体化，就必须对目标进行系统的分类。博比特在他的《怎样编制课程》一书中列举了人类经验的10个领域共800多个目标，(瞿葆奎、施良方，1994)开了目标分类的先河。然而影响最大也最切合教学实际的是上面谈到的布卢姆等人创立的教育目标分类学，这里我们先介绍其主要的内容，并对对外汉语教学的目标类型进行简要论述。

一　布卢姆的教育目标分类学

第一节中我们谈到，1956年，随着由布卢姆等编写的《教育目标分类学，第一分册：认知领域》的问世，充分体现由泰勒确立的目标模式特征的教育目标分类学迅速在多个国家教育领域传播开来，成为教育学领域影响巨大的一种理论。正如《布卢姆教育目标分类学40年》一书前言所说："自1956年出版至今，40年来，这本书(指第一分册——引注)一直是教育测验与评价、课程编制、师范教育研究的重要参考书。"布卢姆等首先把教育目标分为认知、情感、动作技能三大学习领域，总体构成教育目标分类学的框架。第一分册推出后又推出了《教育目标分类学，第二分册：情感领域》。布卢姆等主要作者后来没有再继续编写关于动作技能领域的第三分册。我们目前看到的国内出版的《教育目标分类学，第三分册：动作技能领域》(华东师范大学出版社，1989)是国内学者将哈罗(A.J.Harrow)的《动作技能领域教育目标分类学》(1972)和辛普森(E.J.Simpson)的《动作技能领域教育目标分类学》(1965)合译而成的。(瞿葆奎，1998)

教育目标分类学源起于1948年在波士顿召开的美国心理学年会的一次考试专家的会议，是为了解决教育测量中的教学评价问题而提出的一种设想，结果却是在整个课程领域掀起了“目标浪潮”。这看似“歪打正着”，带有偶然性，实则因应了当时整个教育领域的需求。教育目标分类学所设计的层次分明的目标框架正好符合了教学实践中对教学效果追求及评定的愿望，主要是因为目标是明确的、具体的。事实上，从1918年博比特《课程》一书确立了课程在教育学中的独立地位时就十分强调课程目标的具体化。博比特强调，学习经验是达到目标的手段，为了使课程科学化，“我们必须使教育目标具体化”，因为“科学的时代要求精确性和具体性”（瞿葆奎、施良方，1994）。这一主张提出将近40年后，才由布卢姆等人真正实现了系统的目标具体化。以影响最大的认知领域看，一级目标就分为：1.00[①] 知识，2.00 领会，3.00 运用，4.00 分析，5.00 综合，6.00 评价。再看知识的下位类型，分为：1.10 具体的知识（包括：1.11 术语的知识，1.12 具体事实的知识），1.20 处理具体事物的方式方法的知识（包括：1.21 惯例的知识，1.22 趋势和顺序的知识，1.23 分类和类别的知识，1.24 准则的知识，1.25 方法论的知识），1.30 学科领域中的普遍原理和抽象概念的知识（包括：1.31 原理和概括的知识，1.32 理论和结构的知识）。[②] 尽管这个分类框架自诞生以来就不断受到质疑，但其影响仍然是巨大的，为制定各具体领域的课程目标的分类框架提供了基础。

在谈到教育目标的作用时，布卢姆等认为，教育目标是为了有助于“内容和行为的选择，这些内容和行为组成了课程的结构，并为评价某一特定的教育计划是否成功提供了基础”。教育目标分类学具有以下特征：（1）用学生外显的行为来陈述目标。制定教育目标是为了便于客观评价，而不是表述理想的愿望。事实上，只有具体的、外显的行为，才是可以测量的。用一个公式来表示，就是“目标＝行为＝评价技术＝测验问题”。（2）教育目标是有层次性的。他们将学生行为由简单到复杂按序排列，后一类目标建立在前一类目标基础

① 在布卢姆的目标系统里，是以这种序号形式来标记层次的。

② 全部分类提纲参见布卢姆等（1956/1986：191—200）。

上。用一个公式来表示，就是“属于A式的行为形成一类，属于AB式的行为形成另一类，而属于ABC式的行为又可以形成一类”。(3)教育目标分类学是超越学科内容的。[①]

尽管对教育目标分类学有很多的批评，并且客观上看，也的确存在诸如某些教育结果难以用行为表现来测量的问题，但它的价值显然是不可否认的。这从其诞生后迅速传播并影响至今就可以得到证明。关键一点在于，它对教育领域中涉及学生行为变化的教育内容的选择和评价具有很强的适用性。

与其相关的是学习理论对人类通过学习获得的能力的分类。加涅(1985/1999:55—56)分为五种能力(他称为“习得的性能(capability)”)：(1)智慧技能。个体可能学会通过使用符号保持与环境的接触，这种技能是“知如何”，是程序性知识。(2)言语信息。能够陈述观念是一种习得的能力，被称为言语信息。它是“知什么”的能力，是陈述性知识。(3)认知策略。一种控制学习者自身内部过程的技能。(4)动作技能。(5)态度。主要涉及学习者选择倾向。一般认为，加涅的上述分类与教育目标分类学的分类系统具有一定的对应关系。(1)—(3)对应于认知领域，(4)对应于动作技能领域，(5)对应于情感领域。

我们在本书中介绍教育目标分类学，并不是要完全照搬它用于对外汉语教学，而是希望通过对它的思想的学习，借鉴其具体、系统的分类框架，为构建对外汉语教学的目标分类系统提供理论和方法的基础。

二　对外汉语教学课程目标类型

布卢姆等人的教育目标分类学是具有普遍意义的目标分类框架。自从其出现以来，不少教育领域根据各自的需要和特点制定了具体学科领域的目标分类框架。对外汉语教学若要使目标更加具体、更加明晰，也需要自己的目标分类框架。本书不可能完成这一任务，只能根据对外汉语教学实际，参照上述教育目标分类学及学习理论的有关分类，对本领域的目标类型进行粗线条的描述。我们寄望于未来能够出现系统化的对外汉语教学目标分类框架。

---

① 参阅克拉斯沃尔等《教育目标分类学，第二分册：情感领域》。

(一)知识目标

我们这里说的知识主要是指陈述性知识,对应于加涅(1999)学习结果分类中的“言语信息”。尽管前面谈到斯坦豪斯(1989)把语言教学基本看作是一种技能型课程,但他也认为具有特殊性。其实特殊性主要就表现在这种语言教学具有知识和技能的双重属性。母语的习得不同于第二语言(习得)的重要一点就是后者往往要借助语言知识来形成语言能力。比如一开始的语音阶段,如果不借助元音、辅音、声母、韵母、声调等概念,基本就不存在“教学”,剩下的就只是单纯的模仿了,无法想象对一个成年人来说仅靠模仿能够掌握语音系统。因此,语音知识无疑是第二语言(外语)教学课程的一个重要目标。这一点看来不会有大的争议。

然而,这样说并不意味着我们在课程的知识目标上不存在问题了。事实上我们发现,学生到底要达到哪些知识目标,在我们的理论和实践中未必都是清楚的。虽然也制定了各种内容大纲,但在具体目标的确定上还是模糊的。比如一直存在一个争论,教学中要不要使用语法术语。极端的看法是取消所有的术语。那么问题在于,在第二语言(外语)教学中,我们一般表述的使学生掌握语言知识和语言技能是否包含着“术语知识”?在布卢姆的教育目标分类学中,知识目标中首先列出的就是“术语知识”。布卢姆等(1956/1986:60)对术语知识的定义是:“有关具体的言语或非言语符号的指称物的知识。”并指出:“每个领域都含有大量言语的或非言语的符号,这些符号都有特定的指称物。这类知识代表了该领域的基本语言。”这就意味着,离开了这些具有“特定指称物”的“基本语言”,我们几乎也就无法谈论语言知识,结果也就像前面说到的语音的学习一样,剩下的就只有一句一句地模仿了,自然也就谈不到真正意义上的语言教学了。加涅(1999:4—5)在讨论学习的发生时曾举了分词短语学习的例子:

> 在学习前,学生造句的作业中没有显示出运用分词短语的倾向。接着引入刺激情境,其中包括教师,他通过言语交流使学生注意句子的某些刺激特征,并使他们对这些特征做出特定的反应。刺激情境中还包括几个不同的句子,有的含有分词,有的没有。**要求学生从记忆中回忆出某些**

概念，如“主语”“修饰词”“短语”“分词”。安排一系列刺激事件，最终学生能成功地运用分词而且能将含有这种分词的句子与运用从句的句子区分开来。然后教师为了证实学习已经发生，他请学生用其他句子重复运用带分词形式的句子。如果运用再次成功，那么可以做出推论：学习已经出现。通过这种活动所产生的是将要贮存于学生记忆中的一种新的性能。当然这一例子是明显简化了的。但是学习事件的框架展现了一组固定的成分。**存在于学习者之外的是刺激情境，它发起并影响学习。存在于学习者之内的是：学习受到学生记忆中恢复的有组织的内容的影响。**

我们完整地引述加涅这段话的意图是清楚的。他在阐述学习的发生时恰好举的就是外语教学的例子，而我们从上面加粗的部分看到，包括基本概念术语在内的“有组织的内容”对学习的发生有着重要的影响。尽管有些人提出上述极端的看法，但事实上迄今并未见到取消术语的教学实例，这就表明包括术语知识在内的语言知识的教学作为一种不可或缺的内容客观存在于第二语言（外语）教学实践中。存在的问题是，究竟该如何具体确定语言知识的目标，这在目前仍然是模糊的。因为一直强调技能目标，往往会害怕被视为知识取向而刻意回避这个问题。无论怎样，这个问题显然是必须面对的。

上述所论主要是语言知识的目标。在第二语言（外语）教学中还包括各类文化知识，尤其是交际文化的知识，这是形成第二语言能力必不可少的部分。因此这方面的知识也应有明确的目标设定。例如“了解并掌握目的语环境中礼貌的称谓习惯”，就是一个具体的“交际文化”知识的目标。

而对于我们在第二章谈到的本科专业汉语教育，就更是需要在知识目标上有明确的表述了。这类教育的知识目标是分层次的、系统的，也是复杂的。虽然经过30多年的建设，课程体系的基本架构已经建立起来，但在目标的分类框架乃至描述上还有很多工作要做，还不能说已经有了很清楚的目标框架，这也是培养规格不很明确，以致部分毕业生质量不高的重要原因。

（二）技能目标

这里说的技能不同于教育目标分类学中的动作技能，而是对应于上面提到的加涅（1985/1999:55—56）的（1）、（3）和（4）三种能力，即智慧能力、认知策略、动作技能，都属于信息加工心理学中的程序性知识。在加涅看来，这三类技能的本质都是概念和规则对人的行为控制。（皮连生，1999）

语言技能从理解和产出的角度分为听、读和说、写两大技能类型；从言语交际手段的角度看，又可以分成言语交际技能和非言语交际技能两种技能类型。此外，随着对语用理论的重视，第二语言教学中语用能力的培养也成为一种技能目标。

上述各类技能目标，还需要按照各技能类的内部构成要素进行不同层次的下位分类。比如听的技能就要具体分解成不同的所谓微技能。

对于各种技能目标的选择，取决于教学目的。也就是说，教学目的不同，技能目标可以做不同的取舍。比如我们在第二章谈到的短期速成汉语教学中，公司班要求不学汉字，只想获得听、说技能，那就要将读、写技能排除出教学目标。而对于本科专业汉语教育来说，其技能目标的类型又会比较复杂，需要根据不同的教育目的（专业方向）确定各类不同的目标体系。比如，如果是以汉语教师作为培养方向，其技能目标就不仅仅是语言技能和交际技能，至少还要包括与教学活动有关的各种技能，如使用现代教育技术手段的技能等。这是需要系统地加以研究的问题。

在技能目标的确定上还需要考虑到不同技能之间的本质差别。比如语音能力和语法能力可能就是不同本质的能力。科德（S. P. Corder）（1979/1983：119）就谈到："学生只要具备应有的动力，最终是肯定能够掌握目的语的语法规则的。至于他的发音，就不能这样说了。学习语音和学习组成规则及说话规则，看来是有一些本质上的区别的。"因此在目标的确定上，就要考虑这种差别，不宜确定过高的语音目标，尤其是要注意学生的个体差异。

虽然这里说的主要不是动作技能方面的目标（尽管也包括），但在对外汉语教学中，还是存在与动作技能相关的内容，比如汉字的书写就是一种动作技能，应该在目标的确定上有明确的描述。在这方面，不同的教育目的决定了不同的目标设定。比如苏黎世大学汉学系很重视汉字书写这一技能的训练，要求学生作文不能使用电脑写作。这和汉学系特定的教育目的有直接的关系，也和教育目标的制定者的教育理念直接相关。他们认为汉字书写不仅仅是获得一种文字书写能力，而且可以加深对汉字汉语的认识。这显然和某些人所主张的电脑时代应该放弃对汉字书写的要求的认识有很大的不同。

客观地说，把汉字书写单纯看作动作技能是有问题的，因为其中也包含认知能力。A.J.哈罗(1972/1989:12)在《动作技能领域教育目标分类学》中提到了“如何把行为归入三个领域(指认知、情感、动作技能——引注)中的某个领域”的问题，举的例子就是书写问题。她认为单纯的临摹属于动作技能，而涉及书写的内容则是认知的了。她说：“如果他测量的是书面作业的内容，那他显然是关注这一行为的认知方面。如果他测量的是文字的实际形状，那他主要关心的完全是动作技能领域的行为。”这对于字母文字系统当然是容易如此划分的，但对于汉字来说就有困难。汉字本身的书写就既有动作技能也有认知。这方面已经有不少的研究成果，这里无需赘言。需要做的是确定具体的技能目标。

学习策略是第二语言学习中的一种重要的认知策略，也是加涅所强调的一种通过学习获得的能力。这方面近些年来已经引起重视。

(三)情感态度目标

不管是一般学科课程的学习，还是第二语言(外语)的学习，必然伴随着学习者情感态度的变化，因此，情感态度也作为一种教育目标受到重视。

Kathleen Graves(2000/2008:58)对第二语言教学中的情感目标的认识是：“情感目标关心的是学习者对于他们自己、对学习、对目标语言和文化的态度。情感目标包括形成积极和自信的学习态度，学会冒险，从错误中学习，以及形成对于目标语言和文化的积极态度。”加涅(1985/1999:219)把态度定义为学习所导致的影响个体行为选择的内部状态的建立这一结果，并指出“态度与个人行为的关系不那么直接”。作为一种教育的结果，情感态度的建立是一种客观存在，是教师在教学过程中能够实际感受到的，比如兴趣的提升或消减，对所学内容的态度趋于积极或消极，等等。这种情感态度的存在是一回事，能否作为教育目标则是另外一回事。因为要作为教育目标，就意味着要加以评价。而事实是，和认知领域相比，情感态度领域的目标确定、分类及评价都要困难许多。《教育目标分类学，第二分册：情感领域》的作者(1964/1989:

12)就承认:“毫无疑问,情感领域的分类问题比认知领域更难解决。”他们还谈到所看到的一个现象:

> 我们研究了学院阶段上属于普通教育的一系列主要学程的历史。我们发现,典型地说来,在对目标的最初陈述中,常常像强调认知目标一样强调情感目标。有时,在开设某门学程的初期,也做出一些尝试,以期获得有关学生在情感行为方面发展程度的证据。
>
> 但是,当我们追踪其中的某些学程一二十年后,我们发现,在对这门学程的陈述中,很快就把情感目标略掉了,到了评估学生在这一领域进展情况时,这种努力几乎完全消失了。

仅就这一现象来看,情感态度作为一种教育目标似乎不具有足够的必要性,至少是难以把握的,因此才会出现“目标销蚀”。加涅(1985/1999:250)指出:“要确定人们测量的是由学习引起的态度的变化,而不是另外某些东西,这不是一件容易的事。”

按照一般教育目标的分类,在确定对外汉语教学课程目标的时候,情感态度是一个需要考虑的类型,这应该是肯定的。但同时我们也认为,就整个教育领域在情感态度目标上的上述“犹疑”的事实看,即使要确立并描述对外汉语教学课程的情感态度目标,也需要谨慎界定。即,哪些情感态度是学习引起的结果,哪些是学生固有的,应该是有明确的界定标准的。例如,姜丽萍(2006)学习了布卢姆等教育目标分类学的基本思想,将其用到具体教学实践中。她以《基础汉语 40 课》(上册)第十一课“去商店买东西”为例编写了这一课的教学目标。在技能领域要达到的目标:(1)学生在学完课文(全文约 265 个字)后能在 3 分半钟内朗读一遍,发音声调基本正确,语调比较自然。(2)复习时听写 3 个句子,共 45 个字,要求学生以平均每分钟 10 个字的速度听写,错字不超过 5 个。(3)复习时口头回答问题或复述课文,语音正确,语法基本正确,语速不低于每分钟 90 个字。在情感领域要达到的目标:(1)学生有去商店买东西的愿望,并把自己学到的知识用于询问价格、尺寸、选择商品等。(2)学生想学到更多的购物习惯,比如讨价还价。我们当然要肯定这一尝试。问题是情感领域要达到的两个目标:第一,究竟有无必要设立?第二,究竟如何判定学生的两个愿望是这一课的学习结果？似乎都显得有些勉强。

总之，就这一目标类型而言，还需要根据对外汉语教学的实际需要进行深入的研究。

第四节 课程目标的描述

确定课程目标十分重要，这在前面的论述中已经了解到。而对于目标的描述（或称表述）同样是十分重要的。我们在前面提到的《对外汉语教学初级阶段教学大纲》就存在描述上的不足。泰勒在《课程与教学的基本原理》中很重视目标的描述问题。其中一个小节的标题就是“用有助于选择学习经验和指导教学的方式陈述教育目标”（泰勒，1949/1994:79），其实就明确了描述教育目标的要求。他（1949/1994:91）说：“倘若某个人对期望学生习得的那种行为能够做出描述或举例说明，并在看到这种行为时能够加以识别，那就说明他已能够足以清晰地界说目标了。”可见，能否清楚地描述目标是判定是否对目标已经做出清楚的界说的重要标准。

一 原 则

（一）学生取向

目标描述中究竟该从哪个角度描述，反映的是不同的教育观念，以及对教育目标本质的不同理解。换言之，对教育目标性质的理解决定了对目标的描述方式，不存在怎么描述都可以的问题。泰勒（1949/1994:79）指出：“人们有时把教育目标作为教师要做的事情来陈述。例如，介绍进化论；演示归纳证明的性质；介绍浪漫派诗人；介绍四部和声；等等。这些陈述可能指出了教师计划做些什么事情，但它们实际上并不是在陈述教育目标。”他进一步明确指出：“鉴于教育的真正目标不在于要教师从事某些活动，而是要使学生行为方式发生有重大意义的变化，因此，重要的是要认识到：学校教育目标的任何陈述，都应该是陈述学生发生的变化。”对于为什么不应该从教师要做什么的角度进行描述,他解释:“以教师开展活动的形式陈述目标,其难处在于无法判断这些活动是否真正得到实施。这些活动并非教育计划的最终目标,因而也不是真正的教育目标。”显然,泰勒之所以强调目标描述的“学生取向”,正是基于他对于课程在实现教育目标中的手段作用的基本认识。教育的目的在于改变学生的行为,因此目标的描述也必须以学生行为变化为描述的对象,而不是说明教师做什么。以此来看对外汉语教学历来存在的“教学要求”,着眼点自然不在学生,而是对教师的“要求”。正由于长期存在的这种“教师取向”,我们对学生究竟要达到怎样的行为变化目标,总体上认识是模糊的。

(二)具体明晰性

泰勒(1949/1994:80—81)在论述目标陈述时明确反对概括化的陈述方式,他认为采取概括化的行为方式“也不能比较具体地指明这种行为能够运用的生活领域和内容”。他举的这类陈述目标的例子是:发展批判性思维、培养鉴赏力、形成社会态度、形成广泛的兴趣等。他认为“用这种形式陈述的目标,确实指出了希望通过教育在学生身上引起某些变化,而且大体上也指出了教育计划应该涉及的各种变化。然而根据已知的训练迁移的结果来看,要达到如此高度概括化的目标的努力,是不大可能富有成效的”。那么怎样的描述才是好的描述呢?泰勒谈到了两点:(1)指出要使学生养成的那种行为;(2)言明能运用这种行为的生活领域和内容。他也给出了好的描述的例子:能写出清晰而有条理的社会学科计划的报告、熟悉有关营养问题的各种可靠的信息来源。前者的行为描述是“能写出清晰而有条理的报告”,生活领域和内容是“社会学科计划”;后者的行为描述是“熟悉各种可靠的信息来源”,生活领域和内容是“有关营养问题的”。

显然,上述对目标描述的明确而具体的阐述对于对外汉语教学这个具体的语言教学领域有很强的适用性。我们前面谈到,相较于包括过程模式等在内的其他课程模式,目标模式是最适合于第二语言(外语)教学的一种模式,因为学生第二语言(外语)学习的结果通常都要表现在外显的行为变化上,比如说的表现、听的表现、读的表现、写的表现等。因此,在目标描述的原则和方式上,泰勒的上述描述理论应该是很适用的。以此来对照对外汉语教学的一些目标描述资料，显然还有一定的差距。泰勒所谈到的一些问题在对外汉语教学中都一定程度地存在。斯坦豪斯(1989:102)指出："目标模式的方法基本上是一种通过使目的明晰化而改善实践的尝试。"这句话点出了问题的关键。事实上，之所以目标模式成为广被接受的一种模式，关键就在于它的确在实践上具有很强的目标清晰性。布卢姆等人的教育目标分类学则是具体而系统地落实了泰勒目标具体化的思想。加涅等(1992/1999:25)把教学设计中的目标称为"作业目标"，定义为"作业目标是可观察、可测量的行为陈述"，显然也是十分强调目标的明晰性的。

二 方 法

其实通过上面对泰勒理论的介绍，已经基本明确了描述的方法。除了从学生角度描述外，主要的一点就是在一个描述语句里要明确地包含两个方面：一是学生行为，二是行为存在的领域和内容。既然是行为，就应该是以动词起首的描述语句，比如前面例子中的"能写出……""熟悉……"。再从对外汉语教学角度来看，比如应该描述为"能说……""了解……"等。我们看到，《欧洲语言共同参考框架:学习、教学、评估》对各个等级标准的描述就是一种"学生取向"的具体的目标描述。这虽然不是一种课程目标，而是最上位的语言能力标准，但也适用于课程目标的描述。我们具体看一个该框架对"总体听力理解能力"的各级描述的实例(欧洲理事会文化合作教育委员会，2001/2008:67)：

表 3-1 听力理解能力描述

C2	能听懂所有口头语言，无论是现场听还是听广播，也不论何种语速。
C1	能听懂包括自己领域以外的，有一定长度的、关于抽象或复杂的主题的发音，但是可能需要别人帮助确认个别细节，尤其在不熟悉演讲人口音的情况下。 能听懂绝大多数特有的和常用的表达法，并能区分它们的语级。 能听懂一定长度的发言，即使讲得条理不很清晰，各观点之间的关联不很直接和明确。
B2	能听懂现场的或广播的标准口语，内容为个人生活、社会生活、学习和工作中常见的和不常见的事情。通常情况下，听力理解能力不会受影响，除非背景噪音太大、发言人条理紊乱，或者使用了特有的表达法。

（续表）

	对于从内容和形式上看都是比较复杂的讲话，包括自己专业领域的技术性讨论，不论内容抽象与否，都能听懂要点，但应是标准语言。 能听懂一定长度的、论述复杂的语言，但主题应是较为熟悉的，而且讲话的总体结构清晰、明确。
B1	能听懂关于日常生活和工作的简单的事实性信息，能听出基本信息和主要细节，但讲话人的口齿要清楚、口音正常。
	能听懂讲话的要点，包括短小的故事，主题为熟悉的、在工作、学习和娱乐中经常碰见的人和事。
A2	能听懂的内容足以满足个人的具体需求，但讲话人必须口齿清楚、语速慢。
	能听懂一些短语和词语，内容为当下直接相关的最基本的领域，如个人和家庭情况、住家所在地的情况、购物、就业等。
A1	能听懂语速慢、发音特别准确、停顿时间长的讲话。

以C2的描述语句看，就包括了两个部分：(1)行为——能听懂所有口头语言；(2)生活领域和内容——现场的口头语言和广播里的口头语言，还有语速的内容。该框架总体上都是按照所谓CAN DO的语言能力标准的理论建立的，因此基本不关注具体的语言要素。这其实也带来了操作上的困难，这里就不展开论述了。我们这里引述这个实例，并非认为该框架没有问题，主要是想借这个实例呈现一个好的目标描述的样本。对外汉语教学领域目前还未能实现系统的且质量较好的目标描述框架。

当然我们也看到，在对外汉语教学实践中，人们已经对目标描述问题有所重视。比如上面提到的姜丽萍(2006)的尝试，还有王添淼(2006)对教学目标的有效陈述问题的讨论，都是值得充分肯定的努力，为对外汉语教学领域的课程研究增加了新的气息。

思考题

1.课程目的和课程目标一样吗？如果不一样，二者是什么关系？

2.怎样理解课程目标的确定实质是目标的选择？按照“泰勒原理”，课程目标如何确定?

3.对外汉语教学课程目标确定的理论基础有哪些?

4.查阅对外汉语教学的有关资料(大纲、课程计划等),对照泰勒关于课程目标的思想,看看目标的描述存在怎样的问题。

第四章　对外汉语教学课程内容

在明确了主要以回答“为什么教”这一问题为主要任务的课程目的和目标之后，就要回答“教什么”这个课程内容的问题了。教与学的内容，是任何教育教学活动赖以存在的基础，也是联系教师和学生之间关系的最紧密的纽带。如果说课程目标更多地还只是教育机构和教师对教育教学的计划中的关键要素，那么课程内容则是日常教学中教师和学生都要实实在在面对的对象。因此，课程内容作为课程编制中落实课程目标的具体知识的、技能的以及情感态度的成分，历来为课程工作者所重视。本章就是要在对目标已经有所认识的基础上，具体讨论课程内容的含义、课程内容的选择、课程内容的类型等问题，同时以这些课程内容方面的理论来观照对外汉语教学课程内容问题，为对外汉语教学课程理论的建设提供一个基础。

第一节　概　说

从人类出现教育教学活动起就自然存在“教（学）什么”的问题，这个问题的关键则是内容的选择问题，这也成为课程研究最为关心的问题。比如菲利普·泰勒等（1979/1989：1）在谈到课程研究的目的和范围时开篇就说：“近年来，人们对于学校在教些什么，以及学校应该教些什么产生了极大的兴趣。”显然，核心的就是课程内容及其选择的问题。正如他们所指出的那样，对课程内容感兴趣的绝不是他们所处时代的事情，早在两千多年前，柏拉图就对此有很多的见解，这在前面几章中我们已经几次提到。在有些教育论著中也明确地将有关课程内容的章节定名为“课程内容的选择”。本书既然立意于提供对外汉语教学课程编制的基础理论，就不能单单讨论课程内容选择这个关键问题，因为课程内容问题还涉及其他一些基本的理论问题，比如什么是课程内容，内容和目标间究竟是什么样的关系，内容与教材又是怎样的关系，等等。而要回答清楚这些问题，显然不是一个选择问题能够涵盖的。

就整个人类的教育活动来说，如果从内容和方法这种二元论的角度看，课程主要关涉内容，教学则主要关涉方法，这也是我们主张课程与教学二分，课程论在教育学中具有独立地位的主要原因(参见第一章)。也正因如此，有时人们把课程与教育内容视为同一事物。比如菲利普·泰勒等(1979/1989:2)在讨论“何谓课程”时就说：“时至今日，人们一直把‘课程’(curriculum)一词同‘教育内容’(the content of education)看作同一个东西。”

我们在第一章谈到，由于不同的课程论者持有不同的教育哲学，因此对课程的理解也有不同，而对课程的不同理解主要体现在对课程内容的不同认识上。

一　课程内容的界定

(一)内容还是经验？

课程观念的发展总体经历了一个从“学科观”到“经验观”的变化。自古谈到课程主要指的是以“七艺”为代表的各门学科，每一门学科都是一个知识领域。课程的内容自然就是每一门学科的知识内容。比如我国教育学者施良方(1996:106)就是从学科角度定义课程内容的，他说：“课程内容是指各门学科中特定的事实、观点、原理和问题，以及处理它们的方式。”现代课程理论中颇具影响的学科课程结构理论(也称结构主义课程理论)就代表了这种主张。该主张认为，知识是课程中不可或缺的要素，强调要把人类文化遗产中最具学术性的知识作为课程内容，并且特别重视知识体系本身的逻辑程序和结构，因而通常把学术性作为课程的基本形式。(施良方，1996:14)正如张华(2000:192)所指出的：“历史上形形色色的要素主义教育学者(他们把传递文化要素作为教育的基本使命)、永恒主义教育学者，以及20世纪五六十年代的结构主义课程论者，都主张‘课程内容即学科知识’。即使在今天，世界各国的教育实践依然把学科知识作为课程的主要内容。”这反映了一个基本的事实，也是一个值得思考的现象，不管在教育理念上怎样地多元和分歧，人类走到今天，在对课程及其价值的认识上，以及课程内容的选择上，基本还是走在“课程即学科”的路上。这或许可以看作是一种人类理性的自然选择的结果，因为毕竟人类对自然、社会等方面不断累积的认识的结晶——知识是人类得以理性存在和发展的根本力量。培根著名的“知识就是力量”这一论断精辟地说明了知识对于人类的永恒价值。[①] 同时我们也看到，经过了20世纪初以杜威为代表的美国进步主义教育运动，“经验观”成为教育及课程领域中的一个新观念，[②]影响了包括博比特、查特斯、泰勒等一大批有影响的课程论者。例如泰勒(1949/1994:94)认为，“‘学习经验’并不等于一门学程所涉及的内容，也不等同于教师所从事的活动。‘学习经验’是指学习者与他对做出反应的环境中的外部条件之间的相互作用”。这和杜威的教育思想是一致的。杜威的教育思想中一直有一个基本的理念:个人与社会是有机统一的，教育是一个社会的过程，教育即生活本身，而不是成人生活的被动准备。(张华，2000:201)基于这种理念，杜威及其信奉者们认为，学生的学习取决于他自己做了些什么，而不是教师做了些什么。唯有学习经验，才是学生实际认识到的或学习到的课程。(施良方，1996:6)具体来说，主张这种课程理论的学者认为，选择学习者的经验作为课程内容时要有几个观念:(1)学习者是主体，学习者经验的选择过程即是尊重并提升学习者个性差异的过程。(2)学习者是课程的开发者。(3)学习者是知识和文化的创造者。(4)学习者创造着社会生活经验。(张华，2000:206—207)很显然，尽管其中包含着重要的进步思想(因此后来被称为进步主

① 在培根看来，科学知识是把握“真理的表象”的突出表现，它从各种事物和现象中找出它们的规律性，找出其内在联系。人们一旦掌握了科学知识，就能够发现从未被发现过的、从未想到过的东西，所以知识就是力量。(施良方，1996:63)

② W. F. 派纳(1994/2003:26)在谈到此问题时说:“杜威就把经验的概念纳入课程定义之中，而经验概念在今天的课程领域依然在使用。”

义)，尤其是对于儿童教育来说有其积极意义，但不可否认的是，这些观念具有显著的浪漫主义色彩。这种观念对后来的不少学者还是产生了影响。我们在前面几章看到，泰勒所阐述的四条课程原理中，用的就不是"课程内容"，而是"教育经验"，谈的是如何选择教育经验、如何组织教育经验等问题。从我们阅读的若干教育论著看，这种"经验观"在一定范围内似乎已经成为了一种共识。比如日本教育学者佐藤学(2003:4)就把课程界定为"教师所组织、学生所体验的学习经验(履历)"。然而事实上，更多的学者持有的还是一种"学科+经验"的认识，而不是杜威所主张的课程即学习经验。例如我国学者张华(2000:191)在谈到课程内容选择时说："课程内容的选择简称'课程选择'(curriculum selection)，是根据特定的教育价值观及相应的课程目标，从学科知识、当代社会生活经验或学习者的经验中选择课程要素的过程。这些课程要素包括概念、原理、技能、方法、价值观等。"显然，作者对课程内容的认识也基本上是接受了"课程是一种经验"的课程观的影响，但是主体还是学科内容，同时加上其他教育经验。这可以理解为一种基于理性的认识选择结果，也不排除出于理论表述稳妥的考虑。因为事实上，在教学实践中，只有学科内容(知识)是可以把握的，具有教学上和评价上的可操作性，而经验的东西是难以具体把握的。科德(S. P. Corder)(1979/1983：Ⅵ)在说到第二语言(外语)教学中的评价问题时就说："凡是能够描述的东西，一般都是可以进行测定的。"这恐怕是在考虑课程内容时很重要的一条原则。当然，从经验的角度认识课程有其进步意义，即改变了传统的课程观念"目中无人"、[①]仅有学科知识的状况，更加关注学生的主体地位。问题是这种关注究竟该把握怎样的度。杜威的教育实践的不成功恰恰证明，过分关注学生经验，就会导致实际的教学将无法有效有序地组织和实施，自然更谈不上科学地评价。

我们之所以在这里用较大的篇幅来阐述上述问题，主要是因为，在许多领域都存在一种求新求变的倾向，并且往往是忽视现实的可能性。比如上面谈

① 其实这样说也并不准确，自古以来的主张学科课程观念的学者也并不是不关注学生在课程中的地位，只不过没有那么强调而已。因为作为对人的教育活动，不可能完全是"目中无人"的。

到的“学习者是知识和文化的创造者”这种观念，那么一个基本的问题就是必须回答的：如果真是这样的话，学校存在的意义到底在哪里？事实上我们看到的更多的情况是，学习者往往并不清楚什么才是对自己最有价值的内容。例如我们在第二章中谈到，一家公司在北京语言大学汉语速成学院“定制”的汉语强化课程，前几期要求不学汉字，结果发现实际的商务活动中对阅读还是有需要的，于是在后面几期增加了汉字教学的内容。虽然从“市场”的角度说，教育机构提供灵活的教育服务是理所应当的，但这种调整毕竟还是付出了一定的代价。这就说明，学习者因为不可能对很多领域都有认识，所以才会需要学校教育。这就和人们虽然一定程度上可以解决自己小的疾病问题（如一般的感冒），但还是需要医院和医生是一样的道理。学校应当考虑的最主要的问题，就是基于一定的教育哲学思想，选择对学生来说最有价值的内容，并科学地组织和实施。以对外汉语教学课程来说，首要的就是根据对语言的认识、对语言教育和语言习得规律的认识，为学生选择最有价值的学习内容，而不宜过多地“照顾”学生的喜好，甚至是迁就一些学生的惰性。现实中存在的一定程度的将对外汉语教学简单地“市场化”的现象，实际上反映的就是人们对这门学科认识的一种错误的倾向。道理很简单，教育行为毕竟在本质上不同于企业的市场经营行为。教育的责任就在于为受教育者提供他们尚未认识到但又会影响其未来的知识、技能等内容，上述错误倾向无疑是为了现实的功利目的放弃了这个责任。在这个问题上，我们认为适度的“保守”是必要的。因此，本书不取“经验观”，仍然把课程要解决的“教什么”的问题视为以语言知识、技能等为主体的“课程内容”，属于学科取向，尽管我们也曾谈到，课程内容也包括非课堂教学中的其他教学内容，比如语言实践等。

（二）内容等于教材吗？

有人为了简单化地解释课程的内容，就把“教什么”归于教材。这样说固然有其便利之处，容易对课程内容做直观的了解。我们曾说过，从小学一上学，就会拿到课程表，同时领到教材（或称课本），在意识中自然会建立起“某门课程就要学习某种课本”的概念，要学的一切都在这课本里了。这种常识性的理解如果不以对课程的理性认识为目标的话，自然无关宏旨。而要想把课程作为一种教育研究的对象加以观照，就需要跳出常识，全面准确地把握其本质、特点和规律，这也是任何科学活动应取的态度。

按照课程编制的基本原理，先有目标，再根据目标选择内容，根据相关的理论和原则对内容进行合理的组织，使其成为符合教育教学规律的内容体系，并将其落实到文字资料上，这种经过组织的课程资料就是教材，因此可以说，教材是课程内容的物化形式。通常有了教材，一门课程就可以开设起来，只要教师能够按照教材的内容较好地实施教学，也基本能够达到课程目标。这也是现实中不少教育机构的一般课程状态。完全按照上述课程编制的流程设计课程、编写教材的并不普遍。

从上述情形看，似乎基本可以把课程内容和教材等同起来。但事实上，课程内容要大于也广于教材。以对外汉语教学课程看，除了教材以外，还包括围绕课程目标所进行的其他教学活动，比如利用目的语环境所进行的语言实践活动，有的是单独设课，称为“语言实践课”，有的则是一门语言技能课的一个教学环节。此外，教材和课程内容并不等同还表现在，教材一般要包含着“怎样教”的教学方法的内容，因此要对课程内容进行合理的组织（这是下一章要讨论的部分），而课程内容则主要涉及“教什么”。例如，美国语言课程设计专家 Kathleen Graves（2000/2008：1）对课程问题的思考就源于她和别人合作编写教材：“为了完成这套书，我和我的合作者 David Rein 必须做出一系列决策，这些决策包括在每一级水平上教什么，按什么顺序教，以及怎样教，等等。”可见，教材包含的要素就不限于内容。对于很多教学机构来说，还存在教材选择的问题。也就是说，先有课程的基本计划，包括目标和大致内容（一般是内容范围），再根据这个计划来选择教材。即使选择了比较合适的教材，一般也难于完全和课程的设计吻合，也会对教材进行取舍上的调整。这在外语教学中是比较普遍的现象。比如 Kathleen Graves（2000/2008）在《语言课程设计——教师指南》一书中就用了一章的篇幅谈改编教材的问题。如此，则课程内容就不可能和教材完全一致。此外，我们在第一章中谈到，存在不同层次的课程，规划、设计的课程只是一种理想的课程，实际由教师具体实施的课程往往会和理想的课程有不同程度的距离，那么这种距离往往就表现在课程内容上。教师往往会根据自己的认识和对所教学生的了解对内容进行一定程度的调整，或增或减或修正，因此不同教师上同一门课，学生实际接受的课程内容很可能是不一样的，尽管所用的教材是一样的。说到底，教材是课程的依据，但不可能是课程内容的全部。对于课程内容，要在课程编制的整体上去认识，而教材则基本是属于课程实施范畴的教学要素，不宜等同。

（三）课程内容的含义

简单地说，课程内容涉及的就是课程中教什么和学什么的问题，是为实现选定的课程目标而精心选择的各种知识、技能、活动、态度等方面的教学要素。课程内容问题是一切教育活动最为基础的问题。从目标和手段的角度说，课程内容就是实现课程目标的手段。正如课程存在广狭二义一样，课程内容也包括两类：一是为实现某种特定教学目的和目标而选定的一组相互之间有内在联系的课程内容，可称为课程内容体系；二是为实现具体的一个方面的目标而设立的某一门课程的内容。前者如第二章谈到的汉语言专业本科教育的课程体系中的所有课程的内容，后者如其中的任何一门课（如“中级汉语”）中的内容。课程目标有层次性，课程内容相应地也有层次性。

为了更具体地认识课程内容的含义，有必要再以教育学的奠基者夸美纽斯的课程思想为例来看看他是怎样认识课程内容的。夸美纽斯在构建近代学校教育体系中，不仅如第一章中提到的规划出四个阶段、四类学校的框架，描述了目标和主要科目，而且还细致地描述了每个阶段学校的具体课程内容。例如第一阶段，6岁之前的“母育学校”就详细说明了20个方面的内容，如他（1632/1985：224）谈到的第二个方面：“（2）在物理学方面，一个孩子头六年可以学习什么是水、土、空气、火、雨、雪、霜、石头、铁、树、草、鸟、鱼、牛等等。他也可以学习自己身体各部分的名称与用途，至少是体外的各部分。在这种年岁，这种种事情都很容易学会，它们可以给自然科学打好一个底子。”显然这当中蕴含着各阶段学习的系统思想。加涅（1985/1999）的学习理论中十分强调学习的发生是以学生的已有知识准备为前提的。再看夸美纽斯（1632/1985：225—226）谈到的语言方面的内容：“（13）儿童期的文法在于学习正确地说国语，就是说，要清晰地读出字母、音节与单字的音。（14）修辞学的初步在于模仿家常谈话的词藻，尤其是姿势的适当运用，与乎抑扬音调，使与单字配合；就是说，发问时，字末音节的声音要提高，答问时要抑低。这与其他类似之点都是自然而然地可以学会的，但是错了的时候稍加教导会有很大的帮助。"对教学内容以及方法如此之具体细致的描述，足见这部影响巨大的教育学奠基之作既有宏观的体系构建，又有十分扎实的教育实践的基础。对于我们理解教育（课程）目标、内容之间的紧密关系很有帮助。从上面所引语言方面的内容看，也体现了夸美纽斯明确的语言教育思想——非常强调语音、语调在语言发展中的基础地位。谈的虽然是母语的问题，对第二语言教学同样是有启发意义的。

二　内容与目标的关系

按照泰勒原理，目标决定内容，内容是实现目标的手段。这已经是被广泛接受的一个课程编制原则，对于任何一个学科领域都具有适用性。例如我们在第二章中谈到，在对外汉语教学初创时期，因为仓促开班上课，一方面并没有清楚的课程理论意识，另一方面也没有时间去考虑这些问题，经过一段时间的教学之后才逐渐发现内容与目标之间存在距离，于是才有了 1962 年和 1963 年的两次调查，并根据调查的结果对内容做了调整。客观地说，最初在教师们的头脑中并非完全没有目标的概念，因为也都知道这些学生是要进入专业学习的，但这个层次的目标显然基本是在"目的"层面的（参见第三章），太过笼统。我们这里强调的是克拉斯沃尔所说的"行为目标"层次。内容的选择要在这一目标层次上进行。

作为课程编制的两个步骤，确定目标和选择内容究竟该视为一种直线的关系还是一种环形的关系？曾经有人批评泰勒原理，认为泰勒过于强调四个步骤间的直线关系（图 4－1），并认为这种直线性的关系导致的结果是，如果评价结果不符合预期目标时，不能实现反馈，重新编制课程。（瞿葆奎、施良方，1994）因此，课程论者惠勒（D. K. Wheeler）在泰勒的基础上改成圆周形（图 4－2）。

但如瞿葆奎、施良方（1994）指出的那样，"事实上，泰勒是很强调目标与评价间的关系的”。尽管如此，还是要承认，惠勒的“改造”更清楚地表明了各步骤间的联系。

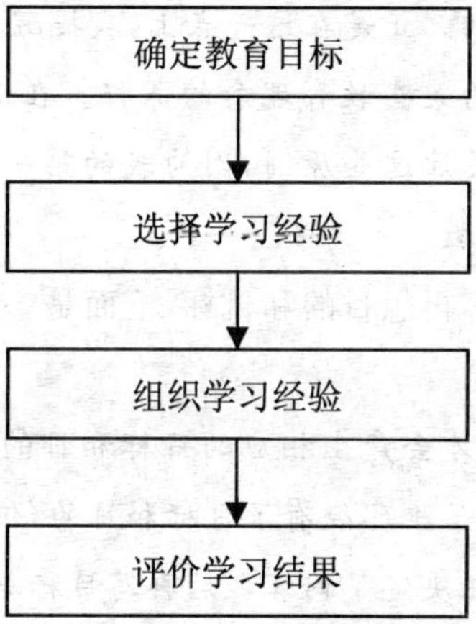

图 4-1　泰勒课程编制过程模式

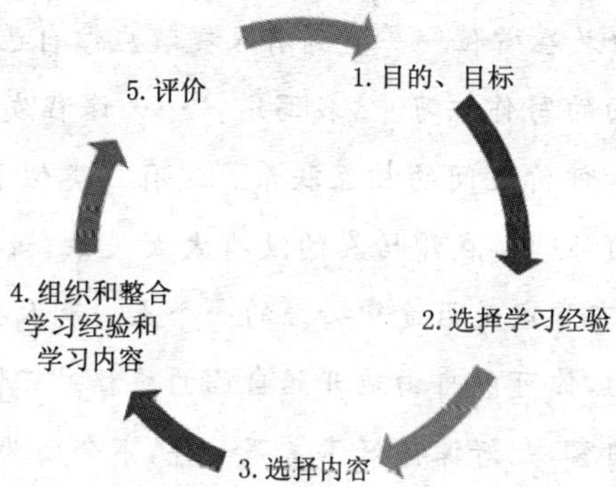

图 4-2　惠勒课程编制过程模式

无论是直线式还是圆周式，都存在两个问题：一是课程编制的起点问题，二是顺序问题。瞿葆奎、施良方(1994)在指出世界课程编制实践中基本都遵循泰勒模式的同时也谈到：“看来人们没有注意到，除了可以从目标入手外，还可以从其他处入手。”在第二语言(外语)教学领域就存在这样的实例。Kathleen Graves(2000/2008:39;6—7)提供了两类不同的教师经验的实例。第一类是按照先目标后内容的程序，下面是一位名叫 David Markus 的高中英语教师的陈述：

> 在决定课程的目的和目标以后，我已经做好准备来设定课程大纲和组织课程的一些原则。正是在这一点上，我提醒自己，最初的目标是创造一个基于我所持有的某些教育理念的课程。在课程研发的第一个阶段，我很少有意识地去关注这些原则，因为我的第一个本能是紧扣我要教什么，然后再转向怎样教。

第二类则是先定内容再想目的和目标，下面是一位名叫 David Thomson 的英语教师的陈述：

> 内容确定之后，才会产生相应的目标和目的。当我教授这门课的第一个版本时，我的脑子里已经有了目标和目的，但是从来没有正式地写下来……因为我觉得在决定了内容之后再写目标与目的有些奇怪。在我开始教学工作前的职业生涯中，是在决定了目标以后，才开始以目标为基础发展一个项目的。我在这样一个观点中挣扎——应该将图 1.1 中课程发展的哪一个成分放在首位——直到有人提醒应该自己决定从哪个成分开始。在一次自由的写作练习中，我写道："……课程发展归结起来就是目标、目的、内容和评价之间的相互联系。这有点类似于鸡和蛋的故事，我从这个过程中的哪一个点开始真的没有太大关系，虽然开始的地方可能不是目的地，但它肯定是沿途中必经的一个点。有人指出，目的是不会在石头里腐烂掉的，你可以自由地开始自己的旅程。"正像我所说的那样，我已经设定好了内容，就好像搭好了支架一样，不会因为一些简单的理由而戏剧性地切断课程设计的过程。

究竟该如何认识这个问题？是不是因此就否定了泰勒课程编制的过程模式，也就是说可以从任一环节开始？我们认为，上述的实例的确是在教学实践中常常会出现的现象，在目标和内容之间常常会有相互作用的问题。但作为课程编制的基本过程，泰勒原理还是具有重要的原理价值的，一般来说要加以遵循，否则就会出现我们前面谈到的对外汉语教学初期出现的问题。同时我们也认同要把各环节间的关系看作互为作用的关系的认识。Kathleen Graves(2000/2008:8)关于"语言课程设计是一个不断发展的工作"的认识无疑是很有道理的,她谈到:“实际上,教学是一个充满活力的、不可预见的、富有挑战性的,有时给人以成就感,有时又会让人觉得挫败的过程。”凡是有实际的教学经历的人都会对此有同感。因此,在看待目标和内容的关系的问题上,持有发展的观念是有实际意义的。

第二节　课程内容的选择

一　课程内容选择的重要性

加拿大语言教育专家麦基(1965/1990:185)指出:“一切教学,无论好还是坏,都必须包括某种选择、某种分级、某种引出和某种重复。需要做选择,这是因为教授整个领域的知识是不可能的。”在课程领域,谈到课程内容的选择必须想到课程理论的先驱斯宾塞,他的《什么知识最有价值?》一文被认为是课程理论的第一篇系统的论述,也是第一篇最集中论述课程内容选择的文献。斯宾塞针对当时学校教育中存在的课程内容重“虚饰”轻实用价值的现象,深入讨论了知识内容选择的原则问题。他(1861/1962:2—4)指出:“在心智方面同在身体方面一样,我们所追求的都是装饰先于实用。不只在过去,在我们现代也差不多一样:那些受人称赞的知识总是放在第一位,而那些增进个人福利的知识倒放在第二位。”他进一步尖锐指出,当时的教育“所考虑的不是什么知识最有真正的价值,而是什么能获得最多的称赞、荣誉和尊敬,什么最能取得社会地位和影响,怎样表现得最神气”。那么究竟该用什么标准来确定什么是有价值的知识呢?斯宾塞认为应该看“比较价值”。他说:“人们注意到的科目或许没有一门是一点价值都没有的。”并且很实在地指出,“假如我们有时间掌握所有的科目,那也就用不着斤斤计较”。他从这个很朴素的道理出发,基于教育是为了“完满的生活”这一目标,来确定内容选择的标准。他认为“为我们的完满生活做准备是教育应尽的职责;而评判一门教学科目的唯一合理的办法就是看它对这个职责尽到什么程度”。他得出的最后结论是,最有价值的知识就是科学。

我们这里较为详细地介绍斯宾塞的内容选择的思想，是为了以此来观照对外汉语教学的现实。在对外汉语教学的课程实践中，一定程度上存在斯宾塞在一二百年前所指出的问题。简单地说，我们所选择的课程内容，有些未必是学生最为需要的。课程内容选择上的随意性在有些学校、有些教师那里是现实存在的。比如一种情况是，在课程内容的选择上不是根据学生第二语言（外语）能力获得这一主要目标来选择最为重要的内容，而是从教师自身喜好或者专业特长出发来选择内容。例如有的教师对语言中的认知现象有兴趣，于是在课堂上用大块的时间讲汉语中“结婚”一词的认知基础。当被质疑其适当性时，回答是学生有兴趣听。这能否构成如此选择课程内容的准则就是需要讨论的问题。首先，学生在教学中具有主体地位，教学目标及内容的选择都要充分重视学生的需求。但这并不等于一切都要随学生的兴趣而定，也就是说学生的需求不等于学生的兴趣。学校和教师应负有的责任是根据学生已有的基础、社会的需要、学科的特点等因素为学生选定能够对其未来有重要价值的课程目标和内容，并帮助学生实现目标。而学习具有的特点往往是，要实现这些目标都是要付出一定的辛苦和努力的。第二语言（外语）学习尤其如此。完全以学生兴趣作为选择内容的标准是错误的。其次，正如斯宾塞所说，如果我们有无限多的时间去学习，那也就不必斤斤计较了。极端地来说，一个以目的语来教学的教师，在课堂上就是随便说些什么，对学生来说都会有或多或少的收获，至少有益于听力。然而显然不能以这种认识来对待课程内容问题。无论是在学生母语环境还是在目的语环境，学生选择学习一门外语，在时间上、金钱上都要有相当的付出，并且都是要在有限的时间内完成其设定的学习任务，因此，作为学校和教师，就必须充分考虑这一时间因素，无论是目标的选择还是课程内容的选择，都要尽最大可能科学地、合理地做出取舍，而不能随心所欲。我们在第二章中也谈到过类似的现象，本科汉语言专业设立初期，存在因人设课的问题，如有的老师是研究鲁迅或者老舍的，于是就开设“鲁迅语言研究”“老舍语言研究”一类的课，而没有充分考虑到该专业的教育目标并不是培养鲁迅语言、老舍语言研究的专家。这反映了当时专业教育目标不明确的状态。这都是不应有的课程内容选择的做法，后来随着认识的逐渐明确，这种现象得到纠正。总之，对于对外汉语教学这门应用性学科来说，和“物理”“数学”等传统的知识性学科相比，在课程内容的选择问题上，面对的问题更多，更容易出现上面的各类现象，因此更应该予以充分的重视。

二　课程内容选择的理论基础

课程目标的选择和确定总是基于一定的理论，包括哲学的、心理学的、社会学的，具体到包括对外汉语教学在内的第二语言（外语）教学，还要有语言学基础，这一点我们在第三章已经讨论过。同样，由目标决定的内容的选择也是要在一定的理论基础之上进行的教学决策过程。尽管在现实的具体教育教学实践中，更多地是凭着教育经验和“教育本能”来选择课程内容的，但既然是要对课程编制过程进行理性的认识，就不能满足于“实然状态”，要对“应然状态”有所了解，从而形成课程问题上的理论自觉。

（一）哲学基础

我们已经知道，人类自古在思考“教什么”这个教育的基本问题时，就一直与知识的本质、知识的价值、认识的本质等哲学问题紧密联系在一起。比如前面谈到的斯宾塞的课程内容选择的思想，就是建立在其对知识的价值的认识基础上。而他的思想又是在知识论的重要代表人物之一培根的影响之下形成的，他（1861/1962：6）说：“在能够制定一个合理课程之前，我们必须确定最需要知道些什么东西；或是用培根那句不幸现在已经过时的话说，我们必需弄清楚各项知识的比较价值。”菲利普·泰勒等（1979/1989：111）谈到：“对于应当教什么所做的选择，无论建立在哪种理论基础上，若要给这种选择提供理由，都需要进行某种形式的哲学探讨。其中也许必须包括关于‘正义’和‘秩序’这类概念的社会哲学，或者包括关于‘正确’和‘错误’这类概念的道德哲学，还可能包括关于知识和认识这类问题的哲学认识论。但不管是哪种哲学体系（柏拉图的、康德的、存在主义的等），哲学本身对于建立完整的‘规定的’课程理论都是必不可少的。因为哲学可以为教学内容的选择提供理论证明。”这在柏拉图时代，选择教育内容时就是基于明确的哲学思考。一直到今天的所有教育教学活动，教育目标的选择与确定以及随后的内容的选择，都有特定的哲学观念做基础。

这里重点看第二语言(外语)教学中内容选择的哲学基础问题。一般说来,第二语言(外语)教学与上面说的关乎“正义”“秩序”“正确”“错误”等概念的社会哲学和道德哲学没有直接的联系,但无疑是和关乎“知识”“认识”等概念的哲学认识论有密切的、直接的联系。斯坦豪斯(1989:24)指出:“当我们考虑课程问题时,知识结构的问题应该被列入议事日程,从某一个方面说,对课程问题的思考就是对知识本质问题的思考。”如果套用斯宾塞的“什么知识最有价值”,我们也可以问一个同样十分重要的问题,这就是“什么语言知识最有价值”。和第二语言(外语)学习有关的语言知识难以计数,有限的教学时间内不可能逐一学习,必然要进行选择。而在语言知识的选择中,对于语言知识的本质、语言与思维的关系、语言与现实的关系等哲学层面的认识是决定能否选择出最有价值的语言知识的重要因素。客观地说,目前我们在这方面的认识还很肤浅,因此,除了已经认识到的语言构造上的知识(即语法)很有价值(还不敢说最有价值)外,我们还能说出来的东西就很有限了。这也是包括对外汉语教学在内的第二语言(外语)教学领域总体教学效果不理想的一个重要的因素。

(二)心理学基础

相较于课程目标,心理学对于课程内容的选择更具有实在的价值。课程目标来自学科、学生和社会,而其中无论是学科因素还是社会因素,最终都要落实在学生这个受教育者身上,也就是说,目标确定是否正确,选择的内容是否切合目标的要求,最终都要从学生的学习结果,即行为表现上反映出来。学习作为一种心理现象,要选择学习(课程)内容,就必然要充分重视学习者的心理机制。我们在第三章中谈到了目标模式的行为主义心理学基础。以斯金纳(B.F.Skinner)为代表的新行为主义者强调反应之后的强化,主张把课程目标和内容分解成很小的单元,然后按照逻辑程序排列,一步一步地通过强化手段使学生逐步掌握课程内容,最终达到预期的课程目标。(施良方,1996:31)这些认识看上去主要是关乎“怎样教”的方法、程序问题,而事实上因为行为主义者关注的是学习者的行为变化,因此这必然直接涉及教什么不教什么的内容问题，也和课程实施和评价有着直接的联系。既然我们认为在各种课程模式中，目标模式相对而言最适合于第二语言（外语）教学（参见第三章），那么相应也就自然认为在课程内容的选择上要以行为主义心理学为主要基础，道理很简单，内容是实现目标的手段。需要说明的是，尽管在某种程度上行为主义心理学已经被认知心理学所取代，已然风光不再，这是心理学自身发展的结果，也是对人类心理认识的深化。然而正如语言学等其他科学的理论发展一样，新的理论的产生只能说是一种对特定对象某一方面认识的深化，而不可能是一种全面的颠覆，之前的理论在其作用的范围内仍然有其不可替代的价值。行为主义心理学就是如此。第二语言（外语）的获得过程当然有着非常复杂的认知机制，这在近些年的许多第二语言习得的研究中已经得到一定程度的反映，加强这方面的研究对于包括课程内容在内的课程编制无疑也具有重要价值。然而这并不意味着认知心理学就可以全面取代行为主义心理学，成为第二语言（外语）教学的唯一基础。从现实的角度考虑，我们恰恰认为，在课程问题上还是应当以行为主义心理学为基础更切合实际。从教育实践上看，其影响仍然很大。“事实上，已流行多年的程序教学、计算机辅助教学、自我教学单元、个别学习法和视听教学这类教学方式，就是以此为理论基础的。”（施良方，1996:31）这也可以说是人们就特定的教育目的对理论的一种自然选择的结果。行为主义心理学之所以能够长久地影响许多领域，实在是因为它的确揭示了作为自然界众多生物之一种的人在行为方面的规律。施良方（1996:31）谈到该流派对西方课程理论产生重大影响的原因包括：(1)在课程与教学方面强调行为目标。(2)在课程内容方面强调由简至繁累积而成。(3)强调基本技能的训练。(4)主张采用各种教学媒介进行个别教学。(5)提倡教学设计或系统设计的模式。(6)主张开发各种教学技术。(7)赞同教学绩效、成本－效应分析和目标管理等做法。很显然，这些方面对于第二语言（外语）教学具有非常强的契合性和适用性。概括上面所论，课程内容存在选择问题，而在课程理论基础的问题上，也同样存在选择的问题。选择的基点应该是务实的、切合实际的，而不应该是赶时髦、追潮流。这方面，对外汉语教学近些年的发展有值得反思的地方。比如一些教师和学者热衷于交际法、任务法等比较新潮的教学法，有意无意地轻视传统的以行为主义心理学为基础的听说法，认为这已经是过时了的。其结果往往是学生最基本的语音、语法等技能方面的训练受到相当程度的削弱。

（三）社会学基础

目标的确定需要考虑社会因素，相应地，实现目标的手段——内容的选择同样要考虑社会因素。我们这里不去泛泛地论述社会学对课程内容选择的基础作用，而是具体在第二语言（外语）教学的范围内来看社会学的作用。语言既是一种心理现象，也是一种社会现象，其存在、发展都与社会有着密不可分的联系。既是如此，第二语言（外语）教学就必须以语言的这种社会属性为基础来设计和实施教学。科德（1979/1983：7）指出："语言教学的中心问题是作为人与人之间交际活动的语言使用问题，也即语言的社会功能问题。要不是对个人及其所属的社会有一定用处的话，学会一种公认为极其复杂的行为就毫无意义了。"这个道理显然是再简单不过了。时至今日，在第二语言（外语）教学领域已经基本不存在忽视语言的社会属性、忽视语言的交际功能的问题了，相反，倒是存在另一种倾向：过分强调语言的社会交际功能，而忽视语言自身的结构属性。常识告诉我们，人类之间的社会交际，不单单靠语言手段，还有动作、表情等非语言手段。这些手段起着辅助交际的作用。甚至科德（1979/1983：7）把预想得到的"再见""喂""您好"之类的话都看作"类语言（language-like）行为"。这表明，我们在谈到第二语言（外语）教学的时候，首先要对教和学的对象有明确的认识，也要对教和学的目标有清楚的界定。在强调社会交际功能的时候，不能忘记是"语言"的社会交际功能，而不是"非语言"的或"类语言"的东西的社会交际功能。明确地来讲，在包括对外汉语教学在内的第二语言（外语）教学中，由于存在过分强调社会交际因素的现象，忽视语言作为一种复杂的符号系统的结构属性，以及形成语言技能（如发音技能）所需要的生理的、心理的特质，结果是，学生也许在目的语环境能够完成某些社会交际"任务"，但从"语言"的标准要求可能是不达标的。说到交际任务的完成，必须指出这当中有其他影响交际完成的因素，比如语境因素、目的语者对外语者的宽容等。笔者曾经教过的一个日本学生，上了两次课后认真地告诉我,“我要到社会上学汉语”。几年后再见他时,嘴里多了不少北京青年人的口语词汇,也大体知道他要说什么,但几乎没有一句是正确的句子。他的确实现了交际,但显然这不是第二语言(外语)教学所追求的教学目标。钟棂(2010:26)对此也谈了他的看法:“我反对‘马路学语言’,因为留学生无法选择,有可能什么俗语俚语都学,也没有科学性和系统性。”上述倾向现实地存在于对外汉语教学领域,需要反思。我们这样说,并不是要回到历史上只关注语言结构本身而忽视社会交际功能的时代。科德(1979/1983:12)指出:“传统的语言教学法坚决主张正确性,注重语法规则的传授,而且教学目标有限。最有说服力的批评恐怕就是指出它缺乏上述这种社会学方面的考虑。……而现代语言教学的一个很大的优点是,它较多地从社会的角度来对待语言,并且重视语言在不同社会环境中的交际功能问题。这一点我们可以从现代语言教学提出的要求中看出来:它要求通过情景来介绍语言,坚持采用对话形式而不用孤立的例句,重视视听资料的使用,主张用‘自然的’语言做范例。”毫无疑问,对第二语言(外语)教育稍有了解的人都会明白,科德所论的这些的确已经成为今日第二语言(外语)教学领域的基本共识。然而正如许多事情一样,真理再往前走一步就会变成谬误。过分强调社会因素而忽视语言自身就会带来和目标相反的结果。

社会学与语言学的结合产生了社会语言学这门交叉学科,这门学科对第二语言(外语)教学一直具有重要的价值,属于基础性的学科之一。在选择课程内容的时候,除了科德所谈到的情景、交际功能等社会要素以外,语言要素本身的选择也需要利用社会语言学的研究成果,或者需要运用社会语言学的方法对相关问题加以研究。这里我们举一个语法的例子。现代汉语语法是一个混合了来源不同的各类异质成分的系统,其中就有来自方言的成分。它又是一个处在变化和发展之中的动态系统。因此,我们在对外汉语教学中就要正视上述两个方面的问题,对有关内容做准确的描述。例如“你把桌子擦擦干净”一类的“VV+结果补语”结构,一般不作为一个教学语法的内容主动教学。但只要学生大量接触汉语事实,就会看到或听到这类现象,于是学生就会说出或写出下面的句子:

(1)这种饮料,喝前要不要搅搅匀呢?

(2)请你把这个问题说说清楚。

(3)我的房间太脏了,下午我要扫扫干净。

(4)我请我的同屋把这篇文章讲讲明白。

如果不关注这种结构,应该说学生能说(写)出上面的句子,已经达到了很好的水平。然而李大忠(1996)的《外国人学汉语语法偏误分析》一书中明确把这些句子判定为错句。这就带来一个重要的问题:对于汉语中客观存在的发展中的语法现象在教学中究竟如何处理?是简单地判为错误,还是根据社会语言学研究的结果做客观的描述?事实上,这种吴方言中普遍存在的结构已经一定程度上被其他方言区的人所接受,也就是说处在进入普通话系统的过程中,但到底多大范围,需要做深入的社会语言学研究。但无论结果如何,都不宜简单地处理为错句,而应该对学生做客观的说明。由这个例子可以看出,社会语言学的理论和方法在第二语言(外语)教学研究中需要很好地加以利用。目前这方面的研究还很不够,才会出现上述的简单化处理的问题。

(四)语言学基础

上面我们谈到哲学层面上关于语言认识论对于课程内容选择的影响。这里则重点从语言学本身来看对外汉语教学课程的内容选择对语言学理论的依赖。

一定意义上说,没有语言学,就没有真正意义的第二语言(外语)教学。这主要是指传统语言学对语言教学的贡献。“对于人类语言的本质、如何学会语言以及语言在个人和社会生活中所起的作用等问题,已经有了相当可观的知识。这是从事人类语言研究的人即语言学家钻研的课题,也必然和人们在制定、执行语言教学大纲时出现的问题有关。语言学正越来越多地提供有关语言的科学知识。”(科德,1979/1983:5)试想,如果没有音素、音位、语调、名词、主语等概念及原理构成的传统语言学的知识体系,人类能实现对语言的科学描写吗?显然不能。而没有对语言的科学描写,也就无法实现语言教学,因为单纯的模仿不能称其为教学。科德(1979/1983:Ⅵ)明确指出:“不利用语言学家为我们提供的关于语言的知识,要系统地改进语言教学是不可能办到的。”

我们这里要谈的是，面对日益增多的语言知识，该如何有效地选择对学生最重要的课程内容。也就是说，除了传统语言学那些必备的语言知识外，还有哪些应该成为课程内容？这在今天并不是一个解决得很好的问题。例如有的教师在介绍自己的教学时谈到，“一把米”的“把”这个量词，她用了 20 分钟的课堂时间进行教学。在我们看来，这个量词虽然应该成为一个课程内容，但根本就该由学生自己查词典去掌握，不应占用宝贵的 20 分钟的课堂时间。退一步讲，就算要作为课上的一个教学内容，也应该采用直观的方法，比如实物法，就可以在 1 分钟左右的时间解决问题。针对类似现象，孙德金(2006)提出“语法不教什么”的问题，指出属于词汇范畴的不教(如上面说的“把”等量词)，属于人类共有认知基础的不教(如不讲语义条件学生也不可能造出“书害怕狼”一类的句子[①])。之所以提出该问题，就是要解决语法教学的内容选择的问题，归根结底是要解决教学的效率问题。其实，上述“把”的教学实例反映的是近些年来对外汉语教学中存在的一种倾向：直接将语言研究的结果搬进课堂，未经“教学化”的转化。这种倾向是需要克服的。

此外，我们也认为，语言教学存在“力不能及”的问题，也就是说，并不是语言中存在的一切都是可以教的。例如有的教师认为，至少在中级阶段就应该教“一汪清水”中“汪”等被称为“形式量词”的词。我们认为，这属于语言中的文学语言范畴，带有可意会但难以言传的特点，不到与母语者接近的水平是难以掌握的。事实上，某些文学语言(如一些诗句)也并不是所有母语者都能理解的。这一类的语言知识就超出了学生的可学的范围。总之，类似的现象在目前的对外汉语教学中还有不少，反映的是人们在第二语言(外语)教学中课程内容选择上存在的一定程度的盲目性。

和课程内容选择有关的另一个语言学问题是对语言的不同描写所带来的问题。麦基(W. F. Mackcy)(1965/1990:5)指出：“语言描述的不同将直接影响教学内容，因为对语音、语法、词汇的分析，从形式到范围可以是各种各样

---

① 这是某文章在强调对外汉语语法教学应该重视给出语义条件(如“主语应该是有生命的”)时举的例子。

的。”以对外汉语教学语法体系来说，就存在这方面的问题。例如“这本书我看了”，有的教材作为主谓谓语句，有的则作为宾语前置句。这虽说是所谓理论知识的差异，但对于课程内容及由此带来的学习结果显然是有影响的。

三 课程内容选择中的意识形态

在课程理论的发展过程中，一直存在课程能否做到价值中立的争论。激进主义课程思想批判传统课程观念的一个主要问题就是通过隐性课程对学生施加潜移默化的意识形态上的影响，（施良方，1996：221—231）认为根本就不存在所谓价值中立的课程，甚至认为连数学这种课程也是不可能做到价值中立的。针对斯宾塞著名的“什么知识最有价值”，有学者提出了“谁的知识最有价值”这一针锋相对的问题，强调知识所负载的意识形态属性。隐性课程就是基于对课程与社会的、政治的这种联系而提出的。就整个课程领域来看，这种后现代思潮背景下出现的课程观念的确有其现实的基础。同时也不可否认，在一些学科领域（如历史、哲学等）存在以何种价值标准来表述知识的问题，带有一定程度的意识形态色彩。然而过分强调任何知识都是非价值中立的，则是不符合实际的，是一种过于激进的课程观念。说数学、物理、化学等学科不是价值中立的，这是很难令人接受的。客观的事实应该是，从价值不中立课程到价值中立课程之间是一个连续统。那么第二语言（外语）课程属于哪种情况呢？语言和文化之间存在密不可分的联系，总体上不存在像数学那样完全不负载内容的语言形式，因此，学习语言就必然在同时学习文化；而一般所谓的文化总是带有一定的意识形态性，因此，第二语言（外语）教学要做到完全的价值中立是不现实的。关键是看有关部门、学校、教师等如何看待这个问题，或者说如何给语言课程做功能定位。如果想把此类课程作为实现某种非语言目的（如政治的目的）的手段，那么课程中是可以加载丰富的意识形态化的内容的；相反，如果只是想实现真正意义上的语言教学的目的，那么也有很大的可能性尽量去除课程中带有意识形态色彩的内容。以此来看对外汉语教学60余年的历史，总体上看，经历了一个逐渐弱化意识形态性的过程。从最初的强调对外汉语教学服务于外交的、政治的需要（参见第二章），到后来的逐渐淡化这种色彩。期间尽管也曾有过教训,[①]但总体上还是比较强调课程内容的“稳定性”,这主要就是指课文内容选择上的价值中立性。[②] 正因如此,我们把对外汉语教学课程的特点之一概括表述为弱意识形态性。

尽管总体上看对外汉语教学课程内容选择上已经确定了上述“稳定性”的原则,但并不是说在对外汉语教学课程的功能定位上都已经有了共识。也就是说,对外汉语教学究竟要不要负载非语言的教育功能,仍然是一个问题。比如在谈到汉语言专业的建设问题时,李更新(1997)就认为,“对外国学生进行道德养成教育不但是教育者应尽的职责,而且也是完全可行的”。崔永华(1997)也认为“不必讳谈德育”,“对外国留学生的德育(思想品德或人格的教育)确实是一个值得研究的新课题。它应当不同于中国学生。我们应当依据人的全面发展的原则,参考各国德育教育的内容,根据我国国情,对学生进行人类美德、法制方面的教育。另一方面,对外国学生的德育除了开设少量的课程外,更要增强各种课程教师的德育意识,寓德育于智育、体育、美育中。”根据该认识,在崔永华开列的德育课程中就包括了“中国传统美德”“比较德育”“中国法制和法规”。而事实上,我们了解到的现实的课程当中,并没有此类课程在实际开设(可参见第二章的附录1)。这至少表明,人们在这个问题上存在不同的认识,不是简单的曲高和寡的问题。一个基本的问题是,对于占外语学习者主体的成年人来说,第二语言(外语)教学目标应该不应该包括所谓的德育部分?第三章中我们谈到,目标的确定首要的是要看学习者的需要。我们要问的是,学生为什么要花钱、花时间来学习一门第二语言(外语)?恐怕很难在其动机中找到“接受道德教化”的成分。道理很简单,我们都有外语学习的经历和体会,无论我们选择哪一种语言作为外语,都不会以“使自己道德境界

① 例如20世纪70年代初北京语言学院曾经编写过一种基础汉语教材,名为《汉语课本》,其特色很鲜明,有不少探索性的东西,但因为内容上紧跟当时的政治形势,形势变了,教材也就作废了。李培元(2010:37)谈到此事时说:“《汉语课本》的优点很明显,但是它致命的问题是因为当时在‘四人帮’统治时期,有的例句、课文带有极‘左’的思想内容,这个对教材来说是‘颠覆性的错误’。你有一句这样的句子,这套教材就颠覆了,就不能用了。”

② 需要说明的是,这里所说的价值中立不同于数学等学科所表现出的“非善非恶”等价值取向,而主要是指人类普遍从事的活动,或者相对而言比较共同的价值观念。

得以提升”为目标。既然我们自己是这样的外语学习心理，又有什么理由去为学生设定这样的教育目标呢？我们承认，一般的教育行为和活动都或多或少负载“道德教化”的职能，但也要承认，并不是所有的教育类型都当然地要承担“道德教化”的职能。第二语言(外语)教学就是以使学习者掌握第二语言(外语)技能为基本目标的教育类型，即使是汉语言专业的学历教育，主要也是以知识、技能的掌握为主要目标，不宜强调德育。因为涉及道德层面的问题，往往人言人殊。比如上面提到的“中国传统美德”，到底什么是“传统美德”？来自不同宗教、文化背景的人可能就会得出完全不同的结论。已经成人的不同文化背景的学生，究竟该以何者为是，以何者为非呢？再比如对“正义”的看法，看起来不会有争议，实则不然。柏拉图的“正义”就是建立在其严格的社会等级观念的基础上的，今天看来未必就是“正义的”。这些问题处理不好，难免会陷入困局。这个问题不必要展开，实际上现实的课程实践已经给出了回答。在对外汉语教学的课程内容上，还是以弱化意识形态色彩为宜。

四　课程内容选择的原则和方法

(一)原则

课程内容选择是课程内容问题的核心，而要解决好课程内容选择的问题，也即选择出确能实现课程目标的内容来，关键是要从特定的教育观念出发，从学生、社会、学科等维度确立适当的选择原则，用以指导内容的选择。泰勒在1949年版《课程与教学的基本原理》基础上，进一步强调了对学生能动性的重视，在学习经验(内容)的选择原则上体现其认识的发展，将原有的五条原则(参见第一章)增删为60年代的十条：(1)学生必须具有使他有机会实践目标所蕴含的那种行为的经验。(2)学习经验必须使学生由于实践目标所蕴含的那种行为而获得满足感。(3)使学生具有积极投入的动机。(4)使学生看到自己以往反应方式的不当之处，以便激励他去尝试新的反应方式。(5)学生在尝试学习新行为时，应该得到某种指导。(6)学生应该有从事这种活动的足够的和适当的材料。(7)学生应该有时间学习和实践这种行为，直到成为他全部技能中的一部分为止。(8)学生应该有机会循序渐进地从事大量实践活动，而不只是简单重复。(9)要为每个学生制定超出他原有水平但又能达到的标准。(10)使学生在没有教师的情况下也能继续学习，即要让学生掌握判断自己成绩的手段，从而能够知道自己做得如何。(引自瞿葆奎、施良方，1994)上述十条原则充分体现了泰勒"课程是一种学习经验"的观念，对学生要素的重视是十分全面的。这些原则对各个课程领域都具有适用性，的确是一种原理，自然也适用于第二语言(外语)教学。例如第9条，其实就是我们都熟悉的第二语言教学中的"i+1"原则。

施良方(1996:40)也论述了运用心理学于课程内容选择的原则:(1)动机在学生学习中具有重要作用;内在动机比外在动机的学习效果更好些。(2)学生的主动参与对学习效果关系重大;参与既包括外显的也包括内隐的。(3)学生只有在面临问题时才会认真思考，并从学习中获得满足感;应当鼓励学生尝试各种新的问题解决办法。(4)过于容易或过于困难的问题都会抑制学生学习的积极性;要为学生制定超出他们现有水平、同时又是通过努力能够达到的准则。总之，课程编制者在选择内容时，不仅要根据教材所包括的知识的难易程度，而且应该根据这些知识对学生思考能力所提出的挑战的程度。

很显然，泰勒的十条原则要更具有全面性和系统性。这些原则其实不仅是内容选择上的原则，也是整个教学实施的原则。这里我们参考上述普遍适用的原则，结合第二语言(外语)教学的实际，从学生、学科等角度尝试提出本学科领域课程内容选择的原则。

1.符合心理机制原则。

这是从学生角度来看的。施良方提出的四条原则都是从心理机制角度考虑的。这是在内容选择时必须充分重视的。加涅的学习心理学理论对学习的发生条件有科学的揭示。他提出了著名的智慧技能学习的层次论，即高级规则的学习以简单规则的学习为前提，简单规则的学习又以概念学习为前提，概念学习以辨别学习为前提。(加涅，1985/1999)这为包括课程内容选择在内的课程编制的科学化提供了重要的学理基础。内容的选择必须符合学习理论所揭示的学习者的心理机制，否则学习就难以发生。这应该是一个基本的原则。

2.实践性原则。

泰勒十分强调实践性原则,(1)(2)(5)(7)(8)这五条基本都是在实践这个范围内加以阐述的。我们不能确定泰勒的思想在多大程度上受到行为主义、新行为主义思想的影响,[①]但对实践性原则的强调无疑是符合以斯金纳为代表的新行为主义的强化理论的,这种理论强调"反应"之后的强化的作用。这一原则看起来更像是对教学实施适用的原则,事实上在目标的确定、内容的选择这两个课程编制的关键步骤上就必须贯彻这一原则。在对外汉语教学中,要使语言知识转化为语言技能、言语交际技能,主要的途径就是实践。对于这一点一般不会有什么异议,问题是很多人会认为实践性原则主要是在实际的教学实施过程中起作用的。但如果不从课程编制的初始环节就充分重视这一原则,结果就会是非系统的、零散的、顾此失彼的实践,而课程编制的意义恰恰就是要克服教学的随意性。编制就是一种计划,而课程本身就是一种有计划的存在。菲利普·泰勒等(1979/1989:38)对课程编制的定义就强调了这种计划性:"课程编制是指那些精心计划的活动,通过这些活动,设计出各种学程或教育活动方式,并将它们提供给教育机构中的人们,以此作为进行教育的方案。"对于语言课程来说,只有将语言知识、语言技能、交际技能等从一开始就进行有计划的选择和组织,才能整体上形成有利于达成课程目标的系统。具体来说,在选择语言要素知识、话题情景等课程内容时,都要从有利于学习者实践的角度去考虑,以形成内容构成、组织结构等有内在逻辑的、便于充分实践的课程系统。

3.可描述性原则。

这是从第二语言(外语)教学的特定需要确定的原则。如果从培养德、智、体、美全面发展的健全的人的一般教育中的课程来说,追求内容的可描述性恐有不妥。因为就人的全面发展来说,教育中的很多方面是作用于学习者心理、精神层面的难以描述的内容。也正因为如此,我们说一般的国民教育的效果具有很强的滞后性,也就是说教育效果要在教育完成之后的若干年才能见到,

① 有学者认为泰勒就是行为主义者,但他的"行为"包括情感、思维等,显然不同于经典的行为主义理论对行为的界定。

所以对此类教育而言不能有急功近利的思想。而以培养学生语言技能和交际能力为主的第二语言(外语)教学则不同于上述教育,它往往是要追求显见的、立现的教学效果。试想,如果一个零起点的学生,经过了半年的语言学习,还是不能说、听、读、写,无论是学生还是老师都会觉得很失败。从行为主义理论来说,就是追求通过教学(课程)活动的“刺激”,达到学生出现合目标的“行为反应”。而要实现这一教育目的,就需要将目标和内容进行分解,并明确地加以描述。我们知道,这正是从博比特到泰勒等主张目标模式的学者的基本认识。

第二语言(外语)教学涉及的内容极为广泛,语言本身如此,语言所关涉的社会情境、话题领域等也是如此。无论是哪一方面的内容,在选择时必须考虑是否可以描述。科德在《应用语言学导论》一书中一再谈到语言学对于语言教学的贡献主要在于实现了以语言学方法对教学内容进行清楚的描述。科德(1979/1983:14)下面的话集中反映了他对语言课程内容描述的看法:

> 语言研究的语言学方法之所以切合语言教学,原因在于这种方法对语言进行了十分详尽和全面的描写。要理解这一点,只消设想一下,如果按心理学,也即根据所教技能和言语行为的类型来为语言教学制定一份教学大纲,那会搞成什么样子。我们有时会见到这样一些方案,尽管这些方案还称不上真正的大纲,而只是把学习的总目标列举出来而已,例如:在课程结束时学生必须能写作而无过多的语法错误;能流利地跟所学语种的本族人进行交谈;能够顺利自在地阅读非技术性的文献。根据社会学来制定教学大纲可能要容易些:学生作为身在国外的旅游者而能到处感到方便,要能用当地语言去买票、预订旅馆房间、问路等等。这两种方案的缺点在于:不管要求达到的目标的项目列得多长,它们仍然不具体、不明确,并且缺乏系统性。
>
> 事实上,要想为语言教学过程制定出一个真正周密的方案,那就必须按照“语言的”语言学术语来表达:列出语法结构表和词汇表,列出需要“熟练掌握”的音素表和发音的其他特征的表格。如何描述教学内容要根据语言学方法来决定。

科德的上述主张也许会有反对的意见，但其实看一下具体的教育实践就可以明白上述主张是符合实际的。20世纪八九十年代对外汉语教学界制定汉语水平等级标准时，最初计划包括三个大纲：一是包括汉字、词汇、语法在内的语言纲，二是功能纲，三是文化纲。结果只完成了语言纲，后两者迄今阙如。这一事实足以证明科德的主张。当然，这并不表明绝对不能制定出一定程度上满足教育需要的功能大纲甚至是文化大纲。比如在对外汉语教学领域，已经出版的《对外汉语教学初级阶段教学大纲》（杨寄洲主编）就包括了功能纲和情景纲，此外还有《对外汉语教学中高级阶段功能大纲》（赵建华主编）。然而这些尝试和实践都还难以解决一个根本性的问题：语言结构和语言功能之间的关系问题。科德（1979/1983：21—26）指出："任何话语都可以同时具有几种功能，而且在话语的形式和功能之间不存在一对一的关系，虽然可能有（概率的）统计关系。"对此他进一步指出："语言学中尚未解决的重大问题之一，就是要发现话语的形式特征和语境之间有什么关系，这种关系会造成对同一句话做出不同的理解。"由此看来，科德主张"必须按照'语言的'语言学术语来表达"课程内容，并不是说他没有关注语言功能问题，恰恰相反，是因为他是在对此有了深入的思考之后才得出这一认识的。科德的上述认识对于今天有些主张制定"任务大纲"的意见也是适用的。除了上面所论以外，在具体的语言要素的选择上，也要遵循可描述的原则。前面提到的"一汪清水"中的"汪"一类的所谓"形式量词"之所以是不可教的，就是因为这类文学语言形式是不可描述的，也因此不应选择为课程内容。

4.价值中立原则。

这主要是从语言教学所必须依托的语言材料的选择而确定的原则。这一点我们上面已经论及。我们的基本看法是，第二语言（外语）教学应该也必须仅以语言技能、言语交际技能的培养为目的和目标，在此基础上对各个层次的目标进行分解，并以目标为驱动，选择合目标的课程内容。语言学习和获得本身已经足够复杂，虽然经过上百年的无数探索，然而时至今日，我们对于语言学习规律的认识还是十分有限的，因此也才会使许多语言教师为教学努力和实际效果之间的反差而感到沮丧。我们最需要做的是从语言本身、语言教学本身、语言学习本身去努力探究,设计更加有效的课程,而不是在这一切还没有足够的把握做好的情况下,给语言教学负载其他的非语言的责任,这样只会分散目标,弄不好还会使第二语言(外语)教学负有不能承受之重。至于说,由于语言与文化的不可分离性,在教学中也必然地会传递相应的带有一定价值取向的文化观念和内容,这是自然的,也是正常的,只要不是刻意地为了某种非语言的目的而选择此类内容就是合原则的。

(二)方法

明确了上述的原则,其实基本也就解决了方法的问题。也就是说,只要按照课程编制的基本步骤,从目标的确定到内容的选择,都能够全面地考虑到影响课程的诸要素——学生、社会、学科,就能够编制出符合教育目的的课程来,因为上述原则都是综合考虑三大要素而提出的。我们看到,在对外汉语教学实践中,尽管可能没有在课程理论上有怎样深入的思考,但在课程实践上人们也基本上遵循了课程内容选择的一些原则,比如要先对学生已有基础进行调查,以确定内容选择的起点。例如卢晓逸、朱子仪(1995)在谈到短期汉语教学的内容选择时说:"在决定不同块面(指来自不同国家学习者的群体类型,如日本、韩国、欧美等——引注)的短期生的教学内容时,应对他们已掌握哪些语言和文化知识、掌握到什么程度及在哪些方面还有欠缺进行调查,在做出必要的统计分析、掌握一定的'数据'之后,再从宏观上决定取舍。我们向学生提供的教学内容,应是他们迫切需要的,应是确实符合他们的学习要求的。"不管这种认识是来源于教师自身的外语学习经验,还是来源于"教育本能",总之是一种正确的做法。当然,仅停留于此是不够的,很难做到全面,因此还是要从学生的学习心理、语言本身等多个方面综合考虑,这样选择出来的课程内容才是真正符合课程目标的。

有了上述理论上的准备,就可以具体参考一些课程设计专家提出的具体方法来进行实际的内容选择上的实践了。Kathlccn Gravcs(2000/2008)介绍的两种方法就很值得学习和借鉴。第一种是所谓的网格图的方法。实际就是一张表格,即以纵、横两个维度将课程内容呈现出来。这种方法的好处是直观和易于理解,但存在的主要缺点是难以展示课程大纲各种要素之间的关系。

第二种是绘制思维图。思维图以一种非线性的方式呈现内容本身以及影响内容的因素。一张思维图能使一个人把课程看作是一个整体,也能看清楚这个整体的组成部分与各部分之间的多重关系。这两种方法对于设计一门语言课程的内容很有帮助。

第三节　课程内容的类型

按照传统的课程观念,课程内容主体是学科知识,因此围绕知识问题,课程历史上存在不同的认识。比如在知识的划分问题上看法就很有分歧。针对将知识的划分与课程分科相对应的观点,菲利普·泰勒等(1979/1989:25)就认为"知识的划分与课程内容的划分之间并不存在必然的联系"。尽管如此,在课程实践中,实际存在的还是要将课程内容做不同角度的分类,以实现不同的课程目标。

第二语言(外语)教学的基本内容——语言,其复杂性怎样强调都不过分。它涉及的面几乎广至人类从生理、心理到社会活动的所有方面。因此,从任何一个角度来看语言,都有无限多的内容和问题要面对。很显然,任何的第二语言(外语)教学想要教语言的"全部"都是不现实的。对语言的诸方面进行分类认识,并依类选择内容就成为一种必然的要求。科德(1979/1983:126)指出:"对于'教什么?'这个问题,就像对'语言是什么?'这个问题一样,可以有许多种回答。因此,教授的内容从语言学的角度可以看作是不同的范畴,不同的规则,一份份词汇项目和语音项目的清单,以及韵律序列和语调模式;从社会语言学的角度可以看作是一系列的言语行为或言语功能;从心理语言学的角度则可以看作是不同的技能或是语言活动。我们回答这一问题的能力,取决于我们是否能够按照上述各种标准充分地描写语言。"这些只是众多的"维度"中的三个重要方面,也是基本上能够有所把握的方面。从对外汉语教学这个具体的领域看,吕必松(1990/1993:209)对对外汉语教学内容的类型做了如下描述:"这里所说的教学内容,包括语言要素、文化知识(知识文化和交际文化)、语言技能和言语交际技能四项内容。我们过去所说的教学内容，通常仅限于语言要素和文化知识，而把言语技能和言语交际技能排除在外。这样的认识是不全面的。语言教学的基本任务就是传授语言要素（包括语言要素的选择、编排和必要的讲解）、训练言语技能和言语交际技能、介绍有关的文化知识，并通过语言要素的传授、言语技能和言语交际技能的训练以及文化知识的介绍培养学生运用所学语言在一定范围内进行交际的能力。因此，教学内容不但应当包括选择什么样的语言要素和文化知识，而且应当包括训练什么样的言语技能和言语交际技能。"可以看出，他所论及的内容类型也基本是在科德所谈的三个方面的内容范围内。按照心理学对知识的分类，这是两类不同性质的知识，前者是陈述性知识，后者是程序性知识，所以这也可以看作第二语言（外语）教学课程内容的两大主要类型。

Kathleen Graves（2000/2008：61）参照 Stern[①] 提出的关于语言学习的三个概念"语言""学习和学习者""社会环境"，概括了语言教学的内容类别，表4－1全面展示了各个内容类别：

表 4－1　根据语言、学习者和社会情境构建内容

关注语言	
语言技能	情境
发音、语法、词汇 例如：语调、动词时态、前缀和后缀	运用语言的情境 例如：在超级市场、在一个聚会上
话题/主题	交际功能
用语言谈论的东西 例如：家庭关系、环境	为了什么目的而运用语言 例如：表达偏好、询问方向
能力	任务
完成任务的语言和行为 例如：打开一个银行账目、申请一份工作	用语言完成的东西 例如：计划一次旅行、设计一本小册子

---

① Stern, H. H. 1992. *Issues and options in language teaching*. Oxford, UK: Oxford University Press.

（续表）

<table>
<tr><td colspan="3">内容</td><td colspan="3">说</td></tr>
<tr><td colspan="3">除了语言以外的学科知识
例如：科学、建筑学</td><td colspan="3">口语技能
例如：转变顺序、产出流畅的拓展对话</td></tr>
<tr><td colspan="3">听</td><td colspan="3">读</td></tr>
<tr><td colspan="3">听觉理解技能
例如：听出要点、声调，听懂含蓄的邀请</td><td colspan="3">理解书面的课文，学习阅读辅助技能
例如：预测内容、理解文章主要思想、解释课文</td></tr>
<tr><td colspan="3">写</td><td colspan="3">学习资源类型</td></tr>
<tr><td colspan="3">产出书面的文章，学习写作的辅助技能
例如：运用合适的修辞结构、根据特定的观众修改作品、编辑其他人的作品</td><td colspan="3">口头的和书面的课本，完成一定社会环境中的一个目的
例如：根据课本的目的来分析它，以及它是怎样在既定的社会环境中实现这个目的的，产出文章</td></tr>
<tr><td colspan="6">关注学习和学习者</td></tr>
<tr><td colspan="2">情感目标</td><td colspan="2">人际技能</td><td colspan="2">学习策略</td></tr>
<tr><td colspan="2">对学习语言和文化的态度
例如：建立自信、从他人的错误中学习</td><td colspan="2">一个人怎样与其他人合作来促进学习
例如：学习在一个团体中有效地工作</td><td colspan="2">一个人怎样学习
例如：自我监控、记忆技巧</td></tr>
<tr><td colspan="6">关注社会环境</td></tr>
<tr><td colspan="2">社会语言技能</td><td colspan="2">社会文化技能</td><td colspan="2">社会政治技能</td></tr>
<tr><td colspan="2">选择和运用合适的语言
例如：礼貌水平、身体语言</td><td colspan="2">理解文化规范以及他们对一个人的关系
例如：男性和女性的社会期望、赠送礼物的规范</td><td colspan="2">学会批判和采取行动进行积极的改变
例如：驾驭系统、批判对于文章的解释</td></tr>
</table>

作者特别强调了两点：(1)各个类别之间的界限不是绝对的，而是相互渗透的。(2)在框架中的语言领域，其类别既包括了“什么”——也就是知识，也包括了“怎么样”——也就是技能或活动。她的“语言技能”指的就是一般所说的语言知识，具体就是语言三要素：语音、词汇、语法。由这三要素组织起来的课程大纲被称为结构性课程大纲(structural syllabus)。这个分类框架基本囊

括了语言教学的全部内容。

上面介绍的语言课程内容分类，有同有异，总体上都在语言教学所涵盖的范围内，唯一我们不能赞同的是 Kathleen Graves 完全采用 Stern 关注社会环境所提出的"社会文化技能"和"社会政治技能"，这两个方面很难说是属于语言教学的目标。

内容的分类必须和目标的分类形成基本的对应关系，即确定了什么类型的目标，就要有相应的内容去实现，不能出现目标落空的情况。反之，所选择的内容也要有明确的目标指向，不能出现目标不明的内容。这是课程编制系统性、计划性的必然要求。我们在第三章中概括论述了三大类语言课程目标——知识目标、技能目标、情感目标，总体对应于上面诸学者所论及的内容类型，即，上面所论及的各种类型都可以归为对应的三种类型的课程内容。同课程目标一样，构建完整的对外汉语教学课程内容分类框架并不是本书所能完成的任务，因为即便是像 Kathleen Graves 给出的比较全面的分类框架，也并不完全适用于汉语这种特定的语言，需要根据汉语的实际，从不同类型的教育目的及目标的需要出发，制定不同层次的课程内容框架。我们已经有了包括各种大纲在内的对外汉语教学课程内容框架的基础，但就像前面所论及的那样，还存在涉及内容选择原则的一些问题，也就是到底该教什么、能教什么的问题还没有很好地解决，因此还需要在理论和实践上进行更扎实的研究，才有可能在未来对于对外汉语教学的课程内容问题说出更多有把握的话来。

思考题

1. 从第二语言（外语）教学角度，思考一下"经验"课程观对对外汉语教学课程内容的适用性问题。

2. 根据你所了解的对外汉语教学，思考一下课程内容和教材的关系。

3. 选择课程内容要以哪些理论作为基础？

4. 查阅相关资料，根据本书关于课程内容选择原则的论述，看看在对外汉语教学课程内容选择上存在哪些问题。

第五章 对外汉语教学课程组织

有组织的、系统的事物比零散的、无序的事物更有效力，这是人类自古就认识到的一个基本道理和事实，因此，“结构”“组织”“系统”“构造”“体系”等也就成了语言中经常用到的词，用以讨论事物的组织和系统。近代以来，随着结构主义的兴起，系统的思想更加深入人心，成为人们认识包括社会在内的各种问题的重要思想方法。课程作为实现教育目的的工具和手段，和很多事物一样，存在组织和系统的问题。具体说，就是根据课程目标选定的课程内容，为实现课程目标，需要科学合理地组织，形成符合教育教学和学习规律的组织结构。本章基于课程理论中关于课程组织的意义、依据、原则方法等问题的基本原理，具体阐述对外汉语教学课程组织的有关问题。

第一节 概 说

根据课程目标选择出来的内容以怎样的状态（零散的、原子的还是有组织的、系统的）进入课程，也是课程编制中必须考虑的重要问题，这就是课程内容的组织问题。泰勒（1949/1989：111）指出：“为了使教育经验产生累积效应，必须对它们加以组织，使它们起互相强化的作用。”菲利普·泰勒等（1979/1989：38）也说：“课程编制活动不论包括哪种教育思想体系，它都意味着进行某种程度的系统的安排和规划。”其实我们对于课程的这种安排和规划并不陌生。从小学上学的那一天起，我们就开始接触课程组织了，因为一直伴随着我们学习进程的一张张课程表就是课程组织的产物，其中包含时间要素、关系要素等，只不过我们一般对何以如此安排和规划并不了然而已。而要系统地认识课程、课程编制，就要理性地把握课程组织的内在逻辑和规律。

根据施良方(1996:28)的看法，在课程发展史上，最早对知识组织的重要性有清楚认识的是18至19世纪的德国教育家、哲学家和心理学家赫尔巴特(J.F.Herbart)。[①] 他基于对心理学研究对象是观念及其相互联系的认识，提出"观念联合"(association of ideas)的思想。体现在课程上，他注重教材的排列和教学步骤，认为旧观念一经组织成为心灵的一部分，便会对新观念的接受产生制约作用。新观念必须与旧观念相联合，才能使新旧观念相类化，因此教材的排列和教学的程序必须遵循这一原则。事实上，早在17世纪，夸美纽斯就已经比较系统地强调了课程内容组织的重要性。在其教育学的奠基之作《大教学论》(1632/1985:78—127)中有一系列关于课程内容组织的论述：

- 教学艺术所需要的也不是别的，只不过是要把时间、科目和方法巧妙地加以安排而已。

- 一切学科都应加以排列，使其适合学生的年龄，凡是超出了他们的理解的东西就不要给他们去学习。

- (1)每种语文、科学或艺术必须先教它的最简单的原理，使学生对它能得到一种概念。(2)第二步就可以把规则和例子放在他的眼前，进一步去发展他的知识。(3)然后他就可以系统地学习那门学科，并且学习它的例外的与不规则的地方。(4)最后，就可以给他一种评注，虽则只有在绝对必要的情况下才能给他。

- 一切的知识都是从感官的感知开始的；然后才由想象的媒介进入记忆的领域；随后才由具体事物的探讨对普遍生出理解；最后才有对于业

① 在谁是最早对课程组织问题进行论述的学者的问题上，各家认识不一致。比如张华(2000:231)就认为"在课程论发展史上，博比特与查特斯最早论述了课程组织问题"，他分别引述了两人的认识。博比特在1924年出版的《怎样编制课程》中说："要对为达到教育目标而提供的各种活动、经验和机会加以设计——制订详细计划。"查特斯在1923年出版的《课程编制》中说："要根据儿童心理特征安排内容，以便用一种适当的教学顺序获得它们。"如果仅仅是这样一些认识，那我们可以说，夸美纽斯关于课程内容组织的重要性的论述非但更早，而且更加深入。

已领会的事实的判断，这样，我们的知识才能牢牢地确定。

- 一切功课应该这样安排，使后学的能够依靠先学的，使先学的能靠后学的固定在心灵里。

这些思想中包含着丰富的、精辟的内容。比如他主张无论是哪种学科的教学，都要先教最基本的概念，然后教规则，他强调内容的组织必须与学生智力发展的水平相适应，还要遵循由简单到复杂的学习顺序。这些思想与以哲学上的逻辑实证主义为基础的课程观念相吻合。逻辑实证主义者强调课程安排要遵循由简至繁、从直观到抽象的逻辑顺序。课程除了要决定学科的先后顺序，即先教简单的学科后教复杂的学科之外，还要注意每门学科内容由简至繁的排列。（施良方，1996：68）可见，夸美纽斯的教育思想有其特定的哲学基础。同时，他的上述思想也有特定的心理学基础。尽管他所处的年代还没有系统的学习心理学的研究，[①]但他的思想中已经包含了重要的学习理论的元素，他对知识掌握的顺序的认识与后来的学习理论是相契合的，或者也可以说后来的学习理论不是凭空产生的，而是继承了包括夸美纽斯在内的前人的思想元素。比如注重学生认知结构的课程论者奥苏贝尔（D. P. Ausubel）认为，在设计课程时，最重要的是要记住“影响学习的最重要的因素是学生已知的内容，然后据此进行相应的教学安排”。只有当学生把课程内容与他们的认知结构联系起来，才会发生有意义的学习。（施良方，1996：34）同样的思想我们在学习理论的著名学者加涅的两部重要的著作（《学习的条件和教学论》和《教学设计原理》[②]）中也能够看到。作为一位很早就对语言教学提出重要思想的教育学者，夸美纽斯对外语学习的课程组织也有他自己独到的看法。比如关于各种语言技能的学习顺序，他（1632/1985：112）说：“假如能让新的语言的学习逐渐进行，使学生先去学会了解（因为这是最容易的），然后再学写作（因为这

① 按有些学者的看法，处于科学心理学诞生之前的哲学心理学时期，心理学还没有从哲学中独立出来。

② 我国教育学者皮连生评价：“加涅在推进现代科学心理学与学校教育实践相结合的伟大事业中做出了最杰出的贡献，他的两本代表作无疑代表了20世纪末科学心理学与学校教育相结合的最高成就。”参见皮连生《当代心理科学与学校教育相结合的典范（代中译本序）》，载加涅《学习的条件和教学论》，华东师范大学出版社，1999年。

里还有思索的时间），最后才学说话（这一点最困难，因为说话的进行是很迅速的）。”其实就是先听、读（“学会了解”即是输入），后写、说（即是输出）的顺序，这与后来主张先教听说后教读写的认识有很大的不同，他在括号中说明的理由颇有些道理，认识的角度比较独特。泰勒则综合概括了前贤关于课程组织的思想，在其影响深远的“泰勒原理”中明确而系统地阐述了课程内容组织的思想，下面我们会具体介绍。

需要说明的是，由于在课程问题上存在不同教育哲学思想所决定的不同的课程观念和取向，包括学科的、经验的、社会的等等，因此，无论是在课程目标、课程内容，还是在本章所论的课程组织上，这些不同的课程观念和取向都会有相应的表现。我们前面已经强调过，由于第二语言（外语）教学与主要基于行为主义心理学的目标模式比较契合，而目标模式总体上又是学科取向的，因此，本章所论的课程内容组织也是在同一理论取向的范围内的。尽管我们也承认存在普遍适用的课程原理，但也认为，由于人类的教育活动既丰富又复杂，虽然可以从中抽象出某些一般性的原理，但不同类型的教育活动毕竟还是存在个性差异，因此除了最为概括性的原理外，我们所看到的各种理论模式恐怕都只能说各有其适用的对象。施良方（1996：89）在评论各种目标取向时就说：“至于具体采取什么形式的课程目标，这取决于这门课程所要解决的具体问题。就一般而言，若重点放在基础知识和基本技能上，行为目标的形式比较有效。”我们选择以行为主义为基础的目标模式，正是基于这种认识，这应该是符合解决第二语言（外语）教与学问题的实际的。当然我们也没必要画地为牢，对合用的相关思想也应该吸收，比如认知心理学的一些思想。

一 课程组织的价值与意义

课程内容的组织对于实现课程之于教育的工具价值具有重要的意义，甚至可以说，未经组织的内容将无法有效地实现课程的价值。泰勒（1949/1989：112）在谈到这个问题时指出：“组织之所以被认为是课程编制中的一个重要问题，是因为它极大地影响着教学的效率，以及极大地影响主要教育变化发生在学习者身上的程度。”也就是说，组织得好，效率就高，教育所带来的学生行为的变化程度就高。施良方(1996:35)从信息加工和记忆的角度谈到了课程内容组织的意义:“课程内容必须按照一定的结构来呈现,使前后呈现的内容有某种逻辑的联系,否则,学生虽说通过反复操练也可以学会,但这种信息不可能与学生长时记忆中的有关信息建立有机联系,因而会成为孤立的信息,很容易被遗忘,或很难用来解决问题。”联系的、有组织的内容不仅有利于信息的记忆存储,其实更重要的是促进信息的理解和技能的获得,凡是有过包括外语学习在内的各种学习经验者,对此都会有所体会。关于课程内容组织的意义,美国著名课程论专家麦克尼尔(J. D. McNeil)曾引用诗人米莱(Edna St. V. Millay)的诗来形象生动地说明:“在这智慧的年代/亦有无知的时刻/大量闪烁发光的事实/自天倾盆而降/未经质疑,互不联系/ 睿智每日萌生/足以消除人间祸患/但至今未有编织机/ 将它梳理成章……”(转引自张华,2000:229)

课程组织就像是诗中所说的智慧的编织机,将散在的课程内容编织起来,构成一个系统的整体,去实现既定的课程目标。虽然我们也可以把课程组织比喻成串起珍珠项链的那根线,但显然没有“智慧的编织机”贴切和恰当。后面我们会说到,课程要素的组织是纵横交织的,而非单维线性的,所以把组织的结果——“编织”好的课程比喻成色彩绚丽的锦缎也许是合适的。

有组织的、系统的事物比零散的、原子的事物更能产生效能,这是人类理性认识世界的一个重要方面。这也许已经成为人类的一种本能。所以从教育史上看,自古就把教育活动看作一种有组织的活动。柏拉图“理想国”的构建是一种系统化的理想,不同类的课程对应于不同的社会等级成员的培养,也即不同的课程承担着不同的教育职能,这些课程之间所形成的关系也折射了他的理想国的社会组织结构关系,整体构成了他的理想的社会形态。斯宾塞出于课程为人们完满生活做准备的认识,根据知识的习俗价值、半习俗价值、内在价值安排学校课程,把科学知识置于课程的中心位置,回答了他“什么知识最有价值”这一课程史上著名的问题。所以说,系统的、组织的思想不是晚近的事情,而是人类自可以称之为人类时就具有的一种理性的认识,只不过随着对包括教育在内的人类活动的认识的逐渐深入,这些带有一定本能性的系统组织的思想更加科学化罢了,比如结构主义理论、系统科学的出现等。

我们具体来看对外汉语教学课程组织的历史。在第二章中我们谈到，1950年开始此项事业时，边编教材边上课。钟梫(2010:14)回忆："说实话，这第一批留学生刚来的时候，除了邓懿、杜荣有经验，我们谁也没干过这事，哪有什么可依据的？……我们刚开始没有教材，每天就是邓懿编，编完以后交给我们去刻蜡版、油印。有时候晚上没印好，就第二天早上起来补印，发给学生的都是油墨未干的。"就是在这样一种"仓促上马"的情况下，课程内容也不是没有组织的、零乱的。相反，在当时的教师的头脑中事实上也有一台"智慧的编织机"，将语言要素知识、语言技能、交际技能、文化知识等课程内容巧妙地编织起来，构成有组织的课程内容结构。我们可以说他们是基于经验，也可以说是基于教育本能，对如何组织更好都有一定的心理学等方面的思考，尽管可能是不很明确的。施良方(1996:41)也说到："事实上，人们在设计课程或安排教学内容时，心目中都会对哪些内容、如何组织最适合学生学习持有自己的看法，或者说，都有其心理学基础，只不过没有明确阐述出来罢了。"对外汉语教学界的开拓者们当年就是在这样的状态下做着努力的，我们看到的成果就是最终于1958年出版的《汉语教科书》。八年的时间里，除了在内容的选择(教什么的问题)上所花费的精力外，很大的一部分精力应该就是花在内容的组织上，因此，这部奠基性的教材所构建的内容及其组织框架才会对后来的对外汉语教学产生巨大的影响。有学者评价该教材"选材范围、语法、词汇的配合原则，为以后的不少教材所吸收"[①]，而所谓的"配合原则"就是课程内容的组织原则。其中最主要的是教学语法框架的构建，其组织上的特色是十分鲜明的。首先，语法项目的安排是根据学生学习和生活需要的缓急来确定的，急用先学，也就是说不是完全按照语法本身的系统来组织的。李培元(2010:33)在回忆中引述了50年代初的一份教学总结中的一段话："编写语法，主要是从生活实际出发，排列次序，是按照生活需要的缓急来定的，同时也是从简到繁的，所以和一般语法理论书籍的词法、句法的安排很不相同。"这就把当时语法内容

① 详见赵贤州执笔《建国以来对外汉语教材研究报告》，载《第二届国际汉语教学讨论会论文选》，北京语言学院出版社，1988年。

的一个组织原则说得很清楚了。这也表明，后来的有些评论说最初的教学过于重视语法理论，并不完全符合事实。不管是出于外语学习经验的认识，还是出于“教育本能”，以邓懿为主的最初教学设计者是充分重视了知识和技能的协调关系的，这是《汉语教科书》的组织思想影响深远的重要原因，这一点以往的评论中有所忽略。其次，语法项目是在做了精心的切分后，根据语言自身规律和学习规律进行了有序的安排。李培元(2010:33)对此谈了几点：“第一个就是对语法的切分，是根据轻重缓急来决定出现次序的。第二个就是编排——先出什么，后出什么——也是经过精心考虑的。比方说：先出‘这是书’‘那是报’这样的句型，最后再出复杂句型，连动式、‘把’字句等，编排的顺序完全是循序渐进的，从简单到复杂。第三个特点是语法、词汇、课文互相配合得很紧密，比如说：语法出的是‘是’字句，那么课文都是围绕着这个句型的，生词也是，都配合得很紧密，基本上是形成一体。”显然，这三个方面的特点都是该教材内容组织上的特点。这也是后来的评论中一直给予肯定的，为对外汉语教学课程内容组织确立了重要的原则和方法。由此也可以看出，内容的选择固然是非常重要的，但对于选定的内容，若不能加以科学合理的组织，则无法形成课程作为一个整体的特定教育工具的功能和价值。我们看到，对外汉语教学后来的发展，课程内容发生了不同程度的变化，改变了、增加了、删除了一些内容，然而在总体的组织原则和方法上则基本上继承了《汉语教科书》。由于有了长期实践的基础，学界对课程组织的认识也逐渐有了理性的高度。例如吕必松(1983)在谈到对外汉语教学的特点时就谈到：“学校教育是一种有计划、有组织的教学活动。在第二语言教学中，必须有计划地安排教学内容和组织语言材料，有计划地创造语言环境，有计划地组织和引导学生进行尽可能接近于现实交际活动的言语操练。”在讨论第二语言教学的结构时，他认为计划和组织工作的科学化程度是影响教学的“直接变因”之一，他(1994)说：“计划和组织工作的科学化程度对第二语言教学的效率和成功率有很大的影响。例如，如果课程设置不合理，或者教学内容与教学目标不一致，就会影响第二语言教学的效率和成功率。”这些认识无疑都是正确的，是对已有的教学实践的总结。然而我们认为仅止于此还是不够的，至少是过于原则化的。虽然我们已经看到了课程组织在对外汉语教学课程发展中的价值和意义，但总体上还只是在实践层面上的认识，还应当进一步从理论上对“何以如此组织就好”的问题做深入的研究，特别是需要一些以心理学为基础的实证性研究，这方面我们目前能说的还很有限。

需要指出的是，在课程内容组织的价值和意义问题上，不同的课程观念有不同的认识。比如主张人本主义心理学的学者就认为，怎样呈现课程内容并不重要，重要的是要引导学生从课程中获取个人自由发展的经验。（施良方，1996:37）很显然，这种观念无论在理论上还是在实践上都是存在困难的，尤其是在实践上，这会使课程设计和实施难以操作。尤其是对于像对外汉语教学这种以语言技能的培养为主要任务的教育类型，这种观念就更加是要不得的，因为这种观念很容易导致目标和内容的模糊化，对于学习的成果也将难以评价。正如我们在第四章中所谈到的，如果任由学生个人自己去进行所谓的“社会语言学习”，学生将终生难以成为一名成功的外语学习者，这是由外语能力这种特殊的技能获得的特点所决定的。所以，在课程观念上，我们认同并坚持目标模式，强调课程内容组织的重要意义。

二　课程组织的含义

本书总体上是在泰勒所提出的课程编制的四条原理的框架中讨论对外汉语教学课程的，因此这里所说的课程内容的组织就是泰勒提出的课程编制流程的第三个环节“组织学习经验”（参见图4－1）所涉及的问题。泰勒的“学习经验”即是一般所说的“课程内容”。前面我们曾指出过，他强调“经验”是在杜威等主张的进步主义教育思想影响下的一个结果，自然有其特定的价值，作为原理性的课程理论这样表述当然具有更大的普适性。然而对于第二语言（外语）教学这样一种具体的教育门类来说，我们认为还是明确地表述为“课程内容”更清楚，也更好把握。

课程有广狭二义，课程内容也有广狭二义，自然课程内容的组织也就有广狭二义。广义的课程内容组织是指，某种教育类型中，为实现特定的教育目的，对一切选定的课程内容的系统安排和计划，其成果往往是由一组课程构成的有系统的课程内容体系，比如对外汉语教学中的汉语言专业本科教育的课程体系，其中的每一类、每一门课程对于整个体系来说，都是处于不同层次上的课程内容，以实现不同层次的课程目标，每一层次的各门课程之间都是按照一定的组织要素加以合理的组织，这种组织就是广义的课程内容组织；狭义的课程内容组织是指任何一门具体课程中所选定的用以实现该课程目标的课程内容的系统安排和计划，比如对外汉语教学中的“中级汉语”“新闻听力”等任何一门具体课程的内容组织。

课程内容组织也称为课程组织。张华(2000:230)认为:“所谓课程组织，就是在一定的教育价值观的指导下，将所选出的各种课程要素妥善地组织成课程结构，使各种课程要素在动态运行的课程结构系统中产生合力，以有效地实现课程目标。”关于课程要素，张华解释为“课程的基本构成”，“是课程组织的基本线索或脉络”。他引用了课程论者古德莱德(J. I. Goodlad)打的比方：“(课程)组织要素可以比作一座高楼大厦中的钢筋结构，尽管看不见，但对大厦的坚固是极为必要的。”这个比方形象地说明了课程组织要素的作用。但根据张华(2000)对相关文献的梳理，不同学者对于“课程组织要素”的认识是大不相同的。比如第一章中提到的泰勒的学生施瓦布把学习者、教师、教材和环境看作课程组织的四大要素，这显然和一般对课程内容组织的认识有很大的距离。把这四者看作课程要素是很好理解的，因此我们在第一章以其为框架讨论了课程要素问题，但课程内容的组织则主要是对已然选定的课程内容的安排策略，而内容的选定已经综合考虑了学生、环境等因素。因此，这一对课程组织要素的理解我们是不认同的。另一种被张华(2000)称作微观的课程组织要素是课程论者麦克尼尔(J. McNeil)主张的四要素：主题(themes)和概念(concepts)、原理(generalizations)、技能(skills)、价值观(values)。这似乎又和我们在课程目标和课程内容两章所讨论的知识的分类产生了纠葛。最后一种理解是古德莱德等人主张的所谓中观的四要素：范围(scope)、连续(continuity)、序列(sequence)、整合(integration)。后面我们会看到，这恐怕不能说是课程组织的要素，总体上是属于泰勒提出的课程组织的原则和方式。总之，上述各种对“课程组织要素”的认识都存在一定的问题。那么是不是在认识课程组织问题时就不需要一定程度上的抽象和概括了呢？当然不是，课程组织中首要的问题就是确定作为组织线索的课程组织要素。泰勒(1949/1989：114)明确指出："在为各类学校或任何领域设计课程时，需要确定最能有效地用作课程组织线索的各类要素。"这既是重要的，也是有一定难度的，关键的一点是泰勒所强调的"最能有效地"这一要求。事实上，在课程内容的组织实践中，人们都是按照一定的线索来组织的，这个线索就是组织要素。泰勒对课程组织要素就是从这个角度界定的，他(1949/1989：114)说："在为课程组织拟订方案时，需要确定用来作为组织线索的课程要素。例如，在数学领域，组织的要素经常是一些概念和技能。"

再从对外汉语教学中的语言技能教学来看，人们历来很重视的一个问题是，在结构、功能、话题三者之间如何做到组织上的协调。这本身就是三个组织要素，是对一个个具体的结构内容、功能内容、话题内容的一种抽象和概括。李培元(2010：39)谈到教材编写时说："工作的顺序、过程，首先是先确定句型和语法，然后再编写课文，这两部分的配合是很大的问题，是最主干的工程，是最重要的两部分。"这谈的就是课程要素的组织问题，如何把句型、语法等有机地"编织"在课文中，而课文又是由特定话题内容、功能内容构成的，三者之间的关系就是需要协调好的。教材编写者常用的一个说法是"明线""暗线"，如"以话题情境为明线，语法结构为暗线"等，这说的就是课程内容组织的线索——组织要素。其他要处理的关系，比如"语"和"文"的关系、知识和技能(能力)的关系、语言与文化的关系等，都是不同层面、不同角度的组织线索，也可以说是组织要素。有些是宏观的，比如语言与文化，在汉语言专业本科教育课程体系组织中就是一个十分重要的线索，如何将二者在课程体系中的比例关系以及先后关系等安排好，是一个会对专业目标有重要影响的大问题。从实践上来说，对这个问题已经有了比较清楚的正确做法，比如一般是随着学习者语言能力的逐步提高，逐渐加大文化知识的比重，使得语言能力的发展和文化知识的增加形成有机的联系。仅就知识本身来说，还存在知识范畴的二重性问题，也可以看成不同的组织线索。有学者把知识范畴的二重性概括为：现象的知识与本质的知识、科学的知识与日常的知识、零散的知识与系统的知识、经验的知识与理论的知识、感性的知识与理性的知识、学科的知识与交叉学科的知识、具体的知识与抽象的知识、直接的知识与间接的知识、学术性的知识与实用性的知识、知识的社会化与社会的知识化。(转引自施良方,1996:77)这些对知识范畴的不同认识,在进行汉语言专业本科教育的课程组织时可以参考,可以选择其中的某个(些)角度作为课程组织的线索。

除了这些要素以外,课程组织中还有一个虽然不是内容但却影响内容以及目标实现的要素——时间要素。前面说过,课程组织的结果就是一张张课程表,其中当然包括时间要素。而时间要素对课程内容的组织效果往往是影响很大的,历来是课程设计中受到重视的一个方面。夸美纽斯(1632/1985:252)就曾说:"每天公开的教导不可超过四小时,其中两小时应该在上午,两小时应该在下午,这是具有极充足的理由的。"就第二语言(外语)教学实践看,时间也是一个重要的影响课程效果的组织要素。由于人的记忆等方面的限制,在一个时间段内,存在记忆和耐力的负荷限度,因此在组织内容时就需要在时间上有所考虑。比如在每一课中包含多少生词、多少语法点,都与上述因素有关。再举一个微观的例子。语法点的排列一般重视的是先后顺序,实际上先后间隔的时间长短对教学效果也有影响。比如完成体标记"了"和对已然事件的时间、处所、方式等信息的聚焦结构"是……的"这两个语法点,一般是做了先后的安排,但如果后者与前者的学习时间相隔过长,则难以在二者之间的语义关联上给学生以有效的影响,一定程度上说,学生造出"我是昨天来北京了"这类有偏误的句子与这种内容组织有关系。可行的做法是要么安排在同一课中,要么安排在相邻的两课,使学生容易在二者之间建立起关联,从而减少上述偏误的发生。[①] 所以说,无论是宏观层面的课程组织还是微观层面的课程

---

① 瑞士苏黎世大学柯佩琦老师告诉笔者,她主持编写的基础汉语教材《中国话》就是把这两个语法点安排在一课里的,学生掌握起来并不困难,主要的问题是聚焦结构虽然是掌握了,但在学生的主动表达中很少见到使用。这恐怕是另一层面的问题了,和"把"字句的习得一样,在没有达到一定的习得阶段时,掌握但不使用的情况就是正常的了。这便超出了教学(课程)所能作用的范围了。顺便想指出的是,教学(课程)的基本价值和作用在于帮助或者说促进学习者的成长和进步,其能够起作用的范围是有限的,有些方面的问题不是教学(课程)所能解决的,比如学生的智力问题。事实上,在第二语言习得问题上,教学(课程)所能起的作用也是有限的,只能是促进,而不可能包办一切。

组织，时间都是一个重要的因素。

第二节 课程组织与课程结构、课程类型

依据不同的组织要素对课程内容进行各种安排和组织，会形成具有不同教学效果的课程结构，由此也会形成不同作用和地位的课程类型。这一点主要体现于实现某种教育目的的、由若干门课程所组成的课程体系上。此外，单一的一门课程自身也存在课程内容的结构关系，因此本节所论包括广狭二义的课程组织的结构关系。

一 课程组织与课程结构

对于课程结构，不同学者定义有所不同。施良方（1996：123）把课程结构定义为“课程各部分的组织和配合，即探讨课程各组成部分如何有机地联系在一起的问题”。他关注的是包括各种课程类型的比例配置在内的配合问题，比如工具类、知识类、技艺类课程的比例配合问题。张华（2000：237）则认为，课程结构“是指把学生的在校学习时间分成各部分，在不同的学习时间安排不同的课程类型，由此形成一个课程类型的组织体系”。显然这又是着眼于课程类型组织的一种定义。这些定义当然都是普通教育中非常重要的课程组织结构的问题。我们这里谈的课程结构除了上述定义所涉及的角度外，更多地是从第二语言（外语）教学这个具体门类的角度，把课程结构看作是课程组织的结果，着眼于课程内容间的内在联系。课程结构主要包括学科知识结构和学时结构。就学科知识结构而言，还可分为宏观结构和微观结构。前者指课程体系的结构，后者指具体一门课程内的内容结构。

谈到学科知识结构，自然要提到课程理论发展中占有重要地位的以美国学者布鲁纳（B. S. Bruner）为代表的学科结构课程理论。该理论特别重视知

识体系本身的逻辑程序和结构,主张以学科的知识结构作为课程设计的基础。其理由是:学科结构是深入探究和构建各门学科所必需的法则。布鲁纳认为传授学科结构对学生有四个好处:掌握结构,有助于解释许多特殊现象,使学科更容易理解;有助于更好地记忆科学知识,因为除非把一件事情放进构造得很好的模式里,否则就会忘记;有助于促进知识技能的迁移,达到举一反三、触类旁通的目的;有助于缩小高级知识和初级知识之间的差距。(转引自施良方,1996:15)显然,其主要目的是使学生学会怎样学习。

上述课程理论是20世纪60年代风靡美国的一种理论,是在结构主义兴起的背景下出现的,迄今仍然有较大的影响力。该理论主要是针对普通学校教育中包括数学、物理等学科教学的整体设计的,对我们所主要讨论的第二语言(外语)教学不一定有直接的借鉴意义,因为前者以知识的传授为主,后者则是以技能的培养为主,有较大的不同。然而,我们也认为,该理论的主要思想,即结构地、系统地组织知识和技能有助于学生能力的提升,这对于第二语言(外语)教学是有直接的借鉴和启发意义的。

对外汉语教学有不同的类型,主要是两大类,一是以语言技能教育为主的,二是语言技能教育和专业知识教育相结合的专业学历教育。两种类型在教育目的和目标上有较大的不同。但在培养学生掌握汉语技能和交际技能上又是一致的。而要实现这个目的,科学合理地在宏观和微观两个层面组织构建有内在逻辑联系的课程内容体系,就是一个在理论上和实践上有重要意义的工作,而要实现这一点,就有必要借鉴上述理论的基本思想。

对外汉语教学中一直存在的一个问题是,究竟是综合式教学还是分科式教学更有利于学生高效地掌握汉语?围绕这个问题,学界做了不少的探索,但迄今认识仍有分歧。其实这就是课程组织要讨论的问题,也就是各种课程组织要素究竟以怎样的结构形式来加以组织更有利于学生高效地掌握汉语的问题。人们都承认,语言能力具有整体性,同时也承认,为了特定的目的,可以从中分解出不同的能力,尽管彼此之间有着密切的联系。这就如同"语言"具有整体性，但为了更好地认识它，因此需要分出语音、词汇、语法等一样。于是就有了不同的组织课程的模式，形成不同的课程结构类型。刘英林、李景蕙(1987)通过对自1950年以后30多年间205种各类基础汉语教材的调研，依次概括出五种课程结构模式，如图5-1至图5-5所示：

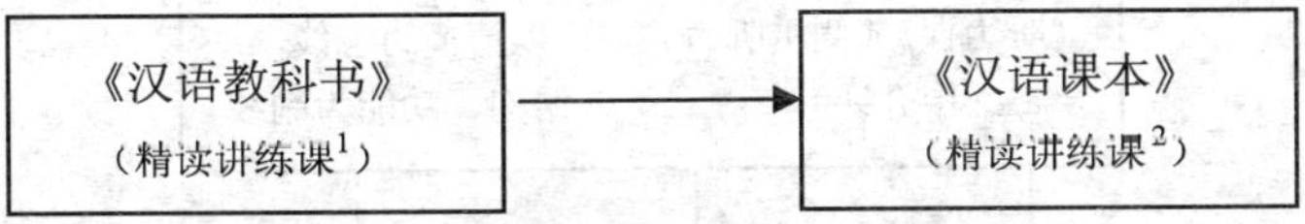

图5-1　线性结构(以《汉语教科书》为例)

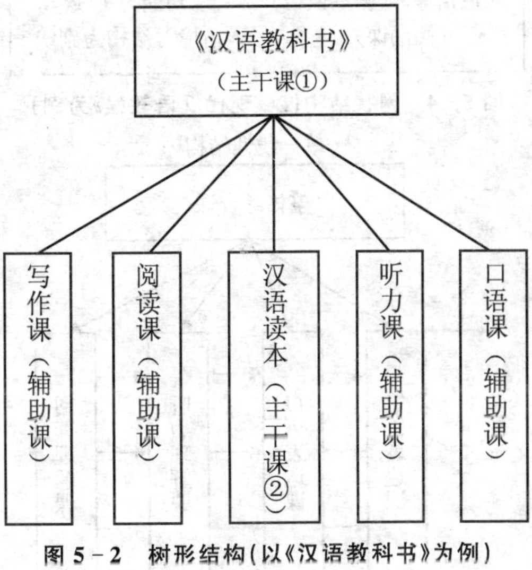

图5-2　树形结构(以《汉语教科书》为例)

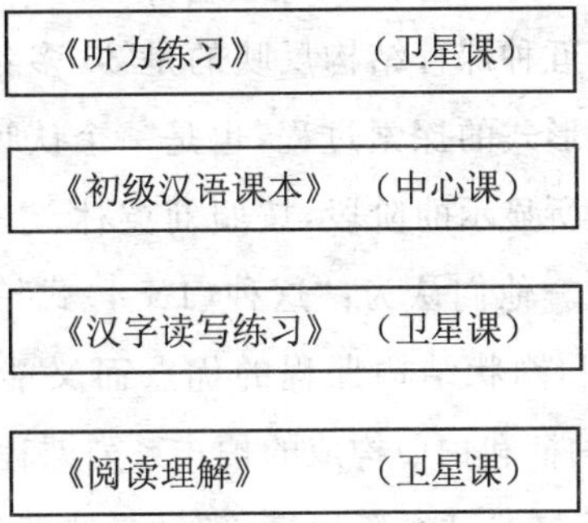

图5-3　轨型结构(以《初级汉语课本》为例)

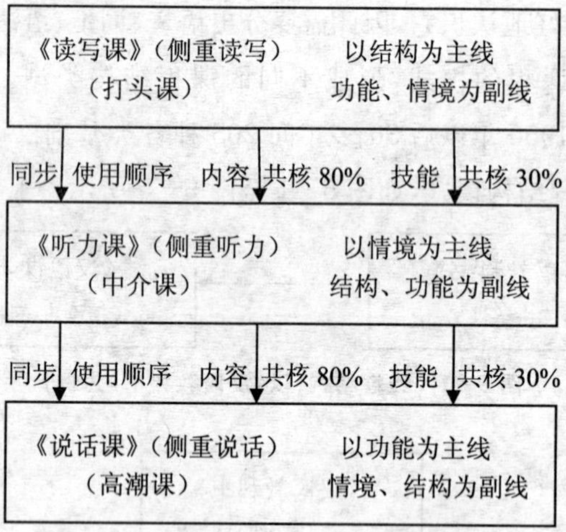

图 5-4 网状结构(以《现代汉语教程》为例)

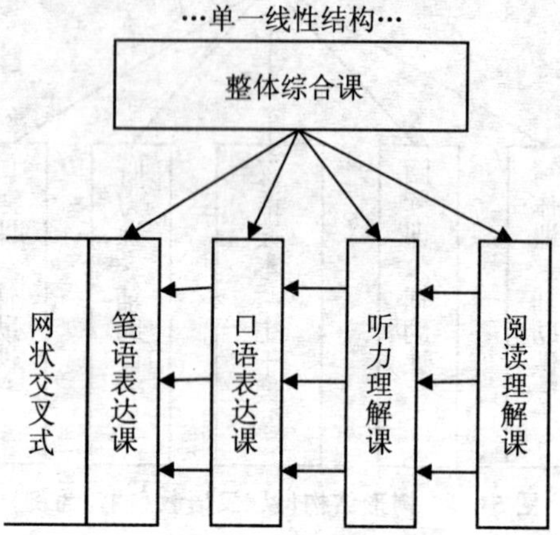

图 5-5 拍式结构

上面五个图所示的五种课程结构反映的是30多年间对外汉语教学中的基础汉语教学课程组织形式的探索过程,也是一个认识不断深化的过程。到了第五种课程组织结构所显示的阶段,按照刘英林、李景蕙的看法,就是一种比较成熟的课程结构了。他们认为:"这种(1+4)式拍状课程(教材)结构形式,兼有线性结构课程和网状结构课程的优点而又能够避免它们各自的短处。……总之,这种由拍柄和拍面构成的拍式系列课程结构,在纵向上既有阶段性又有连续性,并着意减少两个阶段衔接时的'坡度';在横向上充分发挥各课程之间的内在联系,在教学内容、技能训练、教学法层等多方面做到既相对独立又互相渗透、相互协调。这样,整体－系列教学所发挥的整体结构功能一定会超过孤立的各个部分功能的简单总和。”暂且不论作者对第五种课程结构的评价在实证意义上有多少根据,值得充分重视的是他们能够对课程组织结构的整体效能有非常明确的理性认识,提出“整体结构功能”这一有价值的课程组织结构概念来,这对于系统认识课程结构的功能和价值无疑是有建设性意义的。根据我们在第二章中对对外汉语教学课程发展史的梳理,他们对第五种课程结构的肯定也在今天的教学实践中得到了检验。我们看到,基础汉语教学,不管是哪一种类型(汉语预备教育、短期强化汉语教育等),目前基本上都是这种“(1+4)拍状”课程结构,也就是先综合后分科的结构。有的教学机构经过其他组织模式的探索,最终还是回到这个模式上来,说明这个模式经受了实践的检验。当然,这究竟属于多大范围的共识我们还不能确定,但说它是目前一种主流的认识应该是符合实际的。

我们再看汉语言专业本科教育中的课程结构情况。该专业除去语言实践、毕业论文写作等特殊课程外,主体课程结构如图 5－6 所示(以北京语言大学汉语学院课程为例)。

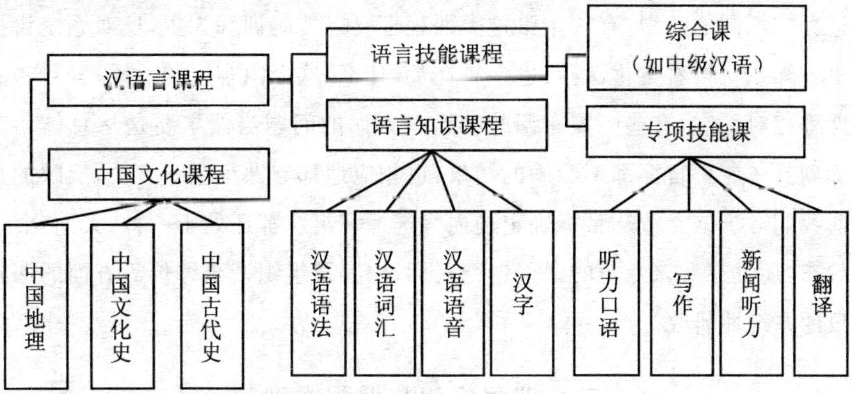

图 5－6 汉语言专业课程结构

图 5－6 所示各具体课程虽说是举例性质的,但总体上可以看出,该专业课程结构主体部分是由汉语言课程构成的,语言和文化两大组织要素的比例关系(以汉语知识、技能为主,辅以中国文化知识)是与该专业的培养目标相吻合的,即“培养留学生熟练运用汉语的能力,具备扎实的汉语基础知识、

一定的专业理论与基本的中国人文知识，造就熟悉中国国情文化背景的应用型汉语人才。”①该课程结构框架是经过了几十年的探索逐步形成的，总体上符合该专业的培养目标。但这并不意味着目前的课程组织结构就是最为合理的，事实上还存在很大的探讨空间。我们在第二章中曾谈到，该专业虽然经过几十年的建设和发展，已经渐趋成熟，但建设的任务仍然很重。从课程的角度说，一个突出的问题是，无论是在总体培养目标上还是在具体课程目标上，都存在过于概括化、模糊化的问题，这便导致了对于到底培养什么样规格的汉语人才认识的模糊化，这恐怕是部分毕业生的培养质量难尽人意的重要原因。我们知道，课程编制是个系统性的工作，各环节密切联系。目标不明确，内容的选择和组织也就会受到影响。例如，从语言课程来说，由于到底要使学生具备怎样的知识结构和能力结构并不十分明确，因此在课程内容选择上一直存在不同认识。比如现代汉语修辞课就开开停停，在整个“对外汉语本科系列教材”中迄今一直缺这一种，并不是写不出书来的问题，而是课程本身一直存在目标定位、内容选择等方面的问题。至于有学者主张的开设基础语言理论课，就更是不可能了。甚至在图 5－6 所示课程结构中“语言知识”类课程的定位上也存在不同的认识，有人主张这类课程也要以技能训练为主，反对系统讲授汉语言知识。再看文化课程，也一直在“教什么”这个内容问题上摇摆不定，有些课程相对稳定，有些则屡有调整。这些方面的问题当然主要是从总体培养目标到具体课程目标都不明确的结果，也相应地都与课程组织有关，反映的是目前我们对于该专业从目标确定到内容选择和组织都还处于一种“大而化之”的状态，还没有对该专业的课程进行目标、内容及组织乃至评价等方面的深入细致的系统性研究。

二　课程组织与课程类型

不同的课程组织形式会生成不同的课程类型，或者也可以反过来说，不同的课程类型决定了不同的课程组织形式，二者具有互证性。例如上面基础汉

---

① 李杨《对外汉语本科系列教材·序》，北京语言大学出版社，2002 年。

语教学中的五种课程结构中就出现了诸如“主干课”“辅助课”“中心课”“卫星课”等课程类型的名称，这些类型就来自不同的课程组织形式，体现的是不同类型的课程在不同的课程组织体系中的不同功能。施良方(1996:119)就把课程类型定义为“课程组织的方式或设计课程的种类”。正如有关课程的其他问题一样，由于教育哲学、课程观念的差异，对于课程类型的认识也是千差万别的，课程种类的名称也就五花八门。对课程可以从不同角度进行类型划分，比如泰勒(1949/1989:123—124)根据课程组织结构，把学校课程分成四类：学科课程(如地理、历史和代数等)；广域课程(如社会学科、自然科学和语言艺术等)；核心课程(与学科课程或广域课程结合起来使用，供普通教育的需要)；完全未分化的结构(即把整个教学计划作为一个单元来处理)。泰勒所做的分类基本涵盖了各类教育中的课程组织结构类型。以此对照对外汉语教学的课程，实际上初期的以“主讲－复练”为特征的“一门课”组织形式基本上就是上面说的“完全未分化的结构”类的课程。随着教学的广度和深度的增加，才开始逐渐分化出不同功能的课程来。施良方(1996)认为根据课程组织结构做出的分类容易造成术语的混乱，主张以课程的哲学观为基础来分类，分成“学生中心课程”“社会中心课程”“学科中心课程”。这种分类固然不存在术语上的问题，但与课程组织结构关系就不大了，因此，从课程组织角度，还是应该采取前一种分类角度。因为对课程类型的认识重点不在于课程的哲学观念的差异，而是课程类型在课程内容系统中的作用。这就如同我们把词分成名词、动词、形容词，不是为了在意义上认识词的差别，而是为了认识语言的句子构造规律。这是我们认识课程类型问题的基点。

(一)课程史上的种种课程类型

在讨论对外汉语教学中的课程类型之前，有必要大致了解课程史上一些多被论及的课程类型，以作为认识对外汉语教学课程类型的基础。

1.学科课程和经验课程。

简单地说，学科课程就是以学科知识为主要课程内容的课程类型。具体说来，学科课程(the subject curriculum)是以文化知识(科学、道德、艺术)为基础，按照一定的价值标准，从不同的知识领域或学术领域选择一定的内容，根据知识的逻辑体系，将所选出的知识组织为学科。在学科课程中，又因具体的课程思想的不同分成三个类型：科目本位课程、学术中心课程、综合学科课程。科目本位课程又包含四种不同的课程思想：要素课程（以传统的“七艺”为代表）、泛智论课程（以夸美纽斯为代表）、赫尔巴特主义课程、功利主义课程（以斯宾塞为代表）。（张华，2000：238）

自古希腊到现在，学科课程在学校教育体系中一直占据着主体的地位，成为人类传承不断累积的知识遗产的主要载体，也担负着知识的、理智的等方面的核心教育职能。比如我们几次提到的17世纪的夸美纽斯的课程思想（“把一切事物教给一切人类”）就是被归为“科目本位课程”的“泛智论”的代表，他的课程体系中就包括了形而上学基础、物理学基础、光学初步、天文学入门、地理学初步、编年史基础、历史入门、算术初步观念、几何学初步、静力学入门、机械学入门、辩证法初步、文法学、修辞学入门、文学、音乐初步、经济学基础、政治学基础、伦理学基础、宗教共20种科目。尽管一直存在对学科课程的一些批评，对于某些一定程度忽视学习者的学科课程倾向冠以“学科中心论”“学科中心主义”“学科主义”等帽子，但总体上看，迄今乃至未来，学科课程作为学校教育的主体课程类型应该是一个基本的现实选择。施良方（1996：122）就谈到：“目前，我国学校基本上都采用学科的方式，同时也顾及各科之间的关系。”我们在前面几章中曾强调，对外汉语教学课程编制的基本立场就是学科知识本位，而不是其他诸如经验的、人本主义的等课程观念，这也是一种现实的选择，我们认为这更符合第二语言（外语）教学的实际。

概括来说，学科课程有两个显著特征：以学科知识或文化发展作为课程目标的基本来源，课程开发以学科知识及其发展为基点，强调学科知识的优先性；课程组织遵循学科知识的逻辑体系进行。（张华，2000：243）

经验课程（experience curriculum）也称为活动课程（activity curriculum）、生活课程（life curriculum）、儿童中心课程（child-centered curriculum），是以儿童的主体性活动的经验为中心的课程。（张华，2000：244）很显然，这是一种和前面说的学科课程完全不同的课程理念，注重的不是历史传承下来的具有内在逻辑性的学科知识，而是学生（儿童）的兴趣、动机和经验，以开发和培育学生内在的价值为目标，也就是说由学科知识本位变为学生主体本位。这种课程观念因具体主张的差异又分为：浪漫自然主义经验课程论（以法国思想家卢梭、瑞士教育家裴斯泰洛奇、德国教育家福禄贝尔为代表）、经验自然主义经验课程论（以美国哲学家和教育思想家杜威为代表）、当代人本主义经验课程论（以美国教育家派纳等为代表）。张华（2000：253—254）把经验课程的主要特征概括为四点：经验课程以学习者当下活生生的直接经验为课程开发的核心（基点），课程目标的基本来源是学习者的经验及其生长需要；在经验课程中，学习者是能动的创造性的存在；在经验课程中，学习者是整体的存在；经验课程重视学习者的个性差异。

经验课程思想是伴随着欧洲启蒙主义思想的兴起而出现的，是对“人”的尊严和自由加以重视的产物。在卢梭等启蒙主义思想家所处时代之前，教育中普遍的现实是课程中只有学科知识而忽视学生这个学习主体，学生之于课程内容是一种被动的接受关系，学生的兴趣、动机和经验并不在教育者关注的视野内。从卢梭等人开始，到杜威等人那里，学生在课程中的主体地位得到充分的重视，“经验”也就成了课程领域不断被强调的一个概念，以至在被称为“课程圣经”的泰勒的《课程与教学的基本原理》中，课程内容被表述为“学习经验”，课程内容的组织就是“学习经验的组织”，可见其影响之大。应当说，经验课程思想具有显著的进步意义，是对学科课程中存在的某些偏颇的有益纠正，其基本理念——强调学习主体在课程中的主动作用，无疑是正确的。然而，一旦过分强调学习者，就会产生如张华（2000：255）所指出的问题：容易导致忽略系统的学科知识的学习；容易导致“活动主义”；实践上一般教师难以适应此种理念下的课程。这也是造成美国20世纪初进步主义教育运动很快式微的主要原因，杜威的试验也基本以失败告终。一定意义上说，这也是理想与现实相冲突的必然结果。

我们在第四章中曾经谈到“是内容还是经验”的问题，阐明了我们对课程理念中“经验观”的看法。联系第二语言（外语）教学实际，上述三个方面的问题是有警示意义的。换言之，在对外汉语教学中，在取何种课程理念问题上同样要注意避免上述问题。比如，近些年来，由于对“交际”“任务”等日趋重视，对学生的兴趣、态度等也愈加关注，在一定程度上出现了过于重视这些方面，忽视基本语言技能的严格训练，导致包括基本语音能力、语法能力在内的语言技能的低下。[①] 在教学活动的组织上，存在为活动而活动的“活动主义”现象，这是笔者在历次听课中都能发现的问题。[②] 因此，如何处理好学科课程观念和经验课程观念之间的关系，是摆在所有教师面前的现实课题。张华(2000：255)甚至认为“经验课程与学科课程之间的关系问题是课程理论、课程哲学的基本问题”。可见对外汉语教学中存在的问题是一种普遍性的问题。

2.综合课程和分科课程。

张华(2000:266)把综合课程(integrated curriculum)看作是一种课程组织取向：有意识地运用两种或两种以上学科的知识观和方法论去考察和探究一个中心主题或问题。根据中心主题或问题的来源分成：学科本位综合课程、社会本位综合课程、经验本位综合课程。显然，这是三种不同课程哲学观念的产物，此类划分无关于课程组织。

学科本位综合课程因综合程度不同分为：相关课程、融合课程、广域课程，分别图示如图5－7、图5－8、图5－9(钟启泉，1989：190)。

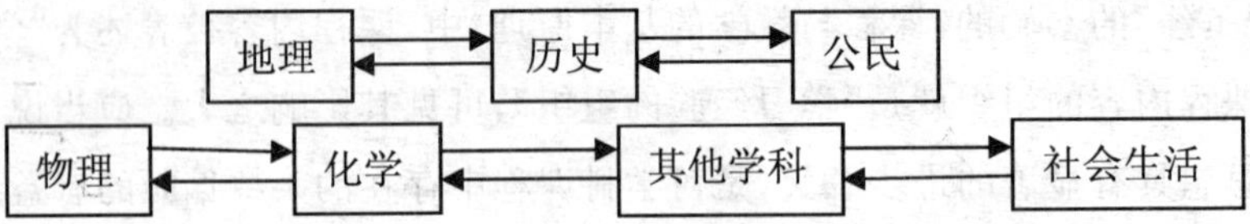

图5－7　相关课程

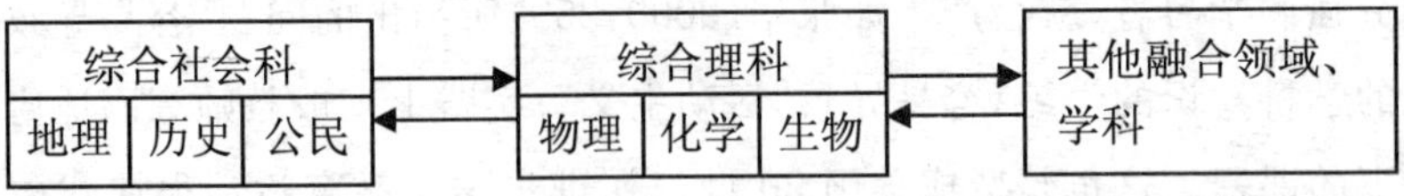

图5－8　融合课程

① 我们常常会听到诸如“语音教学滑坡”等说法，这是和早期对外汉语教学重视语音基础训练时的状况相比得出的感受，是事实。当然，造成这种现象的原因是多方面的，比如普遍每班学生数大幅度增加，课堂训练时间减少，等等。但不可否认的是，教学法思想上的求新求变是一个重要因素。

② 比如有些教师，当课教授的词语、结构等内容还没有操练到比较熟练的情况下，就急于要学生到前面分角色“表演”，结果必然是学生无法用上当课的词语和结构，“活动”也就流于形式。

图 5－9　广域课程

上述不同综合程度的划分是组织策略的反映，在不同的教育类型中都有不同程度的表现。

综合课程的系统思想源自最早将心理学用于课程中的德国教育家赫尔巴特。基于教育的终极目的是培养德性或意志的思想，他认为，孤立的、支离破碎的教材不利于以德性或意志为核心的完整人格的形成，教材应以德性或意志为核心彼此关联起来。就是说，要以儿童的“思想圈”为出发点，选择相关的教材学习，从而使新的观念群不断同化于已有的观念群之中，最终指向完整人格的形成。这就是赫尔巴特的“相关综合课程论”。在他看来，课程的综合本质上是知识的综合——以道德知识为核心，把一切教材加以逻辑地关联、整合。（张华，2000：258）从这些思想可以看出，这种综合课程思想具有很明显的系统特征，核心是德性或意志，组织的基础（基点）是学习者的心理特质，他称之为“观念群”。

和“相关综合课程”不同的另一种综合课程思想是以 20 世纪初德国兴起的“合科教学”运动为代表的“经验综合课程”。这种课程理念强调以儿童为中心整合学科，做法是教师不必事先准备教案，根据儿童在特定情境中的表现，随机应变决定教什么。（张华，2000：259）从上面我们对经验课程的介绍看，这种理念显然是极端强调学生主体地位的产物。而前者注重的还是学科知识的整合。

上述对立的两种综合课程思想，到了 20 世纪，经由杜威的努力，消解了惯常的二元论倾向，实现了统一。在 1902 年出版的《儿童与课程》（*The Child and Curriculum*）中有这样一段话：

> 我们意识到：儿童与课程仅仅是确定一个单一过程的两极。正如两点决定一条直线那样，儿童现在的观点和学科中所包含的事实与真理决定着教学。从儿童的现在经验发展到被我们称为学科的有组织的真理体系所表征的经验，是一个持续改造的过程。（转引自张华，2000：261）

在他这里，经验和学科之间的对立不存在了，彼此之间只是一直连续的过程。这应该说是一个综合课程观念的巨大进步。尽管如此，杜威的理论努力并没有在实践上解决两种课程哲学观念上的对立问题。

分科课程和综合课程不同，它是一种单学科的课程组织模式，强调不同学科门类的相对独立性以及自身的逻辑体系的完整性。客观地说，在综合还是分科的问题上，很难说何者为优何者为劣，各有其存在的理据，也各有利弊，不存在谁取代谁的问题。恐怕关键还是要看教育目标是什么，根据目标选择最为合适的组织策略。

3.核心课程和边缘课程。

这一对概念是课程史上讨论较多的。不同学者对核心课程的界定也多有不同，因课程观念的不同分别有不同的核心课程观念的取向。比如泰勒就是学科取向的核心课程观念。他在1991年指出："在20世纪90年代早期，核心课程包含五门主要科目：语言、文学、数学、历史与科学。对核心课程中是否包含其他科目，依然在讨论。"泰勒进一步谈到了核心课程的组织问题：

> 关于核心课程的组织问题是另一讨论主题。是应该把教育计划组织为五门分科课程，还是组织为一个大的集合，抑或组织为二门或三门分科课程？所有这些可能的组织方式都可以在学校或大学的教育计划中找到。将核心课程组织为五门分科课程的方式是最常见的；其次是把二门学科融合为一门，如科学和数学，历史和文学，语言和文学。阻碍把几门学科组织为一门的主要因素是教师的信仰，他们对几个知识领域无法掌握到足够的深度以教给学生。（转引自张华，2000：285）

从泰勒的这段话中我们看到，核心课程作为一种课程组织策略与前面谈及的综合课程和分科课程有着紧密的联系，所不同的是组织的角度。

不管对核心课程这个概念有怎样不同取向的认识，基本一致的看法是，核心课程是所有学生都必须学习的共同学问。泰勒所列的五门课程就是符合这一性质的课程。关于核心课程的本质，张华（2000：290—291）从词源的角度做了如下表述：核心课程（core curriculum）是课程体系中居于核心位置的具有生成力的那部分课程，它与课程体系的其他部分（边缘课程）形成有机的、内在的联系。

无论对于核心课程与边缘课程如何认识，作为学校教育中客观存在的课程类型是难以否认的。比如我们知道在中小学中一直都有“主科”“副科”的区别，数学、物理、化学、语文等主科受到重视，而音乐、体育、美术等副科则处于相对弱势的地位，前者即是核心课程，后者则是边缘课程。到底如何看待这种现实存在？恐怕只能按照特定的教育目标来加以辩证的认识。

4.必修课程和选修课程。

关于选修制度(elective system)，菲利普·泰勒等(1979/1989:87)谈到：“中等学校普遍实行的选修制实际上也是一种组织课程的方式。……这种方式旨在通过教师的指导，使学生从每一个广阔的课程领域中任意选择所要学习的学科，以此来建立一种所谓‘个别化’的课程。”张华(2000:297)将选修制度分成广狭二义。广义的选修制度是指中等教育阶段的分轨(分科)型课程体系；狭义的选修制度是指将课程分成必修课与选修课，通过二者的种种组合编制课程的方略系统。很显然，就一般的理解，选修制度主要是指后一种所谓狭义的选修制度，广泛存在于大、中学校。

简单地说，必修课程是指所有学生必须修习的共同课程，是某个教育阶段或某个专业，为了保证处于同一阶段或属于同一专业的所有学生的基本学力而开发的课程；选修课程则是指为了满足不同兴趣、动机等学生个性差异需求，允许学生自由选择而开发的课程。前者保证特定教育类型的基本质量和标准，后者保证学生个性需求的满足。

选修制度的建立是重视学习者个性差异，强调个性化教育的必然结果，自19世纪建立①以来已经成为中等教育、高等教育中一个基本的课程组织形式，在教育实践中发挥着重要的作用。

然而也要看到一个事实。尽管人们可以从理论上阐明必修课程和选修课程之间内在的统一关系，强调二者之间具有怎样的等价性，比如张华(2000:

① 根据张华(2000:298)的资料，一般认为，正式的选修制是由美国的埃利奥特最先确立起来的。1893年，以埃利奥特为首的美国“中等学校研究十人委员会”基于充分的调查研究，正式倡导在中学开设选修课程。此后到20世纪初，选修制在欧美大中学校普及。

300)就认为“必修课程与选修课程彼此之间不存在主次关系，选修课程不是必修课程的附庸或陪衬”，但在教育实践中难以避免使人们形成主次关系的认识，并且事实上这种课程类型的划分本身就包含着课程地位差异的意义，因为按照上面必修课的定义，其重要作用就是“保证所有学生基本学力”，这本身就意味着其他选修课不具有这种保证基本学力的作用。这就和上面说到的核心课程与边缘课程的关系是一样的，无论怎样解释，在课程体系中课程地位的差异是客观存在的。人为地否认这种差异没有意义，重要的是要在承认差异的基础上，从课程组织的策略的角度去认识选修制度在实现不同的教育目标中的积极价值，因为它的确提供了一种满足不同教育目标需求的组织手段。

除了上述各个角度的课程类型，有些课程论著还会谈到显性课程和隐性课程。我们在第一章中谈到过，隐性课程的提出有其特定的背景，主要着眼于学校教育和社会政治意识形态间的关系，是“课程”含义泛化的产物，因此我们这里不把这种观念的课程看作与课程组织有关联的课程类型。

事实上，上述各个课程类型并不在一个维度上，比如学科课程和经验课程是两种截然不同的课程观念的产物，反映的是不同的教育哲学思想，而必修课程和选修课程则是从课程在课程体系中的作用来看的。因此，如果从课程组织的角度看，严格说来，前一种类型划分和课程组织关系不大，后一种才是直接影响课程组织结构的类型划分。

(二)对外汉语教学课程的主要类型

上面所介绍的课程类型主要是普通教育中的各种类型，有广泛的覆盖面，在各个教育类型中都有一定程度的表现。在第二语言(外语)教学这个特定教育领域，由于课程目标、课程内容具有本领域特有的特点，课程内容的组织也就和普通教育中的课程组织有较大的差别，有些在普通教育中存在的类型就不一定存在于第二语言教学中，比如上面提到的“广域课程”等课程类型。但其中所涉及的一些课程类型观念(如综合与分科、学科与经验、核心与边缘等)在我们思考第二语言(外语)教学课程组织结构时无疑是有启发价值的。这里重点基于课程组织的认识，来讨论与对外汉语教学课程组织结构有直接关系的课程类型。

1.综合课程和分科课程。

我们这里说的综合课程和分科课程显然不同于上述普通教育中的同一概念。第二语言(外语)教学中的综合课程是语言知识与技能的综合,而不是各个学科知识的综合;同样,这里说的分科也不仅仅是学科意义的分科,而是包括了对语言技能的划分,具体说就是听、说、读、写技能,因此这里的“科”是“科目”的意思。

综合课程往往被看作一组课程中居于核心地位的课程,因此也被称为“主干课”“核心课”“中心课”等;分科课程一般称为“分技能课程”,是根据各语言技能的特点独立设课,进行专项技能训练的课程。在基础汉语教学的课程结构中,分技能课程一般被看作综合课程的“辅助课”“卫星课”等,强调的是对综合课程的配合作用,整体形成合力。

需要指出的是,一般说的综合技能课程有其特定的含义,指的是一个阶段教学中承担语言知识和各项技能综合教学任务的课程,而不是一般意义上的综合,比如“视听说”课也是一种综合,这是把三种感知能力结合起来进行技能训练的课程。

对外汉语教学中的综合与分科,同样存在组织策略上的认识分歧,这在前面我们曾谈到过。我们的看法是,究竟采取何种策略还是要根据课程目的和目标。极端地说,比如一个只有半年的零起点班,恐怕只能采取综合组织的模式。此外,无论是综合还是分科,都存在利和弊两面。以汉语言专业本科教育来说,分科组织是必然的选择,但一直存在分技能课的定位问题,各技能课有一定程度的同质化倾向。

2.知识课程和技能课程。

这与上面的类型有一定的交叉关系。综合课程也承担着语言知识和部分文化知识的教学任务,其综合性是多方面的。而这里说的知识课主要是指以传授知识为主的课程,大体相当于上面说的学科课程,因此包括“现代汉语语法”等语言知识课程,以及“中国哲学史”等文化知识课程。

同样,技能课程也和上面综合课程和分科课程有一定的交叉,因为综合课程中“综合”了听说读写各项语言技能的训练内容。而这里说的技能课程主要是和知识课程相对的，即主要以语言技能、言语交际技能为主要任务的课程，因此实际上第一类课程整体就是技能课程。

3.必修课和选修课。

在对外汉语教学课程组织中，各种教育类型都普遍以必修和选修两种课程来组织构建课程框架(这一点可以参考第二章的几份课程计划)，也是为了在保证所有学生基本的课程标准的前提下，尽可能为学生提供多样的、满足学生个性需求的课程选择。

我们说普遍采用这种制度，并不等于说所有的对外汉语教学类型都是这样，主要还是学校教育中达到一定教育阶段、有较长的学习时间的类型，比如四周零起点班一般就不会采取这种组织形式。

选修制度在对外汉语教学中的汉语言专业学历教育中发挥的作用最为关键。在长达四年的学习过程中，必修课和选修课的选择以及比例的配置，都直接影响最终的教育效果。从必修课的选择看，目前总体有共识的是应该以语言技能课为主，这是为了保证该专业基本的培养目标的实现，也就是说通过此类必修课程，使所有学生在语言技能上达到共同的专业目标标准。这一点看来是没错的。存在不同认识的是，作为一个语言专业，除了语言技能以外，是否还应该在语言知识上提出一个共同标准的要求？例如陈绂(2001)就对汉语言专业本科教育中语言本体课程的地位进行了强调，认为应作为必修课。她认为“列为必修课还是列为选修课，是一个关系到能否体现出本科教学的性质和水准的实质性问题”，“作为一个外语类的本科学科，必须有自己一套合理而完整的知识框架，这一框架应该保证学习者在根据其要求修完了它的课程后，对所学的语言有一个基本的但又是较为系统的、理性的掌握，从而不仅能应用这种语言进行交流，而且懂得这种语言的本质特征以及基本法则、基本理论等等。”对于这一认识，我们是基本认同的。孙德金(1999)曾打了一个最简单的比方，北京芳草地小学出来的“小留学生”，如果单论基本的汉语能力，可以和母语者基本一样，但显然不能认为其达到了本科水准，因为除了还有一些语言能力的问题外，最主要的是还不具备本科水准所要求的其他能力结构(如一定的学术能力)和知识结构。因此主张语言知识课要以系统讲授汉语知识为主要任务。然而在对外汉语教学大力强调语言交际能力的语境下，上述认识往往被视为“知识取向”“理论取向”而受到反对。我们认为，一切需要首先明确教学目标，区分不同的教学类型。对于基础汉语教学，或者主要以语言能力培养为目标的类型来说，反对“知识和理论取向”是正确的，但对于专业学历教育，这种认识则是错误的，将直接影响学生的培养质量。至于现实中存在的教学课时安排上的困难，应该有解决的办法。

4.语言实践活动课。

这里说的语言实践活动课实际上包括了施良方(1996:126)所说的两类：活动课和社会活动课。关于前者，他谈到：“活动课主要是指兴趣小组、班团活动、课外辅导等。……事实上，国外也有人把课外活动称为‘第三课程’的(第一、第二课程是指必修课和选修课)。活动课程是学生在教师引导下获得知识和技能的途径之一，也是促进学生心理发展的途径之一。”关于后者，他谈到：“社会活动课是为了让学生更好地了解国情、了解社会，同时为了培养学生活动能力而安排的走出校门的社会实践活动。”这两类课程从对外汉语教学创立之初就一直是受到重视的一种特殊课程(参见第二章)。张红蕴(2009b)在谈到活动课程时说：“活动课程是学校课程不可或缺的组成部分，具有自己特殊的功能与价值。但它在对外汉语教学的理论和实践中一直未受到足够的重视。”客观地说，说在理论上重视不够是符合实际的，在实践上则一直受到比较充分的重视。我们曾指出，1950年设立“清华大学东欧交换生中国语文专修班”时就把语言实践活动看作重要的教学内容，是当作课程来对待的。钟梫(2010:16)在回忆当时的课程时就谈到：“学生还有出去的实践课，上外头去参观、访问，去商店买东西，我记得有一次去了杭州的灵隐寺。”此外，那个时候的课外辅导在学生的整个学习时间中占有很大的比例，还有其他的课外活动。汉语言专业本科教育中，语言实践课(一般称“语言实习”)从1978年正式开办到现在一直是一门重要的课程，有学分，有教材的准备，也有实习结束的汇报总结。这些事实说明，在实践上还是很重视的。至于存在的问题，比如有些时候“游”的色彩浓厚了些，“学”的成分不够充分，这是需要总结和改进的。

第三节 课程组织的原则与方法

一 原 则

在课程组织的原则问题上，不同学者有着不同角度的论述。菲利普·泰勒等(1979/1989:87)谈到："近来还有人提出组织课程内容的新原则，如'平衡原则''广度原则'和'与现实相关联原则'等。"我国教育学者钟启泉(1989:217)认为："作为学科内容知识体系、单元系列、学习课题，必须考虑到儿童的'认识逻辑'加以编制；同时又不能丧失学问知识所具有的严密的逻辑性与科学系统性，这就是课程编制所要求的根本原则。"他所说的课程编制显然是在课程组织的范围内。在各种认识中，影响最为广泛的无疑是泰勒的课程组织原则的思想。无论对"泰勒原理"有怎样的看法，一般的课程论著都是在泰勒所提出的课程组织三原则的框架内讨论问题的。我们认为，这三条原则同样也适用于第二语言(外语)教学的课程组织。这里先介绍泰勒的课程组织原则思想，并结合对外汉语教学课程组织实际对有关问题进行讨论。泰勒(1949/1994:112—113)基于对逻辑顺序和心理顺序的分析指出："在编制一组有效地组织起来的学习经验时，必须符合三项主要准则。它们是：连续性(continuity)、顺序性(sequence)和整合性(integration)。"

(一)连续性原则

泰勒把连续性定义为"直线式地重申主要的课程要素"，举例指出："在社会学科中，如果认为培养学生阅读社会学科方面的材料的技能是一个重要目标，那么，在课程安排上，必须使学生有机会反复地、连续地练习这些技能，从而掌握这些技能。这意味着：要让学生在一段时间里连续操练同样的技能。"他强调的就是，无论是对某种技能来说还是某种概念、原理，要在线性的时间段内重复地操练或出现。泰勒进而指出："连续性被认为是有效的纵向组织的一个主要因素。"

在课程组织中遵循连续性原则，是对学习规律的概括反映。任何知识、技能的获得都需要一定程度的重复。以斯金纳为代表的新行为主义理论所强调的"刺激－反应"后的强化的作用,表现在学习上就是对重复性操练的重视。很显然,这在以技能培养为主要目标的第二语言(外语)教学中有很显著的意义,因此,应该说这是第二语言(外语)教学课程组织中首要的一个原则。无论是语言知识要素还是语言技能要素,在课程组织中都要有足够的重现率。包括情境和功能要素,也是要在一定的线性时间里达到足够的重现率,结合语言要素和技能要素反复进行操练。比如功能要素中的"拒绝"功能,如果不能在一定的时间内进行重复操练,学生就很难获得这一语言技能。这里要特别强调的是,这种操练一定是用相应的语言要素在一定的言语情境中的"拒绝"功能的操练,而不是非语言的。之所以强调这一点,是因为有些注重"任务型"教学或者交际功能教学的学者过于强调任务的完成或交际的实现,而忽视语言要素的准确和恰当。比如拒绝功能,学生甚至可以不用语句就可以实现,但这显然不是语言教学的目标。

(二)顺序性原则

泰勒指出:"顺序性与连续性有关,但又超越连续性。如果完全是在同一个水平上一遍一遍地重现一个主要的课程要素,便不可能使学生在理解、技能、态度和其他某些因素方面有不断的发展。作为一个准则,顺序性强调,重要的是把每一后继经验建立在前面经验基础之上,同时又对有关内容做更深入、广泛的探讨。"他举例说:"自然科学中'能量'这个概念的顺序性发展,要求在后面每一次提及'能量'概念时,都要有助于学生更广泛和更深入地理解'能量'这个术语所包括的更广和更深的含义。"因此他说:"顺序性强调的不是重复,而是在更高层次上处理每一后继的学习经验。"

有关课程内容组织的顺序性,更是基于学习心理学有关学习顺序的认识。泰勒(1949/1989:75)在谈到教育目标的年级安排时就说:"对特定教育目标的年级安排所做的决定,通常要借助于隐含特定教育目标的有关学习顺序(sequence of learning)方面的心理学知识。"他接着指出:"有关发展顺序(sequence of development)的研究,在决定教育计划的顺序中,在某些特定阶段上安排有些特定目标是否合适时,也是有用的。"虽然他谈的是目标安排中的学习心理学基础，但也是与内容安排直接相关的。顺序原则中后继内容必须以前面内容为基础的要求，我们在加涅的两部代表性著作中可以看到他从学习心理学的角度所做的详尽的阐述，也就是说，这一原则是由学习的发生条件所决定的，没有前面内容的准备，后继的学习就不会发生。

顺序性原则在对外汉语教学课程内容的组织上同样是一个非常重要的原则。无论是语言要素还是技能、功能要素，或者其他要素，都要遵循“后继的内容要以前面内容为基础”原则。例如语言要素中的语法内容的组织，没有对简单句的学习，复杂句的学习就会因缺乏基础而变得十分困难。另如上面说的“拒绝”功能，不同水平层级的“拒绝”在表达的复杂性、丰富性上都要有所不同。换言之，尽管在不同水平层级上实现的都是“拒绝”的言语功能，但每升高一级，表达“拒绝”功能的语言形式都要进一步丰富和复杂。试想，如果在一年级学生已经掌握了基本的“拒绝”表达形式（如“不/不行/没时间”等），到了三年级，还是停留在这个表达形式上，非但学生不会产生任何的进步的感觉，而且至少在功能这个要素上，并没有真正具备升级的条件。

从目前对外汉语教学的实际看，在课程内容的组织上，尽管已经有了各种大纲作为参考，但不可否认的是，并没有很好地实现顺序原则所要求的，这在各种组织要素上都有表现。

（三）整合性原则

泰勒指出：“整合性是指课程经验的横向关系。这些经验的组织应该有助于使学生逐渐获得一种统一的观点，并把自己的行为与所学习的课程要素统一起来。”这一原则注重的是课程内容之间的横向联系。尤其是对于某种由各不同的课程要素（知识、技能等）组成的多门课程构成的课程体系来说，整合性就是必须要努力实现的一个原则，因为无论开设多少课程，对特定教育类型中的特定学生来说，最终都要统一在学生的整体行为中。

整合性的实现程度与课程组织结构有密切的联系。泰勒（1949/1989：125）在谈到这个问题时指出：

倘若组织结构是由许多具体片段组成的，那就难以达到整合性。因为，我们是要把每一片段的要素安排成某种比较统一的形式，但包括的片段越多，那么在每一片段之间形成联系就越难。所以，在小学里开设16或16门以上具体的科目，将会比只开设4或5门广域课程（如语言艺术、社会学科、体育和卫生等）更难以达到整合性。相比之下，由于核心课程与各科目之间的界限有所交叉，因而在获得整合性方面的难度会小些。

这启发我们，在确定课程组织结构形式的时候，要综合考虑包括整合性在内的各项原则，因为这些原则都是建立在学习理论基础之上的，符合学习的一般规律。同时，也要根据不同的教育类型、教育目标来做出选择。第二语言（外语）教学的基本教育目标是促进第二语言（外语）能力的获得，而语言能力是一种整体性的心理表征，尽管我们为了教学的需要分出各种不同的能力维度，但最终还是要体现在一种综合的能力上。因此，在课程组织中需要考虑上述认识，在总与分的关系上求得一个最佳的组织方案。既不能一味追求课程的多样化，也不能过于强调课程的单一化。

二　方　法

课程内容的组织方法是和原则连在一起的，上述原则决定了具体的组织方法。概括来说，主要的组织方法有如下几种类型。

（一）纵向与横向

泰勒（1949/1989：112）认为："在探讨学习经验的组织时，我们可以'从一个时刻到另一个时刻''从一个领域到另一个领域'这两种角度来考察学习经验之间的关系。这两种关系被称为纵向关系和横向关系。"显然，这是任何教育类型中都存在的两种课程内容组织形式，反映的是客观存在的课程内容之间的内在联系。

从课程即学程的角度说，时间维度是必有的一个维度，因此，必然在纵向上形成一个时间的先后过程。无论是多门课程构成的课程体系还是一门课程内部的内容，都存在这种纵向的组织关系。前者比如一年级的课程内容与二年级的同类课程内容就形成纵向关系，如"基础汉语"和"中级汉语"的关系；后者比如基础汉语中的按照各种原则安排的内容的先后关系。

一般来说，一种教育目标又是由不同课程组成的课程体系来实现的，因此，不同课程之间构成了横向的联系，这在课程组织中是非常重要的组织维度，也是上面谈到的整合性得以实现的关键条件。例如对外汉语教学中同一年级的综合课与技能课之间就需要有很好的横向配合关系，内容的选择要考虑方便于如写作课、口语课等的教学，彼此形成横向的联合关系。

汉语言专业本科教育中不同阶段的课程既有纵向的组织问题，也有横向的组织问题。这方面的问题，尽管在意识上早已经有了，即注意前后的衔接、左右的联系等原则的确立，但事实上并没有实现得很好。这方面需要做的事情还很多。

(二)总合与分解

菲利普·泰勒等(1979/1989:86)谈到："课程内容的组织目前主要有两种方式。一种方式是把课程内容划分成互相分离的实体(比如划分成地理、历史、物理等)。另一种方式是把内容统合起来，组成更大的统一体(比如人文学科、艺术科、自然学科等)。"这在前面对综合课程和分科课程的介绍中已经有所了解。这里想补充说明的一点是，在对外汉语教学中，无论是语言技能类课程还是语言和文化知识类的课程都存在总与分这两种组织方式可供选择。例如，在早期的汉语言专业本科教育课程体系中，语言知识类课程只开设一门"汉语概论"，这就是一种总的方式，将汉语语音、词汇、语法、修辞等总合在一起。这种方式的一个好处是，可以帮助学生对汉语知识形成一个总体性的理解，所起的作用和师范院校普遍开设的"现代汉语"课程一样。缺陷也是明显的，这就是面面俱到，而又蜻蜓点水，因为作为一门课程，在整个课程体系中所占有的课时份额是很有限的。随着对该专业认识的深化，汉语言知识课程的组织方式发生变化，由总而分，这就是我们在图5-6中看到的将语音、词汇、语法、汉字、修辞单独设课的形式，并且是按照学生汉语能力的发展水平安排在不同的年级，比如语音和汉字安排在二年级，语法安排在三年级，修辞安排在四年级。

总合还是分解不存在绝对的优劣，而是要视学习者目的、条件(如学习时间的条件)等来决定。

(三)直线与螺旋

所谓直线式组织就是按照时间的先后顺序和逻辑的顺序,连续地安排不同的课程内容,前后内容不重复。无论是不同年级的不同课程还是一门课程内的不同内容,都可以按照直线式组织形式来安排。这种形式的好处是,在不同的学习阶段都会有新的内容呈现给学生,利于学生保持对"新知"的追求。苏联教育学家赞可夫认为,教师所讲的内容,只要学生懂了就可以往下讲,不要原地踏步。因为过多地重复同一内容,会使学生感到厌倦。甚至他对复习和巩固持保留态度。(施良方,1996:118)对一般教育来说,此说尚可研究,但对于第二语言(外语)教学来说,这种认识无疑是不可取的,没有反复的操练就不可能形成语言行为能力,这可以说是一种常识。

螺旋式组织也称为圆周式组织,是指将课程内容在不同阶段进行有计划的重复,但不是简单的重复,而是逐渐加深程度和扩大范围。关于第二语言教学中的重复,加拿大语言教学专家麦基(1965/1990:148)指出:"几乎所有的学习理论都在不同程度上重视重复。重复能强化已学的模式并使它们成为习惯或技能。一旦这些模式建立起来,它们就能抵制可能出现于心理中的任何相矛盾的模式的干扰,学习第二语言时就会出现这种情况。"螺旋式课程组织方式以前面提到过的美国著名结构课程论专家布鲁纳为代表。他认为课程内容的核心是学科的基本结构,应该从小就开始教各门学科最基本的原理,以后随着学年的递升而螺旋式地反复,逐渐提高。(施良方,1996:118—119)在对外汉语教学实践中,这种课程组织形式已经有不少实例,说明人们从第二语言(外语)教学的实际体验中已经认识到螺旋式组织形成的必要性。需要进一步完善的是,如何使课程内容的螺旋式组织更加科学和系统,以实现真正的组织效力,否则容易为了重复而重复。

思考题

1.课程组织的含义是什么?为什么说课程组织十分重要?

2.根据你对对外汉语教学的了解,思考一下对外汉语教学课程的组织要素问题。

3.根据本书关于课程组织的原则和方法的讨论,以对外汉语教学课程组织实例为例,谈谈你对有关原则和方法的认识。

第六章　对外汉语教学课程实施

建筑图纸再好，也只是一种理想，需要通过工程师、工人的手，把它变成可供使用的建筑。从图纸到建筑，就是建筑设计的实施过程；课程，当它由课程编制者完成一整套包含目标、内容及其组织等部分的方案时，还只是“预期的课程”或称“理想的课程”，只有真正经由教师作用于学生，才能实现课程的价值，这同样是一种实施的过程。所不同者，课程方案的作用对象是活生生的人，因而更加复杂，实施过程的不确定因素更多。在前面各章的基础上，本章将重点介绍课程理论中有关课程实施的诸方面的问题，结合对外汉语教学课程实际，讨论对外汉语教学课程实施中的重点问题，尤其是有关课程实施的影响因素的问题，这既是一般课程理论中关注的问题，也是对外汉语教学课程研究中应当加以重视的问题。

第一节　概　说

前面各章所讨论的基本都是在课程编制的范围内，而编制出来的课程仅仅是一种“预期的课程”，或称“理想的课程”。菲利普·泰勒等(1979/1989:9)指出：“只有当我们把课程制定出来，并通过教育赋予其意义时，课程对学生来说才最终变为现实。预期的课程正是通过以后教师的教和学生的学才得以实现的。”也就是说，课程只有进入实施的环节才具有了课程的价值和意义。菲利普·泰勒等(1979/1989:8)甚至还谈到：“从一种新课程的出现到它在学校中被实际实施之间可能要经历 50 年甚至更长的时间。也有的课程革新从来就未被实现。”这说明，课程的编制是一回事，能否被采用、被实施是另外一回事。当然，并不是所有的课程都像他们说的那样，要经历如此漫长的时间才会被实施、被采用，一般只是那些影响较大、涉及面较广，也多存争议的课程会有此类问题。例如香港“国民教育”课程问题，恐怕将有一个比较漫长的争议过程，并且最终能否实施还未可知。而对于一般教育机构来说，自己根据特定教育目标而编制的课程，实施起来就相对容易。第二语言（外语）教学课程，因其一般不涉及政治等敏感问题，一般也属于教育机构可以自行决定的，因此也相对容易实施。当然，在国民教育体系中是否实施某门外语课程则是另外一个层面（语言政策）的问题，这是和政治、文化等问题有直接关系的，例如我国改革开放前主要实施的是俄语课程，之后则以英语为主。

在课程实施的过程中，课程要受到诸多相关因素的影响，会呈现出不同层次上的课程形态，也就是我们在第一章中所看到美国学者古德莱德提出的“理想的课程（即‘预期的课程’）、正式的课程、领悟的课程、运作的课程、经验的课程”等各种课程形态。从理想的课程到经验的课程，即是逐级实施的过程，只有被学习者实际“经验”了的课程才会实现课程的价值。而这种多层级性也恰恰反映了课程这种人类特有的教育手段所具有的复杂性。一套建筑设计要实施起来无疑不会存在如此多的层级，原因很简单，其作用的对象毕竟只是人可以把握、可以操控的物质层面的东西，甚至即使是实施中出现了偏差也还可以及时发现，并加以修改甚至推倒重来。然而教育活动是作用于活生生的人的活动，而人的受教育过程的突出特点是具有隐蔽性，是心智层面的。课程从编制者脑中到教师脑中，再到学生脑中，是一次次的心理作用过程，一般不可能是直接的、忠实的转移，而会发生变形、耗损等现象。我们知道，一句话传到第 10 个人的时候往往就完全走样了，更何况是具有复杂要素和结构的课程，实施过程中的变化就是很自然的了。施良方（1996:35）在谈到认知加工理论对课程的影响时说：“任何课程内容在实施过程中都会发生变化，因为教师和学生都是根据各自长时记忆中已有信息来加工课程内容的。”对于实施过程中的这种变化，不仅需要将其视为一种自然的情况，其实也应该视为“应然”的选择。也就是说，不应该把课程方案看作一种金科玉律一般的僵死的东西，而是要在将课程看作教师和学生之间相互作用的一种具有动态性的媒介的前提下，将课程方案看作实施具体教学行为的可做调整的蓝本。这很像是电影等艺术作品的创作过程，再好的脚本一旦进入实际的创作阶段，总要在导演和演员之间形成各种创造性的互动局面，最终的作品和脚本不一致就是必然的了。所以，一定意义上说，把课程方案比喻成脚本要比建筑设计更贴切些。美国语言课程设计专家 Kathleen Graves(2000/2008:9)就谈到："一旦将设计好的课程应用到学生身上，也就是开始实施课程的时候，就会发现很有必要对原来的课程设计做出改动。我想进一步说明的是，如果事先把一个课程的所有方面都阐述得非常详细，那么这个课程注定要失败，因为这样的课程设计是假设可预测学生的表现。"这是非常有道理的。事实上，虽然对学生的表现不可能是完全没有预测的，如果那样的话也就无设计可言，但这种预测又不可能是完全的，毕竟面对的是人，学生对某一教学设计做出怎样的反应，教师往往只能有个大致的预测。这当中还有一个问题是，对于多人组成的班级来说，预测只能是针对全体学生，而实际教学中，每个学生的反应又是不一样的。在对外汉语教学中常常会遇到的情况是，多数学生能够对老师的教学做出符合预期的反应，而个别学生的反应却是超预期的。这就需要教师具有灵活应变的能力。一名优秀的语言教师就是一名具有高超驾驭课堂能力的"教学艺术家"。对外汉语教学界资深前辈、北京语言大学教授赵淑华①告诉笔者，她从来不留教案，每一批学生的每一次课，她都要特别准备教案。她的基础汉语教学课程无论是在国内还是在国外(如苏联)都广受好评，与她的语言课程观念密不可分，她对课程的实施程度无疑是很高的。

谈到课程实施的问题，一般会认为是对教学过程的认识，这是有道理的，因此课程实施问题并不包括在课程编制各环节中。实际上，在课程领域，对实施问题的关注，并不是着眼于教学过程中对"怎样教"这种方法问题上，而是着

① 赵淑华 1951 年即参加清华大学东欧交换生中国语文专修班的教学工作，详细情况参阅由赵淑华口述、田靓采编《北京语言大学对外汉语教学名师访谈录·赵淑华卷》，北京语言大学出版社，2011 年。

眼于课程进入教学过程中以后的状态，课程在教学过程实现的程度，以及影响课程实现程度的因素。因此，严格说来，课程实施不是课程编制的内容，而是课程编制完成后，对课程进入实施过程的一种观察，其目的一方面是为了更好地了解课程的实施程度，把握课程的实际状况，另一方面是为了课程变革。

一　课程实施问题的重要性

课程编制的目的自然是要使教育教学活动在科学的轨道上运行，因此，课程编制的成果——课程方案进入实施过程后到底是一种怎样的状态，是否以及多大程度上实现了课程编制的目标，这些都是整个课程研究领域中必须重视的问题。课程理论家，也是课程实施问题研究的奠基者富兰和庞弗雷特(M. Fullan & A. Pomfret)将课程实施的研究意义归纳为四个方面：(1)为了了解课程变革的实际。(2)为了理解教育变革失败的原因。(3)为了对学习结果以及影响学习结果的可能的决定因素做出解释。在进行了某种课程改革之后，人们往往会简单地将改革后学习者成绩的变化归因于新的课程计划，但正如张华(2000:335)引用的资料显示的，一项研究估计，学习结果的35%的差异可归因于实施过程的差异，就是说，不同学校或班级的学生即使运用了同一方案，其成绩的差异也有可能达到35%，这是由实施过程的差异所导致的。这一点对于对外汉语教学中的课程研究具有重要的启发价值。随着对不同教学模式探究兴趣的增加，近些年来不断有研究报告介绍新的课程设计的优越性，但往往都不报告具体的课程实施过程，也没有相应的对课程实施过程的观察，比如对用同一方案的不同平行班的对比分析，因此其可信性就大打折扣。(4)为了不至于将课程实施与课程变革过程的其他方面(如课程采用)相混淆。(张华，2000:334—335)

课程实施研究的重要性，表现在对外汉语教学方面，还有一个非常重要的领域，就是对学生语言习得过程的观察和解释。这基本属于上面谈到的第(3)方面的意义，但对于对外汉语教学来说，意义尤为突出。我们知道，第二语言习得过程的影响因素，除了学生自身母语的影响(正负迁移)外，课程是一个重要的影响因素。即便在课程编制中做到了充分考虑语言的、学习者的等多方面的要素，使得课程方案更加科学、更加符合语言习得的规律，但进入了课程实施阶段，就有了很多变数，这些变数都会对课程目标的实现产生影响。比如学生的某些偏误的产生就和课程实施过程中教师的不当讲解有直接关系。这是我们在进行有关学生汉语偏误的研究中时常会感受到的，但因为长期以来对外汉语教学研究中基本没有课程实施方面的研究，因此基本都是一些零星的感觉，缺乏具体的、扎实的研究提供证据。毫无疑问，这种状况不利于深入认识对外汉语教学中课程与学生学习结果之间的关系，也难以对教学（课程）实施过程有准确的把握。

二　课程实施的含义

课程实施（curriculum implementation）是将某项课程计划付诸实践的具体过程。（张华，2000：331）这看起来不应该成为什么问题，然而由于课程这个概念本身就存在众多歧异的认识，在对课程实施的理解上也存在需要厘清的问题。这牵扯到对课程编制的理解。施良方（1996：80）介绍："在西方课程研究领域，虽说大家都在用课程编制一词，但对其的理解也各不相同。主要表现在'课程编制'与'课程设计'的混淆上。"菲利普·泰勒等（1979/1989：37—38）也谈到："'课程编制'同许多教育观念一样，也是一个很不容易确切把握的概念。对它的含义和它所要解决的问题，有着很不一致的看法。"他们所持的折中定义是："课程编制是指那些经过精心计划的活动，通过这些活动，设计出各种学程或教育活动方式，并将它们提供给教育机构中的人们，以此作为进行教育的方案。"显然，他们是把课程编制看作是一种为教育提供课程方案的有计划的活动，是课程实施前的活动，因此不包括课程实施，虽然也重视课程实施，但是把课程实施作为另一阶段来观察的。他们也专章讨论"课程设计"问题，但没有具体定义课程设计，而是重点讨论了目标模式等设计模式，由此可见，他们是把课程设计看作课程编制的方式或者说技术，不存在混淆的问题。施良方（1996：81）把课程编制定义为完成一项课程计划的整个过程，它包括确定课程目标、选择和组织课程内容、实施课程和评价课程等阶段；把课程设计定义为课程所采用的一种特定的组织方式，它主要涉及课程的目标以及课程内

容的选择与组织。其界定图示为(施良方,1996:81):

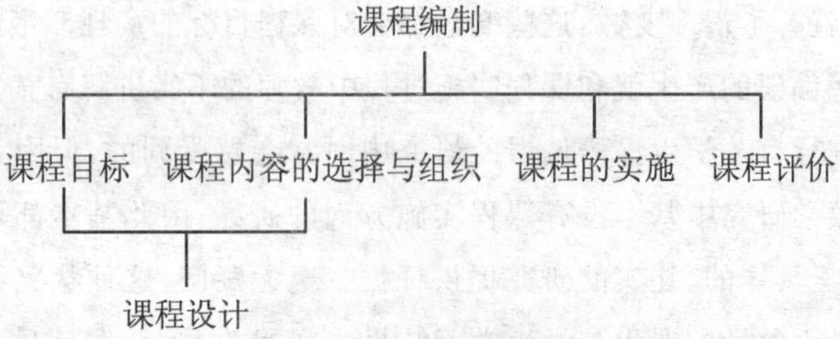

图 6-1 课程编制与课程设计关系图

我们认为这种认识仍然存在将不同阶段的教育任务纠缠一起的问题。将课程编制视为一种动态的过程并不等于要把整个教学过程都包括在内,这实际上是一种"大课程"观念(课程包含教学)的表现,和"大教学"观念(教学包含课程)一样,都是不可取的。泰勒原理没有将课程实施包括在内,就是要明确区分"计划"与"计划的实现"。这就和"电影脚本"与"电影脚本的实际拍摄"的区分具有同样的性质。因此,我们认同菲利普·泰勒等的看法,把课程设计看作课程编制的方法或技术(采用目标模式还是过程模式,或是其他任何模式)。课程实施并不包含于课程编制中,而是课程编制成果——课程方案的运用(实施)过程。课程实施在课程领域的重要性主要表现在将课程实施过程视为一种观察的对象,研究其中存在的规律和各类问题,以此来认识课程、改善课程。所以在本质上,课程实施不能与目标、内容及组织、评价处在同一线性序列中。这是我们认识对外汉语教学课程问题的基本观念,因为我们前面已经表达了课程与教学二分的基本看法。

第二节 课程实施的取向

课程问题的复杂性,很大程度上来源于人们所持的不同的教育哲学观念,这是影响从课程编制到课程实施的关键因素。在课程实施问题上,自然也存在着因不同的教育哲学观念而带来的不同取向。施良方(1996:77)指出:"哲学上对认识过程的看法，也影响到课程实施的问题。如果主张知识来源于感觉或感性材料，那就会强调课程的展开要以直观为原则。”例如夸美纽斯(1632/1985)的课程思想就非常强调直观原则。

一　课程实施的三种取向

课程实施的取向是指对课程实施过程本质的不同认识以及支配这些认识的相应的课程价值观。课程实施的取向集中表现在对课程计划与课程实施过程之关系的不同认识上。(张华，2000：335)根据美国课程学者辛德尔(J. Snyder)等人的归纳，主要有三种取向。(转引自张华，2000，335—344)

(一)忠实取向

忠实取向(fidelity orientation)就是在课程实施中忠实地执行课程计划，具体来说，就是在课程实施过程中完全按照课程目标的描述，将课程内容忠实无误地落实到教学中。衡量课程是否得到了成功的实施，基本标准就是课程实施过程中实现预定的课程计划的程度。基于此种课程实施观的研究，主要集中在两个问题上：测量一项特定的课程革新实现预定的课程计划的程度；确定影响课程实施过程的因素(促进因素或阻碍因素)。这种观念所持的基本方法论是量化研究。

此种观念显然是建立在对课程的传统认识上，即，课程是指体现在学程、教科书、指导用书、教师的教案或课程革新方案中的有计划的内容，与之相应，课程实施就是指教师在实践中执行课程计划或课程方案的过程。持此观念的学者认为，在课程实施前，应对教师进行适当的培训，在课程实施过程中，应对教师的行为进行有效支持与监督。(张华，2000：336—337)

事实上，忠实取向只能是一种理想，完全实现课程设想的情况几乎是不存在的，因此也就有了下面的相互适应取向。

(二)相互适应取向

相互适应(mutual adaptation)理念是由美国课程学者伯曼和麦克劳林(P. Berman & M. McLaughlin)在20世纪70年代中期最先提出的。这种观念认为，课程实施过程是课程计划与班级或学校实践情境在课程目标、内容、方法、组织模式诸方面相互调整、改变与适应的过程，并认为，课程变革过程是一个复杂的、非线性的和不可预知的过程，而决不是一个预期目标和计划的线性演绎的过程。

持此观念者的研究重心不是测量课程实施的程度，而是把握课程实施的具体过程，因此要求更为宽广的方法论，既包括量化研究，也包括质性研究(qualitative research)。(张华，2000:338—341)

(三)课程创生取向

课程创生取向(curriculum enactment orientation)认为，真正的课程是教师与学生联合创造的教育经验，课程实施本质上是在具体教育情境中创生(enact)新的教育经验的过程，既有的课程计划只是供这个经验创生过程选择的工具而已。(张华，2000:341)严格说来，这种取向谈不上是"课程实施"，因为课程进行的过程就是课程创造的过程，也就是说在具体课程进行之前并不存在课程，因此也就谈不上"课程"的"实施"了。正如张华(2000:342)所认为的："这种课程是情境化的、人格化的，因此，课程采用、课程实施的技术化、程序化的特性就被彻底消除了，课程实施再也不是就原初的课程计划'按图索骥'的过程或稍事修改的过程，而是一个真正的创造过程。这使得'课程实施'一词在某种程度上背离了其原初含义。"很显然，这种课程理念虽说具有前卫性，但在一般的学校教育中难以得到广泛的认可。尤其是对于我们所从事的第二语言(外语)教学，这种无课程的课程根本无法保证知识和技能目标的实现，和随意性教学基本无异。

二 我们的认识

对于上述三种取向，究竟该如何认识？总体上说，三种取向各有其课程观念的背景，因此各有其合理性，也各有其问题。忠实取向建立在目标模式基础上，强调的是具体化的、明确化的对目标的落实，尽管这是一种理想化的观念，具体实施中实际难以完全做到忠实，[①]但对于某些注重基本知识和基本技能

① 做不到完全的忠实，并不是这种取向自身的问题，而是课程的本质决定的，其对目标的完全实现的追求并没有错。

的教育类型来说，这种取向无疑是应有的取向，比如第二语言（外语）教学就是如此。相互适应取向决定于强调过程的课程理念，即所谓过程模式，与目标模式的理念是不同的。因此，既然我们认为对于第二语言（外语）教学来说，目标模式最为适合，相应地，在课程实施问题上，尽管我们也承认相互适应取向在一定程度上是符合课程实际的，但还是应该减少实施过程中的过多的“讨价还价”[①]的变化，对既定课程目标和内容做过多的“适应性”调整，那样的话，将有可能造成课程目标和内容的失控，或者是教师教学的随意性，或者是教师过分迁就学生的兴趣等。

虽然说三种取向代表了三种课程理念，具有时间上的先后性，后起的往往都是对之前的批判和否定，这是人类在对主客观世界进行探究的过程中一般的规律，也就是说，认识的发展就是这样在不断的否定中前行的。但也要看到问题的另一面，并不是后起的一定就会取代前面的，前面的就一定成为没有价值的过时的东西。根本还是要看具体的对象、具体的目标。在评价这三种取向时张华（2000:346）认为，从忠实取向到相互适应取向、再到课程创生取向，意味着课程变革从追求“技术理性”到追求“实践理性”，再到追求“解放理性”，体现了课程变革的发展方向。并认为，这种课程变革观体现了时代精神，是未来课程改革的发展方向。对此，我们认为这多少带有主观的、理想的色彩。一方面，从课程历史发展过程看，美国进步主义教育运动的式微说明过于浪漫主义的理想和实际的教育教学有太大的距离，会导致人们对新的观念的抗拒。事实上，20 世纪五六十年在美国兴起的以布鲁纳为代表的结构课程理论（也称学问中心课程），因其忽视教师和学生的实际能力而失败后，代之而起的人本主义课程流派也因为过于强调学生个体的经验而在实践中遭遇困境，因此美国在 20 世纪 70 年代中期，出现席卷全国的“恢复基础”（back to the basics）的教育运动，这个运动强调“恢复完全的、清新的、纯粹的教育环境”（道德纪律）；强调教育的最基本的使命是使学生掌握基本技能与读写算，显示出促

① 张华（2000:338）在介绍相互适应取向出现的背景时，说：“人们发现，课程变革的实施过程与其说是预定模式的径直实现过程，不如说是一种‘讨价还价’过程。”

进“基本的智力训练与学术性学科教学”的倾向。(钟启泉,1989:172—173)这是对过往经验教训的深刻反思的结果。关于所恢复的“基础”的具体含义,布罗丁斯基(B. Brodinsky)罗列如下内容:(1)在初等教育阶段,要把读写算作为重点,学校的大部分时间用于这些技能的掌握及其训练上。(2)在中等教育阶段,要把学校大部分时间用于英语、自然科学、数学、历史等学科的教学上。(3)在一切的学校教育阶段,教师要起主导作用。取缔学生主导的学习活动之类的无益措施。(4)在教学方法上,要包括练习、背诵、日常家庭作业和经常性的实验。(5)成绩报告单采取传统的等第评分法或百分制计分法,经常评定和填发。(6)严格纪律,允许体罚,规定服装和发型。(7)升级和毕业,不凭在校年数,而要依据基础技能知识测验的合格证明。(8)停授华而不实的学科(泥塑、编织、吹笛练习、排球等)。(9)减少选修科目,扩充必修科目。一律取缔教育“革新”(新数学、新科学、教学机器)。(10)取消多余的强加于学校的“社会服务”(其中包括性教育、安全驾驶教育、反毒教育等)。(11)恢复爱国精神的教育(爱乡土、爱上帝等)。(转引自钟启泉,1989:172—173)我们这里详引上述内容,并非全部认同所有的“基础”,有些方面似乎有矫枉过正之嫌,例如“允许体罚”等,只是意在提供一份值得我们思考的资料。美国从 20 世纪初到 70 年代,进行了一次次的教育改革运动,基本都是重基础、重学科的传统教育和重学生个体、重经验的所谓现代教育之间的博弈,最终还是出现了上述的“回归”。这对于我们认识教育的本质及功能具有重要的启发意义,对于今天的对外汉语教学来说,尤其具有重要的启发意义。[①] 迄今在学校教育中对于课程的理解基本仍然是学科意义这一事实就表明,教育(课程)的基本功能还是对人类累积下来的知识的传承,并通过这些知识的教授发展学生全面的技能和能力以及修养,空谈“解放”是没有意义的。另一方面,就具体的各类教育来说,情形又有很多复杂的表现,也不能笼统地做出上述的趋势性的判断。比如

① 受来自不同方面错误信息、观念的影响,上述“基础”中所反对的很多方面今天都在一定程度上存在于对外汉语教学中,很多华而不实的内容、活动冲击了基本语言能力的训练,已经成为严重影响对外汉语教学质量和水平的重要问题,因此我们认为,回归到第二语言(外语)教学应有的重基础、重技能的道路上来是当务之急。

第二语言(外语)教学这种教育类型,其基本的功能就是使不具有外语能力的学生(多为成年人)通过教育教学活动获得这种能力,如何来谈"人的解放"呢?所以在我们看来,或许对于第二语言(外语)教学来说,到任何时候都要基于语言学习的基本规律,在课程实施的取向上走忠实实施的路子,至多选择相互适应的取向,而不可能是创生性取向。

第三节　课程实施的影响因素

按照一定的教育目标编制的课程,假定课程本身是完善的,但进入实施过程后能否实现课程目标,还取决于很多相关因素。

一　教　师

课程无论以怎样的方式编制,或者以怎样的状态呈现,都要由教师具体落实到实际的课堂教学中,这就是课程的具体实施过程,也就决定了课程实施的程度和质量主要决定于教师。

教师对课程的态度是影响课程实施的关键因素。也就是说,不管一门课程是否由教师参与编制,他对课程本身的态度和认识决定了课程实施的情况。例如一位教师在教授某门课程时,时常感觉该课程存在某些需要改进的问题,如果教学主管者与教师共同达成了变革该课程的共识,在教师参与下共同完成该课程的新的课程计划,解决了存在的问题,那么该教师一般会以十分积极的态度将新的课程计划落到实处。即使该教师并没有参与到新课程计划的编制过程中,如果他提出的变革课程的意见得到采纳,他也会以积极的态度去实施新的课程计划。这就是"需要和适切性"(need and relevance),指的就是课程实施者所意识到的需要。课程实施者对课程变革的需要越大,课程实施的程度也就越大。这主要是从课程变革的角度所认识的课程实施。根据张华(2000:353)的资料,麦克劳林在"兰德课程变革动因研究"中指出,学校机构对课程变革的接受性是成功的课程实施的必要条件而非充分条件,具体实施课程计划的教师对课程变革的需要才是关键。课程政策制定者和其他教育行政人员所认为的教师的需要与教师实际感觉到的需要往往是不一致的。因此，为了提高课程实施的程度，就需要教师充分理解与接受课程变革的主旨，并将这种理解与接受化为自己的内在需要。事实上，即使不是出于变革课程的目的，当教师面对一门新的课程时，他对课程的理解（包括该课程的目标、内容以及整个课程对学生的价值等）和认同程度也是影响其实施课程的程度和质量的关键因素，他理解得越好，认同度越高，实施的程度也就越高。这一点在对外汉语教学课程实践中不乏其例。一个教师在不认同某门课程编制者的计划时，往往就会自行调整课程内容及其组织，甚至是目标。比如我们曾经提到，北京语言大学一位教授中级汉语的教师并不认同这门课程定位为综合语言知识和技能培养的性质，因此将该课程的目标描述为汉语阅读能力的培养，这反映在该教师90年代发表的一篇文章中。从这篇文章就可以推知，他对这门课程的实施程度是比较低的。这难免会使教学主管人员产生该教师偏离课程目标的认识，但也只能接受这样的课程现实，毕竟教师是具体课程的实施者。在教师因素方面，课程实施研究者还提出了教师"效能感"（sense of efficacy）的概念，是指教师对成功地实施课程变革计划的自信心和相应的态度，这种自信心和态度是建立在一定的知识、技能和能力的基础上的。很显然，教师的"效能感"是支配课程实施的重要的内部动机，它不是由奖励等外部诱因引起的，而是基于课程实施这项专业活动本身而产生的驱力。（张华，2000：357）

教师能否较高程度地实施课程，除了上面说的认识和态度外，还取决于教师自身的条件。如果一门新课程对教师的要求过高，即便教师具有很好的"效能感"，教师自身的条件难以达到该课程要求的标准，课程实施的程度也不会很高。不可否认的一个事实是，人们有时会对自身的能力缺乏准确的认识，或者认识过低，导致不自信，或者认识过高，导致盲目自信。这两种情况都会对课程实施产生影响。对后者来说，如果自身条件达不到课程所要求的，即使是勉力为之，可能也难以完全实现课程计划。这对于课程编制或变革也提出了一个重要的问题，如何使课程编制和变革与教师的实际实现有机地结合，既不能标准过低，影响教师的主动性和积极性，又不能过高，超过教师的实际，这需要把握一个合适的尺度。最典型的例子,也是教训,就是美国 20 世纪五六十年代进行的影响广泛的“学科结构课程”(也称学问中心课程)改革的失败。关于失败的原因,钟启泉(1989:3)谈到:“究其原因,不能归咎于教育现代化方向的过错,问题在于改革的主要推进者只是专业的科学家。他们未得到教学第一线教师的理解与合作,因而教师不适应新教材,教学方法也未能相应地跟着改变。”其实这里没有谈到的是编制这种学科结构课程的科学家在目标定位上超乎实际,即把学生从小就作为小学者、小科学家来培养,这种“高标准”是教师难以合作的重要原因,因此这类课程也就难逃失败的命运。菲利普·泰勒等(1979/1989:67)谈到的一个英国的例子也是不合教师实际导致课程实施失败:“60 年代中期设计的‘纳菲尔德初级自然科学方案(Nuffield Junior Science)’,也是注重于展示给学生科学过程的那些原理,从而吸引学生参与科学活动,并通过鼓励学生进行细心观察、记录、分类、做出假设和进行实验来促进学生的发展。但这个方案过早夭折了,原因是对教师要求过高。”

教师因素除了教师个人的上述方面以外,教师与教师之间是否具有融洽、信任、支持、合作的良好氛围,也是影响课程实施的重要因素。尤其是对于一门每位教师都要参与实施的课程来说,这种氛围就是至关重要的了。张华(2000:357)指出:“这一点已被众多研究所证实。”这在下面要谈到的“中级汉语”课的实例中也得到了证实。

为保证教师对课程的有效实施,一方面需要在课程变革过程中重视教师的地位和作用,应使教师参与到课程变革的过程中,增强其对课程变革的认知;另一方面还需要通过各种形式(培训、自我反思等)保证教师处于良好的发展状态,以增强其课程实施的能力。毫无疑问,教师的业务能力越强,课程实施的能力也就越强。

二 教育主政者

课程实施程度如何,很重要的一个影响因素是教育主政者如何对待课程变革。简单地说,教育主政者越是支持,课程实施的程度也就越大。张华(2000:356)介绍了霍德和霍尔(S. M. Hord & G. E. Hall)对校长在课程实施中的三种不同风格的概括：(1)反应者(responders)。该领导风格将教师视为专业人员，认为校长的主要作用在于维持学校的正常运作，校长是民主的，教师和其他工作人员应当有参与学校决策的机会。(2)管理者(managers)。该领导风格认为，校长的职能是以管理为核心的，其作用在于有效管理教师、学生以及学校的日常事务，忠实地实施国家或学区的课程变革计划。(3)发动者(initiators)。该领导风格认为，校长应有自己的教育价值观、教育理想、教育信念，校长是在这种价值观指引下的课程变革的发动者，应具有教育创新意识，能够与教师、学生一起不断创生新的课程，对国家、学区发动的课程变革，也应创造性地实施，为此应制定清晰、果断而长远的教育政策与目标。霍德和霍尔认为，校长的领导形象如果能由“反应者”发展至“发动者”，课程变革与实施的效率便会大大提高。这当然是一种理想的状况，但事实上如果校长能够很好地做到一个具有民主作风的“反应者”，充分尊重教师的专业性，赋予教师足够的课程变革的自由和创造的空间，这种主政者就会为课程实施提供良好的保证，这也许是更为现实的期待。

结合对外汉语教学实际看，对于多数的教学机构来说，特别是大学来说，校长一般不会具体去管课程问题，直接相关者往往是学院(系)一级的主政者，甚至是教研室主任一级。主政者是否在课程问题上具有民主作风，直接影响课程实施的程度。我们时常会听到教师们的抱怨，比如在不征求教师意见的情况下，主政者就对课程进行调整，或者在没有教师广泛参与的情况下，就对课程进行变革，引起教师的反感和抵触，这种课程变革虽然可以靠强力推行，但没有教师的配合，实施的情况不会是理想的。当然，相反的情况也是存在的。例如笔者见证了当年(20世纪90年代末)北京语言文化大学汉语学院“中级汉语”这门课程及其教材(即后来影响广泛的《桥梁》)的变革过程。整个过程完全是在整个中级汉语教研室教师的参与下集体完成的，无论是系还是教研室，主政者都充分地发挥教师的主动性与创造性。虽然对这门课程并不是做大的变革，而是进行一定程度的完善，但在整个过程中，因为教师有充分的自由去实验，因此无论是课程本身还是教材的完成，都得到了全体教师的积极配合，这是《桥梁》这部教材得以成功的重要因素。毫无疑问，在课程问题上，一个民主的环境是重要的，也是必需的。

三　学　生

编制好的课程进入实施过程，能否以及多大程度得以实施，还取决于课程的作用对象——学生。以布鲁纳为代表的“学问中心课程”20世纪六七十年代兴起于美国，并很快宣告失败，很重要的原因除了上面谈到的教师因素外，就是所确定的目标以及伴随确定的内容及其组织等超越了学生的实际能力，忽视了学习心理特点。所谓该课程改革运动的失败实质上就是课程实施的失败。关于失败的原因，钟启泉(1989:153)还谈到：“它(指学问中心课程——引注)在学科内容编制上，导致了高度的理论性与抽象性，致使许多学生理解不了，造成了‘在过早的时期，过急地教授过多的内容’的现象。同时，教学中的严格的发现－探究的学术训练，非但不能激发学生对学科的兴趣，反而会引起他们的嫌恶和恐怖。”这些既是导致失败的原因，也是随后出现的人本主义课程观念着力批判的理由。这其实从反面提供了一个课程编制的实例。我们前面各章谈到，课程编制中无论是目标的确定还是内容的选择及组织都要遵循学生的学习心理，而学问中心课程恰恰在这一点上未能遵循这个原则。

学生影响课程实施的因素不难理解。在对外汉语教学中，很多教师都会有这样的感受，同样一门课程，实施到不同班次的学生，就要做相应的各种调整，得到的教学感受也有差别。比如如果一个班的学生总体都是性格内向的，某些教学设计就难以实施。这当然是属于教学层面的问题，但也与课程实施有密切的联系。尽管我们在编制课程时已经对学生进行包括需求在内的各种研究，但编制出来的“预期的课程”进入实施环节，还是会遇到各种“变数”，学生会对课程内容做出怎样的反应，有的可以预期，有的则是难以预期的。这就是人的教育活动的复杂性。因此也提示我们，实施中的课程一定是动态的，需要教师既以“预期的课程”为基础，又要根据学生的反应做灵活的调整。这应该是课程实施中的一个基本原则。

四 环境等条件

就一般教育中的课程来说，除了上述课程系统本身的相关因素外，影响课程实施的还有政府层面的因素，也就是说，学校的课程变革与政府的需要越一致，就越有可能得到政府的支持，课程实施的程度也就越有可能更高。这很容易理解，一般教育往往和政府的需要具有一定的关联性，在涉及“培养什么人”的问题上，政府总是要给予很高的关注度。对于一般教育的这些方面我们不必过多地讨论。我们重视的是第二语言(外语)教学课程实施的环境等条件的影响因素。

对于第二语言(外语)教学来说，一项课程变革能否得到很好的实施，非常重要的因素是该课程的实施环境。比如某一课程计划是建立在更多的对目标语环境的利用的基础上的，那么这种课程的实施就需要在目标语环境中进行，否则，再好的课程计划也是难以真正得到实施的。这也是第二语言(外语)教学课程实施所具有的不同于一般教育的重要特点。

第二语言(外语)教学课程实施得如何，与软硬件条件也是有关系的。所谓软件条件，前面所谈的教师、教师之间的关系、主政者的民主作风等都是；而所谓硬件条件，则是指包括设备等在内的条件。良好的设备条件无疑会对课程实施提供基本的保证。随着多媒体技术等现代教育技术手段在对外汉语教学中的广泛应用，课程实施有了更好的辅助手段的条件保证，如能妥当利用，会在相当程度上提高课程实施的效力。

思考题

1.课程实施与课程编制之间是怎样的关系？

2.结合对不同层次课程含义的理解，谈谈课程实施的复杂性。

3.对于三种课程实施的取向，你有怎样的看法？

4.影响课程实施的因素有哪些？除了本书谈到的因素以外，你认为还有其他哪些因素会影响课程实施？

第七章　对外汉语教学课程评价

教育教学活动是一种目标驱动的理性活动，其存在本身就内含了一个基本预期：人可以经由教育教学活动达到理想的状态（知识的、技能的、情感意志的等）。这种预期既是目标又是标准。因此从目标设定伊始，就预示了在教育教学过程完成时要依标准进行效果（结果）评定，这便是教学（课程）评价要完成的任务。可以说，不存在不关涉评价的教育，自然也就不存在没有评价的课程。而由于人们对教育教学活动的认识是复杂的、多元的，因此课程评价问题也呈现出认识的多元性。本章在对课程编制的目标、内容及其组织以及实施等方面认识的基础上，结合对外汉语教学实际对评价的目的、含义、取向、方法等问题进行讨论。

第一节　概　说

人们做任何事情恐怕都不会只重过程不管结果，或者只管做而不关心做得如何，这就是人类活动十分突出的一个特点：总要有一个标准、一个目标。学写汉字，总要努力把汉字写得准确，写得好看，写得迅速；学说汉语，也总要把话说得准确，说得流利。于是，“准确”“好看”“流利”一类的词语就成为语言中基本的评价性语汇。评价也就很自然成为一种在人类各种社会活动中普遍存在的现象。

教育教学活动是对人（学生）施加影响，从而改变人的行为（思维、情感等）

的人类活动，具有显著的目的性。没有不试图改变人的教育，自然也就不存在没有目的、目标的教育。因此，无论是否有明确的理论意识，教育者总会在内心中设定一定的标准和目标。当教师对学生做出进步了或者没有进步的评价时，其实都是以其内心的标准和目标为参照的。

应该说，自从人类开始了有意识的教育教学活动，也就有评价伴随。尽管我们今天所能了解的有关先人如何进行教育评价的信息极为有限，[①]但可以推想，不管用什么方法，对教育教学活动的效果一定是有评价的。

随着对课程有了理论上的认识，课程评价也就逐渐成为课程研究中的一个重要组成部分。在课程领域，泰勒之前的课程编制是不包括课程评价的。比如博比特在《怎样编制课程》中提出的课程编制框架：对人类经验的分析；工作分析；推导出目标；选择目标；制订详细计划。（瞿葆奎、施良方，1994）其中并未涉及评价。这并不是说博比特的课程思想中不包含评价的部分，因为他对目标的强调本身就包含着评价，只是课程编制框架中没有评价的位置而已。1934 年发表的《成绩测试的编制》使泰勒被称为当代教育评价之父。但此时泰勒还没有形成其系统的课程编制思想，他的评价思想还是在教育评价的大范围内，还没有与课程编制的整个系统融合在一起，成为其中的一个部分，因此还不能说是严格意义的课程评价。到 1949 年出版《课程与教学的基本原理》，评价才真正融入课程编制的系统之中，成为该系统不可或缺的有机组成部分。泰勒 1971 年谈到他的原理时说，他在“八年研究”[②]中形成的课程原理，与拉格的构思很相似，[③]但他对这三个方面做了系统化、理论化的工作，并增添了评价阶段，“把评价的结果作为不断修订课程的基础”。（瞿葆奎、施良

① 根据以色列课程论专家利维（A. Lewy）对评价课程的考察，在他所说的古典的考试型时期，教师主要以口头提问的形式检查是否已理解所学知识，并记住一些重要部分。（参见张华 2000：382）

② “八年研究”是教育学史上的著名事件。20 世纪二三十年代经济大萧条席卷美国，带来严重的教育及社会问题。美国进步教育协会发起著名的“八年研究”项目（1934—1942）。参与该项目的除了专业研究人员外，还有全美 300 所大学、学院以及选择出来的 30 所中学。“‘八年研究’不仅对美国大学入学要求和中学课程产生了深远的影响，同时由于它指出了教育目标、课程设计和评价过程之间存在密切的联系，既孕育了教育评价领域，又为现代课程理论奠定了基础。”（瞿葆奎、施良方，1994）

③ 拉格是和泰勒处于同时代的课程学者，他提出的框架是：确定基本的目标；选择活动和其他教学材料；发现最有效的教材组织方式。（瞿葆奎、施良方，1994）

方,1994)这当中蕴含着课程编制是个动态过程的思想。钟启泉(1989:1)谈到:“传统的课程是分别以各自学校的所有年级的各科时间表的形式表现的。但是,现在所用的‘课程’这个词,不但指这种外部轮廓,指教学的内容——教材的划分与构成,而且还包括了计划化的教学活动的组织乃至评价在内。”照此观点,评价是对“课程”含义范围扩大的结果。实际上到了泰勒这里,才明确地将评价作为课程编制全过程的有机组成部分,与其他三个步骤构成了具有逻辑联系的系统。在泰勒看来,评价必须建立在清晰地陈述目标的基础上,而且是课程编制中的一个不可或缺的环节。(瞿葆奎、施良方,1994)反过来,在确定目标时也要考虑能否得到有效的评价,无法有效评价的目标也必定是无法真正实现的。泰勒将评价整合进课程编制的全过程,与他参与著名的“八年研究”有直接的关系,他负责的评价组被教师们认为是对课程最有指导作用的,[①]这也从实践层面证明评价对于课程编制的意义。泰勒(1949/1979)在谈到“八年研究”的成果时说:“人们普遍接受用教育评价来代替测验。‘八年研究’提醒教育工作者,教师在教一门课时,通常都寻求达到若干个教育目标,单凭一个测验分数是不能客观地概括教学结果的。通过使用问卷、观察、产品样本和测验,都可以评定学生在每个主要目标上进展的情况。这已成了一种普遍的评价观。”[②]在他之后,评价作为课程编制的重要一环就成为课程领域的基本共识。不管是泰勒还是教育目标分类学的代表人物布卢姆,都十分强调目标的具体化、明确化,这同样是从便于评价和反馈的角度考虑的。布卢姆的教育目标分类学强调,制定教育目标是为了便于客观地评价,而不是表述理想的愿望。事实上,只有具体的、外显的行为目标,才是可测量的。用一个公式表示,就是“目标 = 行为 = 评价技术 = 测验问题”。瞿葆奎、施良方(1994)认为泰勒原理一个最大的贡献,是把评价引入课程编制过程,它指出了目标制定、

---

① 泰勒自己后来回忆到,八年研究期间,在1936年的一次会议上,30所实验学校校长普遍反映,评价组对他们的指导和帮助比课程组更大些,因为泰勒制定的评价原理在实践中起了指导的作用,而课程组则没有提供类似的原理。(瞿葆奎、施良方,1994)

② 需要注意的是,泰勒这里虽然用了“教育评价”概念,但主要还是着眼于学生通过课程发生的各种变化,只是强调不同于纸笔测验的单一功能,这和他之后的扩大了的“教育评价”概念是有区别的。

课程内容安排、教学组织方式与结果评价之间不可分割的联系。钟启泉(1989:299)指出:“晚近教育目标论的研究是同课程理论、评价理论交织在一起的。”关于目标与课程及评价的关系,钟启泉(1989:201—202)进一步谈到:“关于教育目标与课程的关系问题,最后可以归结为如何进行教育评价,去确认业已确定了的目标是否实现的问题。目标只要具有选择内容的侧面和变革行为的侧面,评价也就得从这两个方面进行:一是评价作为内容所选择的事实、技能、知识,学生是否实际地掌握了;二是确认,教育目标既然是要在学生的行为中引起所期望的变化,那么这种行为变化是否在学生身上产生了。”

我们之所以在这里详细重点介绍泰勒的思想以及之后由其学生布卢姆发展出来的教育目标分类学,是因为以泰勒等人所代表的课程编制目标模式是迄今有着广泛影响,并且在实践上最具有可操作性,能够对教学全过程有清楚把握的一种模式,它对第二语言(外语)教学这个特定的教育类型具有更显著的适用性,这一点我们前面几次强调过。因此,本书在思考对外汉语教学课程评价时主要以目标模式为基本理论,我们认为这是符合对外汉语教学以知识与技能为主要教育目标的实际的。也许有人会认为这过于保守,因为课程领域早已经发展出其他在他们看来“更先进”的模式,但我们认为,至少在这个问题上,不存在最完美的模式,只存在更适合的模式,要根据不同的教育类型、教育目标选择最适合的模式。

我们再具体看看对外汉语教学领域有关课程评价的情况。对外汉语教学由于一直没有把课程作为一个相对独立的领域,没有将课程编制看作像泰勒原理所呈现的具有循环性的动态过程,因此,对课程评价的认识一般来说仅仅是学期中间的期中考试和学期终了的期末考试,这些都是成绩测试,并且主要的目的是考查学生对所教内容的掌握情况,和泰勒原理的评价目的并不完全一致。起码在人们表述出来的意图上和泰勒原理是不一致的。课程测试只是课程评价的一个内容,到底课程测试的目的是什么?李杨(1993)对语言教学中的课程测试的认识是:“语言教学中的课程测试是对学生所学课程学业成绩的检查,也是对教师所教课程教学效果的评估。它受制于教学本身,直接反作用于教学实际。”虽然她指出了学生评价和课程评价两个方面的作用,但其认识是将测试外在于课程，而非作为整个课程内部结构的有机组成部分来认识，没有在结果和目标之间建立起关联。类似的认识在其他学者的论述中也有表现。比如邱军(1997)在谈到基础汉语阶段课程测试时认为“任何考试的最终目的都是对被试进行比较、区分、筛选、淘汰”，这一说法用在课程测试上恐怕是有问题的。就课程评价的基本目的说，并不是要对学生进行横向的比较，看谁比谁好，要筛选谁，淘汰谁，因为课程测试不是选拔性测试，而是要对学生学习起点和最终实现的结果之间的差距做出判定，也就是说要看学生自身目标实现的情况，这才是课程测试最根本的目的。

除了对学生的评价外，对外汉语教学课程评价的另一内容就是对教师及所教课程的评价，采取的形式一是听课督导制度，二是学生完成的问卷评分。这些措施出发点是为了监督、督促教师，以保证教学质量，这些从管理的角度无疑是有其必要的，然而这与课程评价的目的和本质要求还是有不小的距离。因为上述措施主要并不是将评价置于课程从目标、内容到实施的全过程，着眼于对课程本身的改进和完善，以及确定影响目标实现的因素，而主要是对教师的职业态度、水平等做出评定，因此是管理视角的。

一　课程评价的目的和意义

课程评价主要是对课程目标实现情况的检验，就像是对一件产品最初设计的性能，最后要进行性能的检验。泰勒认为评价的目的是全面地检验学习经验在实际上是否起作用，并指导教师去引起所期望的那种结果。（瞿葆奎、施良方，1994）这是对课程评价最本质作用的认识，是其课程原理的内在逻辑的体现。我们后面会谈到，随着对课程评价概念外延的扩大，课程评价的作用面也就被扩大了，目的也就多样化了，这在本质上反映的是课程观念的多元。斯坦豪斯(1989:126)谈到了课堂教学评价的重要性，他说：“如果我们打算测量一项课程建议，我们必须找到一些监督课堂的办法以说明这门课程的效果，实际上这不是一件容易的任务，特别是涉及许多课堂时。而且，测量上课时课程的效果并不考虑评价实行该课程计划的困难程度的可能性，而这一点对评价是极为重要的。”他谈的是课堂教学的评价问题，实际上就整个课程评价来说也是一样，虽然困难，但是非常重要。没有对课程效果的评价，就无法准确把握课程的状态，自然也无法认识课程的价值及改进的方向。

概括说来，课程评价的主要目的包括以下几个方面。

（一）确定课程目标实现的程度

这是课程评价的首要目的。道理很简单，作为教育手段，课程的价值就是为了实现某种教育目的和目标。课程所涉及的一切活动，从目标的确定到内容的选择及组织，再到具体的课程实施，都是为了达到一定的教育目的和目标。正如前面所说，没有无目的的教育，因此，关注课程实现的情况就是非常自然的事情，而要确定课程目标实现的程度，就需要依靠某些方式的评价。具体来说，课程作用的对象是学生，因此所谓的确定课程目标的实现，就是对学生通过课程发生了怎样的行为（思维、情感等）变化的评价和判定。

（二）确定课程是否存在需要改进的问题

课程的根本价值是实现教育目的和目标。课程本身作为一种手段，存在是否能够满足目的目标实现需要的问题，即存在课程质量高下的问题。因为说到底课程是由人来从事的一种活动，就免不了问题的存在。从这个意义上说，完美的课程也是不存在的。而要确定课程到底存在怎样的有待改进的甚至是完全改变的问题，只有通过一定的方法对课程进行诊断，评价的作用就在于此。科德（1979/1983:351）在谈到语言课程时说："无论改进现有的课程或设计新的课程，我们都必须有一种手段来评价我们的各种计划及其执行的情况，也就是有一种检查我们活动的方法。换句话说，我们需要关于我们工作成绩的源源不绝的信息或反馈。"着眼点显然是在对课程本身或者教学活动本身，目的是改善课程（教学）。

（三）比较不同课程的相对价值

在一定的教育类型中，往往设置不同的课程共同去实现由具体目标构成的总的教育目标（如对外汉语教学中的汉语言专业本科教育）。那么到底每门课程对目标实现的贡献度怎样，也是需要通过课程评价来加以判定的。尤其是在进行课程变革的过程中，需要进行课程实验，在实验课与"对照课"之间要建立起对比的关联，这就需要运用评价的相关手段和技术来确定二者之间的相对价值。如果得出的结论是实验课更有利于目标的实现,新课就会代替旧课。因此,评价是否科学、准确会对整个课程变革产生决定性影响。

总体上看,课程评价往往都是和决策产生某种联系,为决策提供依据。课程学者劳顿(1978)就认为“课程评价总是要和决策联系在一起”。这里说的决策包括三个方面的含义:关于课程改革的决策——什么教材和教法使人满意,哪些需要改革;关于学生个人方面的决策——在拟订每个学生学习计划时,确定他需要些什么,在进行选修课程和分班分组时,判断他的学习成绩,使其了解自己的进步情况和存在的缺点;关于学校行政规程的决策——判断学校制度的良好程度,判断每个教师的良好程度等。(钟启泉,1989:349)劳顿是着眼于决策从不同侧面来看课程评价的,事实上无论是对课程本身的评价还是对学生、学校、教师的评价,归根结底都是为了最根本的目的——如何使课程更好地实现教育目的和目标,也就是如何有利于教育对象——学生的成长。如果说这些决策存在某种内在的逻辑,其中学生方面的决策无疑是核心,因为对学习者的评价是课程评价中最为根本的评价,一切的评价最终目的还是为了学生,为了使在学生身上发生的教育变化更符合目标的要求。这有一个着眼点的问题。按照泰勒的评价思想,其着眼点显然在学生身上,而其后的不少评价观则发生了着眼点的变化,即偏于课程本身甚至整个教育。比如张华(2000:372)就认为课程与教学评价的根本目标“在于保证课程开发与教学设计的合理性”。我们认为在评价问题上还是应当保持整个课程问题的内在逻辑性,也就是说,无论是目标的确定还是内容的选择和组织,直至评价,都要从最核心的问题——使学生发生怎样的变化来考虑,这样可以很好地保持学理上的清晰性。

二　课程评价的含义

课程评价的核心问题主要有两个,一是评价什么,二是怎么评价。评价什么的问题直接取决于对评价本质含义的认识。

(一)课程评价等于教育评价吗?

从我们所看到的有关文献来看,如同课程一样,评价也存在“泛化”的问题，即把课程评价等同于教育评价，一切与教育有关的评价都包括在内。例如钟启泉(1989:357—358)介绍的"着眼于教学的评价"观念，首先认为课程是由三个层级组成：同教学直接相关的因素——诸如教学目标(包括课时目标、单元目标、学科目标，以及认知目标、非认知目标)、教学方法、教学方式、教育媒体、课时表、年度教学计划、课外活动等；同教学间接相关的因素——学校的研究课题、教学设备、教学组织等；构成教学之基础的因素——教师集体的风气、钻研精神、人际关系，学校领导班子在行政管理上和教学的"设计—实施—评价"上的指导作用，社区中心校示范作用，社区和家长的期待，社区的文化和传统等。基于此，该课程评价观认为，课程评价的对象就是这三层的各自的子项及三层之间的相互关系和一贯性。另外，教学的结果使学生产生了哪些变化，也必须从五个侧面——知识、思维能力、表象、情意、技能——加以评价。很明显，这种评价观几乎包括了教育所涉及的所有方面，是教育评价。施良方(1996:149)看来是区分教育评价和课程评价的："教育评价，尤其是课程评价，作为一个独立的研究领域得到系统研究，则是20世纪以后的事情了。"

这个问题与对课程含义的认识有直接关联。有些学者在讨论课程问题时有意无意地将课程"泛化"为教育，包括"隐性课程"也是课程含义扩大化的结果。然而事实上，课程作为教育教学活动的核心，是客观存在的，这也是得到较为广泛承认的事实。因此，"课程评价"这一概念还是要在确定"课程"的边界的前提下使用，而不宜做泛化的运用。

(二)不同含义的课程评价

正如课程一样，课程评价这个概念的含义也是非常复杂的，不同学者在使用这个概念时所指往往不同。菲利普·泰勒等(1989:95)指出："遗憾的是，迄今为止，课程评价领域还未从这样的困难中摆脱出来。这是因为人们对课程评价一直持有不同的观点，各自所主张的评价模式是不一样的。"钟启泉(1989:348)也指出："评价这一概念本身含有复杂而广泛的意义。而且，由于以课程的计划、实施、评价的全过程为对象，其评价因素多样而复杂，所以，课程评价的概念不能说是明确的。"他认为可以将课程评价解释为"依据课程实施的可能性、有效性及其教育价值，可以做出价值判断的'论据的收集与提供’”。他的这些认识已经是“非学生视角”的教育评价的评价观了。美国教育评价标准联合委员会(Joint Committee on Standards for Educational Evaluation)给“评价”下的定义是:对某一对象(方案、设计或者内容)的价值或优点所做的系统探查。(转引自张华,2000:372)显然,这也是对整个教育评价的界定,而不是一种课程评价的界定。因此,我们还是要强调,在课程评价问题上,需要很明确地区分教育评价和课程评价,这对于课程这个对象来说是非常重要的。尤其是对于第二语言(外语)教学这类教育目标比较具体的教育类型,将评价集中于课程本身,特别是集中于对学生达到课程目标程度的评定上,更具有实际的意义,因此我们认同下面要谈到的泰勒的评价观。

在评价什么的问题上,不同学者的认识有所不同。评价学生是肯定的,也是主要的,那么是否也包括评价教师?评价目标?内容及其组织?与博比特同时代的查特斯对其课程编制模式的描述是:“首先必须制定目标,然后选择课程内容,在选择过程中,必须始终根据目标对课程内容进行评价。”(转引自瞿葆奎、施良方,1994)。显然,他的评价限于对课程内容的评价,和后来泰勒的评价对象不同。

1.泰勒的课程评价观。

泰勒课程原理中要回答的最后一个问题是:我们怎样才能确定这些目标正在得到实现?(泰勒,1949/1994)这就是课程评价要回答的问题,与前面三个问题(学校应该达到哪些教育目标、提供哪些教育经验才能实现这些教育目标、怎样才能有效地组织这些教育经验)存在紧密的逻辑联系。

在泰勒的课程编制框架中,评价位于最后一个环节,这容易给人一种错觉,即四个环节是一种线性的先后关系。例如有人就认为,泰勒原理是直线式的,如果评价结果不符合预期目标时,不能实现反馈,以重新编制课程。但事实上,泰勒十分强调目标与评价的关系。在泰勒看来,目标是评价的准则,目标的界说是评价的最初阶段。泰勒在谈到整个课程编制工作时就用了“计划环”的说法,他说:“事实上,尽管前面讨论过的那些步骤已经为学校日常工作提供了各种方案,但它们还没有完成计划环(planning cycle),因为评价也是课程编制过程中的一个重要的操作步骤。”这基本上反映出他是把整个课程编制视为环形结构，但对这种关系表达得最清楚的还是惠勒的圆周式表达（参见图4－2），而布卢姆的教育目标分类学则是把目标和评价完全结合在一起。（瞿葆奎、施良方，1994）布卢姆（1956/1986：4）在谈到目标分类的作用时说："一旦教师和测验者把要测量的目标进行了分类，那么他们对评价问题的研究，就只涉及测量这些目标的问题。"这里关键的问题是对测量的理解。按照泰勒的主张，评价并不限于纸笔测验，而是包括问卷、观察、交谈、样品收集、记录分析等，这些都是评价的形式。

在泰勒看来，评价并不是仅在课程编制最后一个阶段才进行。他认为在确定目标、选择和组织课程内容这些步骤中"已经对学习经验做了初步的评价"，"我们可以把这些步骤看作是评价的中介阶段或初期阶段"。但他也认为，"这并不是课程与教学想要的学习经验的一种适当的评价"，因为这些初步的评价只是一些一般原理层面的准则，同时计划实施过程中存在很多不同的变量，因此需要"较全面地检核提供这些学习经验的方案实际上是否起作用，以指导教师去引起那种所期望的结果。这既是评价的目的，也是在制订计划以后，为什么需要一个评价过程的理由"。可见，他还是十分强调课程计划实施之后起着对计划效果加以检验的评价的作用，初步的评价并不是严格意义的评价。他由此进一步明确指出：

> 评价是查明已形成和已组织的学习经验，在实际上带来多少预期结果的过程；同时，评价过程总是包括着鉴别计划的长处和短处。这有助于检核已组织和已编制的教学计划的基本假设的效度；同时也检核了特定的手段——也就是教师和用于实施教学计划的其他条件——的有效性。评价的结果能够使人们注意到课程的哪些方面是有效的，哪些方面是有待改进的。

这段话把课程评价的几个方面的作用说得很清楚了，既包括对学生的评价，也包括对课程本身的评价。

泰勒的评价观是建立在教学对学生行为变化的影响上。既然着眼的是"变化"，就有个起点和终点，因此评价就需要对这两点都要关注。他下面的话清晰地阐述了这一思想：

由于教育目标实质上是指人的行为变化，也就是说，力求达到的目标是要使学生行为方式产生所期望的某种变化，因此，评价是一个确定实际发生的行为变化的程度的过程。

评价这个概念有两个重要的方面。第一，它寓意评价必须评估学生的行为，因为教育所追求的正是这些行为的变化。第二，它寓意评价在任何时候都必须包括一种以上的评估，因为要了解变化是否已经发生，必须先在早期做出一次评估，再在后期做出几次评估，从而才有可能确定所发生的变化。根据这个理由，我们不能仅仅根据在教学计划结束时对学生的测验来评价这个计划。不知道学生是从什么地方起步的，就不可能知道他们究竟发生了多大的变化。

我们曾经说过，有人将泰勒的课程思想基础看作行为主义的，但他的“行为”还包括了思维、情感等方面，而他对行为的这一界定显然基本包括了教育所能施加的各种影响。由此来看他上面的评价观，无疑具有非常明确也非常清楚的内涵。他还特别强调了多次评价的理由和必要性。他甚至认为还有必要进行学生毕业后的追踪评价，以掌握学习效果持久或消失的证据。[①] 这都是很有价值的认识。

基于对教育目标多样性的认识，泰勒十分强调多渠道、多形式的评价证据的搜集，反对仅以纸笔测验形式搜集证据：

有许多途径可获取有关行为变化的证据，而且当我们考虑评价时，我们并不是指任何一种，甚至任何两三种特定的评估方法。无论在学校或学院，能获取教育目标所指的各种行为的有效证据的任何途径，都是一种恰当的评价方法。

这表明，泰勒的评价观中核心很明确，即学生行为的变化，但方法却是开放的，任何有益于提供证据的方法都是恰当的。这也是泰勒在教育评价领域的最大贡献，即完成了从“测验”到“评价”的转换。由此看来，有些人一想到学

① 我们在第二章介绍的20世纪60年代初对外汉语教学界对汉语预科生进行的两次调查就是一种追踪式的评价。根据我们的了解，之后未再进行类似的调查。

习效果的评价就想到测试，显然是过于狭隘了，也难于准确判定实际的教育效果。这对于第二语言（外语）教学来说具有重要指导意义。

根据斯坦豪斯(1989:124—132)提供的资料，信奉泰勒评价思想的大有人在。例如威特罗克(1970)认为，评价的本质是“……弄清通过教学产生的学生的行为变化。它开始于规定学生学习行为目标，然后测量向这些目标靠近的行为的变化”。韦利(1970)的评价定义是：“评价的构成包括收集和使用学生行为变化的资料，做出有关教学计划的决策。”

2.其他的课程评价观。

泰勒的评价思想与其后的评价观念主要的不同在于有关价值判断问题，以及与“客观性”“科学性”等关联的所谓“人文性”问题。前面我们看到，泰勒的评价集中在对学生行为变化程度的评定上，是“价值无涉”的。而其后的评价观念则是随着对课程含义的扩展而发生转变，尤其是20世纪60年代后所谓社会批判课程理论兴起以后，课程评价领域的许多学者认为课程是关涉价值判断的。张华(2000:372)在谈到这个问题时说：“有‘课程评价之父’之美誉的泰勒把课程与教学评价看作是对课程与教学目标实际达成程度的描述，而其后的评价专家们则大多认为评价还应是做出价值判断的过程。”例如菲利普·泰勒等(1979/1989:10)就指出“课程评价所要解决的主要是通过测量或价值判断（或二者结合）的过程，对课程做出评定的问题”，显然已经包含了价值判断的内容，其影响主要来自于课程领域思潮的变化。菲利普·泰勒等(1979/1989:11)谈到：“近年来，人们开始强调价值观（value）在评价中的中心地位。价值观已渗入到课程目的和目标的确立过程中，渗透到为实现这些目的和目标所提出的手段中，也渗透到对于可能采用的测量过程所做的解释中。”对于这种被美国课程专家古巴和林肯（E. G. Guba & Y. S. Lincoln）称作“判断时期”的课程观念的特点，张华(2000:386)表述为：把评价视为价值判断的过程，评价不只是根据预定目标对结果的描述，预定目标本身也需要进行价值判断；既然目标并非评价的固定不变的铁的标准，那么评价就应当走出预定目标的限制，过程本身的价值也应当是评价的有机构成。在“判断时期”之后的所谓“建构时期”一些学者则试图突破之前的以实验或心理测量为主的传统，采用文化人类学的研究范式，进行以质性研究为主要方法论的新的评价研究。这一点下面会介绍。

第二节　课程评价的取向与类型

如同很多学术领域存在科学还是非科学的不同认识，在课程评价领域，也存在基于不同哲学观念的认识，主要表现在科学主义和人文主义之争上，具体也就体现为两种截然不同的课程评价取向和模式。菲利普·泰勒等（1979/1989：107）认为："如果说在课程评价问题上存在着一种占中心地位的争论，那就是'定量'和'定性'之争、测量和价值判断之争。"实际上，强调"定量"与"测量"即是主张科学主义，而强调"定性"与"价值判断"即是主张人文主义。

由于人们在看待评价问题时着重的侧面不同，因此也自然形成不同类型的评价，这里主要介绍三种类型：形成性评价、总结性评价、诊断性评价。

一　取　向

（一）科学取向

19世纪中叶，心理学作为一门独立的学科从哲学中分立出来，这时产生了各种"成就测验""态度量表"和"兴趣记录表"，人们开始用它们来测量教育的效果。（菲利普·泰勒等，1979/1989：96）这往往被看作是教育学作为"科学"的重要标志，由此也发展出教育测量学这门重要的教育学分支学科。

菲利普·泰勒等（1979/1989：96）谈到，作为"科学"的测量，有如下基本要求：测量过程必须是客观的，必须不受观察者自身因素的影响；必须对所要研究的各种现象的影响因素严格地进行控制，用来解释测量结果的变量的数目必须是已知的和有限的；测量过程必须具有"可重复性"或"可仿拟性"，亦即必须使其他科学工作者能够在同样条件下得出同样的结果。他们接着谈到了"科学的"课程评价的一条基本的原则：先确定教育目标，然后再给这些目标下一个"可操作的"（或者毋宁说是"行为"的）定义。

显然，他们谈到的“科学的”课程评价，就是我们上面介绍的泰勒及其学生布卢姆等人所主张的课程评价思想。布卢姆等之所以要使教育目标具体化、明确化，就是为了评价的可操作性。菲利普·泰勒等(1979/1989:98)也说到：“‘科学的’课程评价所依靠的主要手段在于对教育目标做详细的说明。”这一点在我们前面对泰勒和布卢姆等人关于目标的确定和描述中已经有所认识。从目标模式出现，就一直没有停止对它的批评，但奇怪的是，连一些批评者自己也是批归批，还是一定程度上认同目标驱动的课程思想。例如菲利普·泰勒等(1979/1989:58)就提到：“目标模式的两个主要批评者(指斯坦豪斯和艾斯纳——引注)甚至也承认，行为目标还是有一定作用的，尽管这种作用十分有限。”比如斯坦豪斯就认为，目标模式对训练过程和教学过程都是合适的。存在这种看似奇怪的现象，恐怕非常重要的原因就在于这种模式是最有可操作性的，能够比较好地对教育的效果做出判断。从所见文献看，不管对目标模式有怎样的批评，有两点是肯定的，一是迄今还是有许多学者在理论和实践上坚持目标模式，二是在看到目标模式问题的同时也都承认该模式对某些类型的教育(如知识与技能)具有适用性。这也是本书认为第二语言(外语)教学应采用目标模式的主要原因。进一步说，要使对外汉语教学课程评价真正科学化，就应以目标模式为基础。

我们知道，在对外汉语教学领域，自从由北京语言学院(今北京语言大学)研制的汉语水平考试(HSK)于20世纪90年代初正式推出，标志着对外汉语教学评价走上了科学化的道路，有了科学测量对外汉语教学效果的评价工具。包括HSK在内的语言测试研究已经成为融合了语言学、教育测量学等学科的交叉性学科领域，是对外汉语教学学科的有机组成部分。

(二)人文取向

人文评价取向始于对价值判断的重视，到古巴和林肯称之为“第四代评价”(fourth generation evaluation)的建构时期达到顶峰。其一致的特点都是反对追求基于价值中立思想的包括“客观性”“科学性”“实证性”等在内的课程评价观念，具体说就是反对以泰勒等的目标模式为代表的评价观念。谈到主张人文取向的课程评价观，菲利普·泰勒等(1979/1989:104)说：“这些人更为关心对师生之间的各种相互作用的过程进行定性研究，而不大关心对课程目标的实现情况进行定量研究。”由斯太克(也译为斯特克)提出并由古巴和林肯发展的“应答式评价”模型就代表了这一观念。关于这种评价模型，斯太克认为，如果一个评价，它牺牲某些测量上的准确性以换取对评价听取人的有用性，它更关心方案的活动而不是方案的内容，它更注意反映与方案有关的各方面人的意志而不仅是一部分人的意志，那么，这种评价就是应答式评价。(钟启泉，1989:355) 斯太克还认为，传统的评价模式难以反映课程方案本身的合理程度、变化、学生在目标之外的感受，各方面人士对目标、课程实施等方面的不同观点。他还指出，评价的意义在于服务，为了使评价有利于服务对象，评价者就应该首先关注服务对象关注的问题、兴趣和焦点。(张华，2000:390)斯太克的这些认识显然具有“人文性”，强调对课程中包括学生在内的人的感受、兴趣等，这被看作是具有时代精神和民主意识的评价观念。比如张华(2000:391)评论：“第四代评价旗帜鲜明地突出了评价中的价值问题，从而突破了评价领域长期以来所寻求的‘客观性’‘科学性’，使评价的理念发生了质的飞跃”，“它所倡导的‘协商’式的‘共同心理建构’，实质上是尊重每一个个体的主体性，并在此前提下寻求共识的达成，这反映了一种深刻的民主意识，极富时代精神”。这种评价观念无疑是前面我们谈到的课程“概念重建”“社会批判”等教育哲学思想在评价领域的表现，恐怕现在就加以热情称赏还为时过早。

我们曾经谈到过美国在20世纪前六七十年走过的一段弯路，在学问中心课程之后兴起的人文主义课程后来被否定(参见第六章)，以至于有些矫枉过正，就是由于其相当程度上背离了教育的本质，造成学生基本知识、基本技能的缺失。而我们知道，评价一定意义上是教育的“指挥棒”，如果在评价方面过于强调所谓的“人文性”，则非常容易重蹈覆辙。在这个问题上，我们坚持认为，不能一味追求所谓的时代精神，还是要尊重教育的本质和一般规律，“客观性”“科学性”不应被削弱，而应大力加强。具体在第二语言(外语)教学领域，我们重申此前的认识，为了切实达到语言知识和技能上的培养目标，目标模式是最为适合的模式。那么在评价观念上，同样要以目标模式的评价思想为基础，也即主张科学的评价取向。

二 类 型

(一)总结性评价

总结性评价(summative evaluation)是与形成性评价相对而言的,是美国课程评价专家斯克瑞文于1967年做出的评价类型划分。它是在课程开发或课程实施完成之后进行的评价,主要目的在于搜集资料,对课程计划的成效做出整体判断,作为推广采用或不同课程计划之间比较的依据。(张华,2000:396)一般来说,人们在谈到评价时,主要强调的还是这种着眼于"结果""效果"的评价,往往忽视对于产生最终结果的过程中出现的各种影响结果的证据的认识,因此下面说的过程性评价就有了重要的意义。

事实上,我们在上面对泰勒评价思想的介绍中已经了解到,他并不是只注重结果的,而是强调多次评价,既有对学生起点的评价,也包括对终点的评价和后续(毕业后)状态的追踪评价。

(二)过程性评价

过程性评价(也叫形成性评价,formative evaluation)是在课程开发或实施尚处于发展或完善阶段所进行的评价,其主要目的是搜集课程开发或实施过程中各个局部的优缺点的资料,作为进一步修订和完善的依据。(张华,2000:396)这一认识显然是将课程编制(开发)视为一个动态发展的过程的必然结果。它主要也是着眼于课程本身,而不是学生行为变化的过程。然而实际上,对于学生行为的变化过程的评价同样是非常重要的,这一点在教育实践中已经引起较高的重视。

(三)诊断性评价

诊断性评价(diagnostic evaluation)在布卢姆的评价体系中是作为确定学生目标起点的手段来使用的,具体说就是在课程计划或教学活动开始之前,对需要或准备状态的一种评价,目的在于使计划或活动的安排具有针对性。我们前面谈到,泰勒就十分强调对学生学习起点的评价,在布卢姆这里得到了系统化的认识,即把初始阶段的诊断性评价作为后续阶段的一个必有的环节。其实诊断性评价今天已经不限于对学生初始阶段的评价,而扩展到终点阶段。

例如语言测试中，无论是水平测试还是成绩测试，原来只是报告成绩或分数，而这些成绩和分数对考生（学生）来说无法提供具体的评价信息，比如哪方面的能力提高了，考生（学生）无法了解。随着诊断性评价观念的引入，评价所起到的作用更显著了。目前这方面的评价在对外汉语教学中还没有得到很好的施行，应该是努力的方向。

第三节　课程评价的程序与方法

除了上面主要说到的“评价什么”的问题，“怎么评价”就是课程评价中另一个重要的也是基本的问题。其实上面说到的科学取向和人文取向两种评价观，也包含着评价方法上的分野。即前者主张“定量”“测量”方法，后者主张“定性”“价值判断”方法。我们这里单列一节讨论程序和方法问题，主要是想从具体的可操作的方法层面来认识课程评价，以对对外汉语教学课程评价的推进有所裨益。

一　程　序

（一）抽样

前面谈到，泰勒的评价思想中包含着的一个重要内容就是，以一切可以利用的手段和方法获取学生行为发生变化的证据，据此评价学生行为变化的程度。我们可以概括为“方法开放观”。而无论是传统的纸笔测验，还是其他方法，都只能是一种抽样判断，即不可能也不必要对全部的课程内容进行证据搜集。关于这个问题，他（1949/1979：133）指出：

> 为了对学生的写作能力做出某种估计，我们并不要收集学生的所有书面作业。我们知道，通过考察某个学生作文的适量样本，就有可能判断这个学生的一般写作能力。相应地，就学生的知识来说，我们并不要求学生回答教育中涉及的所有事实、原理和概念等方面的问题，而是选择其中的样本来问他。我们根据他对这个样本的反应，就可以推断出他对自己

知识中所涉及的所有项目可能会怎样反应。这种方法，适用于所有类型的人类行为、态度、兴趣、理智技能的鉴赏，等等。

这一思想无疑有其道理，但在具体实践中还是存在一些需要研究的问题。比如到底样本多少为适宜？太少，肯定会影响评价的效度。从语言水平测试的情况看，试卷长度和测验效度之间是相关的，这里我们不展开讨论，只是强调上面的抽样思想还不足够。

(二)目标界说

泰勒认为，评价过程中首要的是"需要得到每一个主要教育目标所隐含的每一种行为的证据"。假如目标还没有清楚地界说，他认为就要先对课程目标进行界说，然后进行评价，"对目标的界说是评价中的一个重要的步骤"。这也是我们在对课程目标的讨论中特别强调的一点，即准确、清晰的目标描述。

(三)情境创设

目标界说清楚之后，泰勒(1949/1994)强调，需要做的"是要确定使学生有机会表现教育目标所隐含的那种行为的情境。我们要知道学生是否已经获得某种行为的唯一途径，是给学生以表现这种行为的机会"。他概括出一条简单的原则："任何评价情境，都是那种使学生有机会表现我们想要评估的那类行为的情境。"比如我们要知道学习者的汉语口语能力，就要提供一种对话或者独白的表达情境，其他同理。

黄政杰在《课程设计》(台湾东华书局，1991)中将泰勒所代表的目标评价模式概括为七个步骤：建立目的和目标；把目标分成较细的类目；以行为名词表述目标，这一步还包括界定和修订所使用的行为名词；确定能表现目标达成程度的具体场景；选择和发展评价所使用的测量技术；搜集有关学生表现的资料；将搜集到的资料与行为目标进行比较。(转引自张华，2000：407)这七个步骤全面反映了泰勒的评价程序和方法，有很好的参考价值。

二 方 法

实际上，前面说的程序中已经包含了方法的内容，前面的有关部分也涉及了评价方法问题，比如泰勒强调的多种评价证据的搜集方法。这里要强调的是，不同的评价观、评价模型，方法也是不一样的。像泰勒等主张“科学的”评价，其程序和方法就如上面所示，无论是证据的搜集还是测量技术的运用都是突出“客观性”和“科学性”的，而像斯太克等主张“人文的”评价，则是另外的一套程序和方法。为便于比较，这里介绍一下斯太克等的“应答式评价”的程序和方法：评价者与一切跟评价对象（如教育方案）有关的人接触，获取他们对评价对象的看法；根据获取的信息，确定评价范围；评价者亲自对方案的实施做实地观察；通过观察，评价者对方案所希望达到的目标和实际上取得的成果进行比较；评价者对评价应回答的问题进行理论上的修正；在此基础上评价者设计评价方案；根据不同的要求，选择不同的收集信息的方法；对收集来的资料进行加工处理；将处理过的信息按需要回答的问题分类；把分类评价结果写成正式报告并分发给各有关人员；在分类评价报告的基础上对方案做出全面判断。（钟启泉，1989：356）

上述程序和方法具有显著的“人文性”，体现的是所谓“第四代评价”的基本特征，注重的是质性方法，基于统计的测量方法不被采用，和前面介绍的泰勒等的定量方法形成鲜明的对比。客观地说，这种评价方法对于某些教育目标是有适用性的，也就是那些涉及态度的、情感的等难以量化的教育目标。但对于语言知识和技能一类的目标，实践证明，“科学的”评价方法更具有评价的有效性。这在“托福”“雅思”“HSK”等标准化的语言测试的实际效用上已经得到了很好的表现。对此，我们想再次强调，由于教育教学活动本身的复杂性，需要依据不同的教育类型和教育目标，选择最适合的模型和方法。

思考题

1. 什么是课程评价？课程评价和教育评价是怎样的关系？

2. 对于课程评价的两大取向，你有怎样的认识？

3. 按照课程评价理论的标准，对外汉语教学课程评价存在怎样的问题？应该如何改进？

第八章　对外汉语教学课程研究

课程既然是人类教育教学活动中的一种客观存在，就有了对其进行理性认识的需要。自从“课程”这一概念提出，并且课程作为一个研究领域被教育学者重视以来，课程研究已经成为教育学研究领域的一个几乎最为重要的组成部分，无论是在理论探究还是在实践研究上，成果可谓蔚为大观。然而这并不意味着诸如课程的本质及含义等重要的理论问题都已经得到了很好的解决，研究的空间仍然十分广阔。而作为诸多教育活动中的一种，对外汉语教学的课程研究又是一种怎样的历史和现实？存在着哪些问题？当下以及未来又有哪些研究任务？本章就是要在对课程研究领域的若干重要问题进行讨论的基础上，试图回答这些问题，以促进对外汉语教学的课程研究。

第一节　概　说

一　课程研究的独立性问题

正像我们在前面各章所了解到的那样，课程问题十分复杂。从研究的角度看，在诸如课程的本质、课程与教学的关系等基本问题上迄今仍然是众说纷纭。施良方(1996:240)指出：“到目前为止，对于课程理论是否有了自己独特的研究领域，是否能够与其他学科研究领域彻底揖别，仍未在课程专家之间达成一致。例如，麦克唐纳(J. B. Macdonald)认为，课程理论还处于形成阶段，我们还没有普遍公认的、明确的准则可以把课程理论与其他教育理论区分开来。言下之意,我们现在还没有课程理论。而克利巴特(H. Kliebard)认为,我们确实已经有了课程理论。而且这些课程理论已经在课程实践中起着指导作用。"事实上这种状况在很多学科领域都不同程度地存在。比如就连对外汉语教学到底是不是一门独立的学科,迄今也不能说已经完全没有分歧。

然而,无论是否认为课程理论已经成为一个独立的学科领域,作为教育活动中的一个特定的门类,或者作为一种现实存在,恐怕是不存疑义的。谁都无法否认,教育教学活动须在实施实际的以课堂教学为主要形式的教学行为之前,确定要实现的目标,选择符合目标的教学内容,并对内容加以合理的组织,还要对目标的实现情况进行评价。这一系列"教育事件"无论在前科学时期还是在科学时期,都在人类从事教育教学活动中客观地发生着。而这一系列"教育事件"的结果就体现为实际存在于教育教学过程中的"课程"。既然它是一种客观存在,就有其作为一个特定的研究对象,从而进行科学意义上的研究的必要。因此,我们认同施良方(1996:260)的主张:"照我们看来,随着课程理论的发展和科学发展的分化,课程理论和教学理论区分开来已呈不可遏制之势。而要有所区分,就应各自有自己的研究领域,这是一个前提性、根本性的问题。"依据西方课程论者的认识,他认为:"我们认同课程理论与教学理论的目的－手段关系论,两者从哲学上讲是内容与形式的关系。"他进一步明确主张:"课程理论与教学理论是教育学科中两门并列的学科。课程理论不是隶属于教学理论的分支学科,我们可以从对教学过程的分析中看出这一点。教师的教,学生的学,以及作为教师的教与学生的学的中介的课程,是整个教学过程中的三个最基本的要素。教育目标和培养目标是通过所设置的课程而进入教学过程的,教育目的或目标本身并不是教学过程的一个要素。课程是教育目的和培养目标的基本体现;教学则是以课程为依据而展开的。作为教与学的内容,课程是教与学活动的中介,并制约着教与学的方法。"这是我们目前所见对课程与教学关系阐述得最为清楚的一段论述,也是本书所认同的一种认识。本书正是基于这种认识,在泰勒所总结和概括的课程编制四大环节的框架内来讨论对外汉语教学课程理论和实践问题,是我们认识对外汉语教学课程论基本内容的一次尝试。需要说明的是,尽管我们总体按照课程与教学二分的认识来构建本书结构，但由于迄今教育理论界毕竟仍然存在对课程与教学关系的各种分歧，并且事实上课程与教学之间也的确不存在截然的界限，目的和手段二者本身就是相互关联的，例如在进行课程内容组织的时候就必然要考虑教学实施的可行性问题，因此我们又将课程实施问题单列一章做了讨论，这也算是一种缓冲和调和。但我们对课程实施的讨论主要也是着眼于课程，而不是着眼于教学，也即不对诸如选择什么教学法、怎样设计教案、怎样组织课堂教学等具体教学实施过程中的问题进行讨论，我们认为这些都是教学论需要解决的问题。

此外，从迄今为止国际教育学领域的实际研究状况看，以"课程"为主题的研究浩如烟海。仅以 W.F.派纳等(1994/2003)的皇皇上千页、130 万字巨著《理解课程——历史与当代课程话语研究导论》[①]所详细梳理的文献看，我们无法不承认，课程研究已经具有独立的学科地位。派纳所列出的课程领域专业杂志就有《课程研究》(*Curriculum Inquiry*)、《课程研究杂志》(*Journal of Curriculum Studies*)、《课程展望》(*Curriculum Perspectives*)、《课程理论化杂志》(*Journal of Curriculum Theorizing*)[②]、《课程与督导杂志》(*Journal of Curriculum Supervision*)等。再看课程领域的国际学术组织，根据派纳在该书中译本序中提供的信息，课程研究的国际合作已经展开，名为"国际课程研究促进协会"(International Association for Advancement of Curriculum Studies,IAACS)的组织已于 2001 年 11 月正式成立。从课程学者队伍看，谈到他们在写作这部巨著时为避免文献的遗漏所做的努力，派纳说："为了补偿，我于 1987 年给 200 个著名课程学者写了信，要求他们复印其论文，以防止遗漏那些不在我们所考察的杂志上发表的课程文献。"由此可以推知，研究者的

① 译者张华对该书评价甚高，在其译者前言中说："如果说拉尔夫·泰勒(Ralph Tyler)1949 年出版的《课程与教学的基本原理》(*Basic Principles of Curriculum and Instruction*)是传统课程领域的'圣经'，那么 46 年后，派纳等人所出版的《理解课程》则是当代课程领域的'圣经'。在课程论发展史上，这两本书是只可超越不可跨越的经典之作。"该书的确是一部全面反映课程领域历史和现实全貌的鸿篇巨制，具有重要的价值，但和泰勒的著作相比毕竟不是同一类作品。前者基本属于课程理论发展史性质，后者则属于系统阐述课程原理的基础理论性质。

② 派纳注明该杂志已经更名为《JCT：课程研究的跨学科杂志》(*JCT：An Interdisciplinary Journal of Curriculum Studies*)。

队伍也是很大的。上述事实显然足以证明，课程研究已经成为自立于教育学中的一个独立的分支学科。

英国著名课程论学者斯坦豪斯(1989:3)论及课程研究时指出:“课程编制基于课程研究，并是课程研究的应用分支，其目标是通过改进教与学来改善学校，其特有的主张是各种理论应用到实践中一试身手，而实践应受理论的指引，课程研究本身就是对理论和实践相分离的一种抨击。”这一认识清楚地说明了课程研究与课程编制之间的紧密联系。前者提供理论基础，后者加以实践检验，同时，课程编制实践反过来为课程理论研究贡献课题，二者形成互动、互促的基本关系。如果套用各种“学”的表述，前者可以称为“理论课程学”，后者则可称为“应用课程学”。

一般教育学中课程研究的独立性看来已无可怀疑。那么作为一种教育类型，第二语言(外语)教学中，课程也同样有理由作为一个独立的研究领域，与教学论并立为两大教学理论的分支学科。并且由于此种教育类型具有鲜明的自身特点(如弱意识形态性[①])，因此，更有必要成为整个课程研究领域中具有一定特殊性的分支领域。对外汉语教学则又因为汉语自身具有的特点，在目标、内容及组织、评价等方面又具有了一定的特殊性，因此在一般教育学课程理论的指导下独立地进行对外汉语教学课程研究不仅是必要的，而且是对外汉语教学学科建设的题中应有之义。

二　课程研究的目的

课程既然是一种教育活动中的客观存在，也就自然成为教育研究的一个有机组成部分。但要更好地开展课程研究，也需要明确课程研究的目的。菲利普·泰勒等(1979/1989:15—16)谈了三个方面的目的，把课程研究的目的

① 社会批判课程理论代表人物、美国威斯康星大学课程论教授阿普尔(M. W. Apple)在其1979年的著作《意识形态与课程》中认为，课程总是浸透着该社会的统治阶级的意识形态的，把课程内容视为“价值中立”的东西，是荒谬绝伦的。(参见钟启泉，1989:241)这种认识的激进性是显而易见的。我们无法想象数学、物理等学科课程会带有意识形态性，是非价值中立的。第二语言(外语)课程即使因为包含了一定的文化内容而带有了一定的意识形态性，也应当承认是比较弱的。

说得很清楚了。

第一,由于课程在教育过程中居于中心地位,因而我们应当尽可能了解课程功能和课程的产生过程。研究课程的重要目的是了解课程,正如同我们研究语言、研究语言教学,一个重要目的是为了了解语言及语言教学,这是人类几乎一切科学活动的初始动机。毫无疑问,课程就像语言一样是一种客观存在,不管出于何种教育观念,迄今恐怕还没有人否认这一点。既然如此,也就有了理性认识这一客观存在的必要。我们今天能够说出关于语言的很多知识,正是由于人类在很早的时候就开始了对语言是什么、语言有什么功能、语言如何构成等问题的探究。我们今天也能说出一些关于课程的知识,也有赖于数百年来学者们对课程的探究。

第二,改进学校课程的愿望能够通过对课程编制和计划过程的研究而得到实际的支持。认识课程是第一步,将认识的成果加以应用,以解决实践中的问题,这也是很多科学领域的一般情形。我们同样以语言为例,由于先贤们的贡献,实现了对语言的描写,知道了语音是由元音、辅音等构成的,也知道了名词、动词等范畴,还知道了句法构造,因此,语言教学也才真正得以实现。我们在前面已经看到,17世纪的夸美纽斯这位教育学奠基人在语言教学方面贡献了许多有价值的思想,即建立在对语言的描写基础上。同样,学校课程的改善也对课程研究提出了应用上的要求。对外汉语教学要想在课程建设方面真正有所突破,就必须真正把课程作为独立的对象(而非依附于教学)来加以研究。

第三,通过更加清楚地认识课程的产生和起作用的过程,通过更详细地了解影响课程实施的各种因素,人们就能够更好地控制课程的效果。前面对课程实施的讨论中提到,课程进入实施过程后,有很多因素都在影响着课程实施的程度和效果。只有对课程从产生到起作用的全过程有了清楚的认识,我们才能对如何使课程真正发挥作用有所把握。这方面在对外汉语教学中任务尤其紧迫,我们几乎还不能对对外汉语教学课程实施过程中的问题说出什么有价值的话来。

由于人们对课程的认识千差万别,自然对课程研究的目的和意义的认识也会各有不同,但上述三个方面无疑是课程研究最为基本的目的。

三　课程研究的范围

课程研究涉及的问题很多，从课程的本质（即课程是什么）到课程的编制与设计，再到课程的实施、课程的评价等。按照派纳等（1994/2003）的说法，课程研究早已进入到了课程的理解的时代，课程已经被放在了更加广泛的视域中加以认识，诸如政治的、种族的、性别的、现象学的、后现代的、自传的等。菲利普·泰勒等（1979/1989：120—121）将课程研究归纳为七大研究领域：课程编制、计划和设计过程；课程编制的结果；从预期的课程向实施的课程的转化；实施的课程；学校课程的结果、已获得的课程经验的成果；课程系统各部分的目标与成就之间的关系；课程系统与社会经济系统、政治系统和技术系统之间的关系。如果我们把派纳等人的研究考虑进来，显然要超过这个范围。不管范围有多大，总体上看，就是两个大的方面，一是课程理论的研究，二是课程实践的研究。关于课程理论的研究，菲利普·泰勒等（1979/1989：110—111）指出："课程理论所要研究的问题是：课程的规定、课程的描述和解释。"并将课程理论研究分为"规定的"课程理论和"科学的"课程理论。前者的主要任务是：对教什么、如何组织教材、如何分配时间、如何选择适当的教学方法以及使用哪种合适的教学器材等这样一些问题进行指导。他们把拉尔夫·泰勒的课程理论视为"规定的"课程理论。关于"科学的"课程理论，他们（1979/1989：113—119）首先讨论了科学理论的特点：科学理论提供某种关于现实的结构和模式，这种结构或模式是建立在对现实世界现象的领悟基础上的；建立在对经验现象的理解基础上的科学理论，也适用于对证实这些现象的事实和证据进行搜集和整理，它使我们能够对物质世界的认识系统化；它通常是可以被修正的。以这些特点来看课程研究，他们认为："同具有严密的可测性和预见性的自然科学理论相比，'科学的'课程理论的建立尚处于发展的初期。它还是描述性的，并且只有很低的预言能力。"在谈到"科学的"课程理论的可检验性时，他们认为在下面的意义上"科学的"课程理论是可检验的：

> 它对课程现象所做的描述和对课程系统所做的解释，在不同程度上可被公认为有助于更好地理解这个系统中有关人员的行为，或者有助于

更好地理解所采用的课程实物的特点，或者有助于更好地理解该系统各要素之间的相互作用和相互联系的性质。

很显然，菲利普·泰勒等对课程理论研究的上述认识是极富启发性的，尤其是将课程理论研究置于自然科学理论研究的框架下加以认识，这就使得课程理论研究具有了更高的标准，对课程现象的认识也才有可能更加深入。

第二节 对外汉语教学课程研究的现状与问题

一 现 状

在第二章，我们对对外汉语教学中的课程发展历史做了较为全面的描述，更多地是着眼于课程实体、课程实践，即“有过什么”“做了什么”。这里我们侧重在学术层面，重点看看在历史和现实中，学者们对于课程这样一个“现实存在”做了哪些理性思考，即将课程作为一个特定对象所做的理论视角的观察。

总体看，对外汉语教学作为一个学科领域，仍处于建设和发展过程中，学科的理论建设之路仍很漫长。这从下列事实可以看出：一是学科名称仍不确定。“对外汉语教学”“汉语作为第二语言教学”“国际汉语教学”“汉语国际教育”等，在今天的各类表述中并存使用着，反映着使用不同名称者的不同立场和观念。而名称的不确定，反映的是学科的对象、范围等是不确定的，辖域不明。二是学科归属不清。按学界内部多数人的看法，应属于作为二级学科的“语言学及应用语言学”，但目前专业硕士学位类却被归入教育学中。

对外汉语教学学科整体尚且是这样一种状态，导致的自然而然的结果是，课程研究充其量只是一种课程实践的研究，谈不上课程理论的研究，[①]也就是说，还没有像教育学领域那样将课程作为一个独立的研究领域，以课程为对象进行理性的学理层面的探究。目前看，第二语言习得研究、语言测试研究、现代教育技术等获得了相对独立的研究领域的“资格”，体现在学科组织层面，可

① 如果按照菲利普·泰勒等提出的“科学的”课程理论的标准，就更是差之千里。

以作为一个研究方向了。课程研究在整个对外汉语教学学科架构中还不是一个相对独立的领域，而是和教学混在一起。这种状况和下面要谈到的研究现状有直接的关系。

(一)课程理论的研究

对外汉语教学领域，课程理论一直没有受到重视，或者更彻底地说，在对外汉语教学领域从来就没有课程理论。按照上述对课程理论研究的认识，甚至可以说，我们尚无严格意义的课程理论研究。欧用生(1984:116)在谈到台湾的课程研究现状时，认为存在着实践导向的特征，“都在适应实际教学的需要，因此偏于教学原理、教学方法的探讨，而少涉及于课程理论的分析。……这对于实际的教学当然有极大的贡献，但如只停留于实际问题的探讨，将阻碍一门学术的发展。”他对台湾课程研究进一步总结：“就研究目的言，多属社会改良的、实践指向的研究，缺少确立课程理论的努力；就研究方式言，多属技术性的，头痛医头、脚痛医脚之研究，缺少系统的、统整的研究；就研究方法言，多属历史的、比较的探讨，都是叙述的研究，缺少解释的课程研究方法论的探讨；就研究内容言，多属课程实际问题或课程行政的检讨，而忽视课程实质或教材内容的分析。”这些方面的问题表现同样存在于对外汉语教学的课程研究中。这有多方面的原因。其中之一是，长期预备教育的现实要求使得人们更多地关注教学路子(模式)和教学方法。尽管自20世纪80年代以来，总体设计思想的提出为系统的教学组织提供了基础，但更多地还是在笼统的概念层面，没有基于教育学的理论(尤其是课程理论)进行具体的课程理论的研究。以至于今天在一些基本概念上我们还是模糊不清的，比如“总体设计”属于教育学里面的哪一个范畴，是教学规划还是教学设计，和课程又是什么关系，等等。课程问题在任何一个教育体系中，总是居于中心的地位。(钟启泉，1989)然而我们从对外汉语教学这一个具体的教育体系中，似乎看不到课程这种中心的地位。人们更多地是关注“怎么教”这一教学法问题，至多现在开始重视“怎么学”的习得问题，而对于非常关键的“教什么”这一课程内容的问题，并没有足够的重视。于是我们在从课程角度看对外汉语教学研究时，难以看到教育学中课程研究所经常讨论的主题，看到的一般是某某教育类型中的课程设置问题、某类或某门课程的设计问题等，基本在“设什么课”“如何教一门课”的“事”的层面上讨论，而很少能够见到“理”的层面的分析。

上述情况是课程研究的总的表现，当然并不能因此就说在对外汉语教学中根本就没有过对课程进行的一定程度的理论探究，虽然多是包括在教学理论的阐述中，也要承认其课程研究的价值，在这个问题上，需要客观地认识研究的状况。

1. 吕必松对总体设计的探究。

经过近30年的发展，到20世纪70年代末80年代初，对外汉语教学从基于实践的经验阶段进入基于理性的学科建设阶段。吕必松(1983)将第二语言教学的全部活动分成总体设计、教材编写、课堂教学(包括有计划、有组织的课外语言实践活动)和测试四大环节。在此基础上，吕必松在1986年发表了《谈谈对外汉语教学的总体设计》一文，之后又于1991年发表了《再论对外汉语教学的总体设计》一文，比较全面阐述了他对总体设计的认识。此外，他还在其他相关文章中从不同侧面阐述其总体设计的看法。他的四大环节的提法以及总体设计的思想得到了比较普遍的认同，成为迄今对外汉语教学理论和实践中的一个重要内容。

我们关注的是，吕必松的上述认识和课程理论有怎样的关系。首先看四大环节。正如他所表述的“全部活动”表明的，这四大环节是整个教学从开始到结束的四件要做的主要事情，并不是着眼于一项教育的内在学理的逻辑，因为其中还包括了其他一些影响“事情”的因素。比如他(1991)在论述总体设计要做的工作时说：

在进入具体的教学活动之前，必须首先做好以下几项工作：

(1)对跟教学有关的各种内外因素进行全面分析。这里所说的内外因素，包括教学对象、执教者、教学内容的特点、教学设施和设备、国家的语言文字政策和有关的教育政策，以及可能筹集到的经费等。

(2)对各种可能的教学措施进行综合考虑。所谓各种可能的教学措施，包括编班、确定教育目标和教学原则、划分教学阶段、设计课程、编写或选择教材、规定考试制度和考试方法以及教师配备、教学设备的利用等。

(3)对各种可能的教学方案进行最佳选择。……

很显然，他所说的总体设计是在“做事”的意义上的总体规划，而不是纯粹从教育教学自身内在逻辑的角度从学理上入手所进行的教学设计。比如，我们看到，他所说的“设计课程”是与教学对象、教学内容、教育目标、教材等课程要素分离开来的，那么他的“设计课程”恐怕就只剩下了“想想该开哪些课程”这一种含义了。① 从事业和学科的角度看，可以明显地看出，他的思想的表述无疑是属于事业意义上的，是组织管理者视角的，而不是学科意义上的，不完全是教育学者视角的。只能说在做事的条理性上达成了应有的目标，但没有从学科内在理路的角度梳理并论证清楚。这一点对照一下泰勒原理，就可以看得很清楚。严格意义上的教学设计，应有明确的教学哲学观和课程及教学理念(行为主义的、经验主义的或是其他的)，就像我们在前面几章所了解到的，然而我们从吕必松前面的阐述中看不到其所持的基本理念。

再具体看一下他的总体设计思想。吕必松(1994:42)对总体设计的说明是：“包括明确教学类型，分析教学对象的特点，确定教学目标、教学内容和教学途径，制定教学原则和规定教师分工等项内容。”这些表述显然也是如上面所说是从做事的角度着眼的，因此像“教师分工”一类的说法在传统的乃至现代的教育学理论中并无此类表述。由此看来，对于对外汉语教学界来说，可能还有一个任务需要完成，即按照教育学的基本理论，厘清各课程和教学要素之间的内在关系。② 比如教学对象的分析就是包含在教学目标的确定中的。吕必松(1994:61)还说：“语言教学中有多种设计，例如有课程设计、教材设计、考试试卷设计等。”显然，这里说的课程设计是指具体一门课程如何构建，似乎不包含作为内容的教材和作为评价的测试，和第六章中介绍的菲利普·泰勒等

① 这种认识普遍存在于当下的对外汉语教学课程实践中，因此我们才会看到较多的和课程有关的研究都是所谓“课程设置”的，而这些研究多半也只是论证一下为什么要设置某门或某些课程。

② 一个值得反思的问题是，我们在各类论著中都会看到有关对外汉语教学的学科基础之一是教育学的表述，但在很多研究中似乎又让我们感觉到这不过是说说而已，在考虑对外汉语教学的理论和实践问题时基本还是凭经验或教育本能。这样说的一个证据是，从不少学者的论著的参考文献中，很少看到教育学著作，如被称为课程与教学理论的“圣经”的泰勒的《课程与教学的基本原理》很少见到有学者参考。

所说的作为课程编制"技术"的课程设计不是一个概念。他又说:"为了跟其他设计相区别,我们把分析各种内外因素、考虑各种教学措施、选择最佳教学方案的工作叫作总体设计。""我们现在所说的总体设计,实际上有两重含义:一是指设计过程,二是指以文件形式体现出来的设计结果。""就像工程图纸是施工的依据一样,语言教学的总体设计是教材编写(或选择)、课堂教学和成绩测试等各项教学活动的依据。"据此看来,这又像是教育学中课程编制要完成的任务,因为像塞勒(J.G. Saylor et al.)就把课程做了这种工程图纸式的隐喻,但按照吕必松前面的说明,这份"图纸"似乎只是一份流程图,而不是一份严格设计的工程图。我们再接着看一下吕必松(1991)对总体设计与课程设计关系的表述。他认为"课程设计"属于"规定教学途径"中的内容(另两个内容是:周课时和总课时,教学阶段)。他(1994:70)在谈到课程设计时说:"教学目标、教学内容、教学原则等,都要体现在一定的课程中,并通过一定的课程加以贯彻。课程设计是总体设计的核心内容,也是联结总体设计和教材编写及课堂教学的中心环节。怎样设计课程和设计什么样的课程,能够集中地反映对语言教学的性质和特点的认识。科学的课程设计应做到:使全部教学内容合理地分布到有关的课程中去;各门课程之间有合理的横向和纵向的关系;能较好地体现既定的教学原则。如果教学目标较高(正规的语言教学),必须开设的课程至少应当包括:语言课和文化课;针对职业目的的课程设计应包括语言知识课和兼具语言课和文化课特点的文学课。语言课的设计也有一定的选择性:只设一门综合课;设几门专项技能课;设一门综合课和几门专项技能课。"拿这些论述和前面的论述进行对照,我们无法得出一条清晰的逻辑线索。从前面引述的三项总体设计要做的工作看,根本得不出课程设计是总体设计的"核心内容"和"中心环节"的结论,此外,课程设计又是"联结总体设计和教材编写及课堂教学的中心环节",这又是令人费解的。

概括上面的讨论,虽然我们看到了吕必松关于教学活动四大环节以及总体设计的思想对于对外汉语教学有序开展的积极意义,但不可否认的是,这些思想更多地是从教育管理及组织者的角度着眼的,按照课程及教学理论的标准,上述思想中存在内在逻辑不够明晰的问题,至少没有说清楚学生(教学对象)、目标、内容、评价等与课程的关系，因此课程在其总体设计中的面目是模糊的。为此，我们主张基于课程与教学二分的基本认识，以课程理论突破“总体设计”的格局，因为这是着眼于“事”，而非着眼于“理”的路子。我们看教育学，包括课程的发展史，就会发现，探究的过程主要是在对教育教学活动的内在“理路”的探究中走过来的。“四大环节”的刻画固然使得整个对外汉语教学有了在一定的学科框架下建设和发展的基础，但如果我们看一下整个教育学的发展，尤其是作为科学的教育学的产生，并不是这样一种路径。

2.李杨对汉语言专业课程体系的探究。

对外汉语教学中汉语言专业学历教育占有重要的位置，不仅是汉语言能力从低到高完整发展的系统教育，而且还是构建汉语言能力结构与相关文化知识结构的系统教育，和主要以语言技能培养为主要目标的基础汉语教学相比，这种教育类型更具有全面性和系统性。然而迄今人们一般谈到对外汉语教学，基本还是在语言技能培养的层面上来认识的。一定程度上影响了中高层次汉语教育的深化。

由于专业教育需要经历一个较长的修业过程，要由一系列分布在不同阶段的不同课程构成课程体系，因此也就需要比非专业教育更加重视课程问题。自1978年正式开设该专业，经过十几年的摸索，进入20世纪80年代末90年代初，该专业的课程建设愈加受到重视，人们开始以比较系统的观念来讨论专业课程体系的建设问题。其中李杨的系列研究具有代表性。

李杨对课程进行系统思考始于她与其他教师合作的《四年制对外汉语教学总体设计提要》(1986)，该文讨论了教学原则、教学对象、培养目标、教学要求、教学内容、教学途径等，“搭起课程设置的总框架”(李杨，1992)。正如李杨自己所说，这项研究“基础理论依据、数据统计还不够充分”，是一个“粗略的勾画”。随着思考的深入，到1996年发表的《论汉语言专业设课问题》，李杨的探讨就深入了一些，其中重点谈了课程设置的依据，从目标出发思考了语言和文化的关系定位问题，以及课程体系中语言类课程的主体地位问题，强调“汉语言专业的性质决定了语言教学在全部课程中的主体地位，而语言技能课又处于核心位置”。在此基础上，她(1999)进一步对该专业课程体系中不同类课程之间的关系进行了较为深入的思考，包括语言技能课和语言知识课的关系、综合课和专项技能课的关系、语言课和文化课的关系、课堂课程和课堂之外课程的关系，等等。值得重视的是她对这些关系的思考已经深入到学理层面，比如在对语言技能课和语言知识课的关系的思考中，就从语言和言语的关系入手，进而讨论了语言技能和语言知识的关系，以及语言运用能力的层次性问题，在此基础上强调"那种认为技能训练是低层次的，知识传授才是高层次的认识是失之偏颇的，因而我们主张汉语言专业的语言技能课从一年级一直开到四年级"，这些认识正因为是基于学理的讨论，因而是具有深度的。尤其是她在课程组织方面借鉴了泰勒的课程思想，她在强调课程组织的连续性及顺序性原则时说："拉尔夫·泰勒解释说，在社会学科中，如果认为培养学生阅读社会学科的材料的技能是一个重要的目标，那么在课程安排上，必须使学生有机会反复地、连续地练习这些技能，从而掌握这些技能。这就意味着：要让学生在一段时间里连续操练同样的技能。"这就使得她对课程组织的认识具有了较强的理论的力量。在笔者对对外汉语教学课程文献的梳理中，这是仅见的对泰勒原理的运用。李杨对汉语言专业课程比较系统的思考是具有一定的理论深度的，尽管主要是在解决实践层面的问题上所做的探究，主要还不是在前面所说的课程理论的范围内进行思考，但还是令我们对对外汉语教学课程研究有了更多的期待。

3.其他带有课程理论元素的研究。

刘英林、李景蕙(1987)的研究尽管是基于教材梳理所做的课程结构的研究，没有很明确的课程理论研究的意识，但是其中所探究的问题恰恰是课程理论研究中有关课程组织及课程结构的一个重要问题，是我们迄今所见对于对外汉语教学课程组织结构所做的最有启发价值的一项研究，尤其是作者基于各结构类型比较所得出的"整体－系列教学所发挥的整体结构功能一定会超过孤立的各个部分功能的简单总和"这一认识，对于深入探究对外汉语教学课程组织问题具有明显的启示意义。

张美霞(2001)运用统计学的相关分析和方差分析方法探讨了初级汉语教学中有关课程之间的潜在关系。该研究尽管不是从课程理论角度入手的，但对课程组织关系的关注是课程研究的重要方面，采用的方法也是有新意的。

随着对外汉语教学学科建设的逐渐开展，带有一定的课程理论色彩的研究开始出现。主要有如下一些方面的探讨：

(1) 关于课程目标问题的探讨。

由于长期以来对外汉语教学整体是从教学组织、教学设计等“教学”的层面上开展理论和实践活动的，因此对目的、目标的思考也是在教学的意义上进行的，基本表述为“教学目的”和“教学目标”，课程目标往往只是包含于教学目标中。但从我们前面几章的讨论中已经知道，“教学目的”“教学目标”“课程目标”等存在着不同的理解，理论上说也存在着区别，带有层次性。近些年来虽然我们也看到了一些从目标角度进行探讨的文章（如杨金成，2006；王添淼，2006；姜丽萍，2006；郭风岚，2007 等），但总体上看只能说是更多基于实践的一种初步认识，有的甚至还不能称作真正的研究，和课程本身联系较为密切的是王添淼(2006)和姜丽萍(2006)对目标描述有效性问题的关注，不管是否深入，但这种努力是值得肯定的。

课程目标的问题是课程理论研究中的大问题，上述的极为初步的研究显然表明，目前对外汉语教学的课程目标研究还有大量的工作要做，比如前面曾说到的，到底应该如何更科学地确定不同层级的目标，如何在目标的一般化和具体化问题上达到合理的水平，等等，都是需要做理论探究的重要问题。

(2) 关于课程类型。

近些年来，有学者（刘芳芳，2008；张红蕴，2009a，2009c 等）受到始于 20 世纪 80 年代西方“隐性课程”研究的影响，试图在对外汉语教学领域对相关问题进行思考。这种意识和研究无疑对促进对外汉语教学课程及教学的深入研究大有裨益。同时，我们也要强调的是，在进行这方面的研究时，需要注意西方“隐性课程”提出的背景，以及所关注的主要问题。换句话说，在引入一个概念或者一种理论加以运用时，需要注意符合其原意，而不宜做偏离原意的发挥。这种现象在对外汉语教学研究中也有相应的其他表现，比如对“中介语”概念的误用，对“习得”的泛用，等等。施良方(1996:267)列举了下列各种对隐性课程的分歧认识：隐性课程是“非计划的学习活动”，“是学生在教学计划所规定的课程外所受的教育”;隐性课程是“学生在学校教学情境中无意识获得的经验”;隐性课程指的是课内外间接的、内隐的、通过受教育者无意识的非特定的心理反应发生作用的教育影响因素,指对学生在学校情境中无意识地获得的经验间接地起着影响作用的那些隐蔽的、无意识的、非正式的因素;隐性课程是指“学校(含班级)社会关系结构以及学校正规课程有意或无意地传递给学生的价值、态度、信仰等非学术性的知识”;隐性课程指“学校通过教育环境(包括物质的、文化的和社会关系结构的)有意或无意地传递给学生的非公开性的教育经验(包括学术的和非学术的)”。对于如此分歧的隐性课程定义,在进行应用于对外汉语教学的尝试时就更加需要谨慎。我们在前面几章曾谈到,作为课程理论研究的一个问题,隐性课程当然有研究的必要,但从严格的课程界定上说,隐性课程是“课程”泛化的结果,也就是基本等同于“教育”。

根据郭晶(2009),在语言教学领域新兴起一个课程类型概念——混合课程(Blended Learning),一种结合课堂教育和远程教学的优势,能够使教师灵活地组织学习活动,从理论上讲可以提高教学效率的课程类型。作者以实验方法探讨了此种课程环境下汉语作为第二语言教学中听力理解能力提高的影响因素。这种新的课程类型值得关注。

(3) 关于课程史。

课程研究中,课程史是一个重要的领域。派纳(1994/2003:34)甚至认为是一个最重要的领域,他说:“课程史的研究,作为当代课程论研究最重要的一部分,出现于20世纪80年代,并获得了迅速发展,取得了最新成果。”他还提到,一部名为《美国课程:文献史》的重要课程历史文献已经出版,该书用原始资料记录了美国课程的历史。

对外汉语教学已经走过了60多年的历史,其间在课程方面也经历了若干的变迁,然而我们今天要清楚地说明这60余年的课程发展历程却并不是一件容易的事情。近几年出现了几篇课程史方面的文章,例如杨秀华(2007、2008)对早期对外汉语教学课程设置的记述,但由于资料等方面的问题,所述和史实有出入。(参见第二章)有的文章在完全不看前人论述的情况下就轻率地把来华留学生汉语言专业的设立历史退后差不多10年。这些涉及对外汉语教学和课程历史的研究显然离历史研究的基本原则要求有不小的距离。本书在第二章中尝试以“简史”的形式概括描述了对外汉语教学课程历史的面貌，更全面的对外汉语教学课程史只能寄望于今后，尤其需要做的是搜集原始的文献资料(国内的和国外的)，也包括对亲历者的采访。

(二)课程实践的研究

这是对外汉语教学课程研究的主体内容，并且主要是对具体课程的研究。下面对主要的几种课程类型的研究状况做一些概略介绍。

1.综合课(精读课)。

第二语言(外语)教学不同于其他学科课程，总体目标是通过教学活动的帮助，形成学习者的语言能力和交际能力。而语言能力和交际能力本身的构成具有整体性。虽然从理论上说，可以分成理解性能力和产出性能力，但这两种能力事实上具有很强的内在关联性。基于这种整体性，综合课在对外汉语教学中一直占有重要位置，也有不少这方面的研究。例如蔡整莹对初级阶段综合课的研究，[①]陈灼(1991)对中级汉语综合课的研究，王晓澎、倪明亮(1991)对高级汉语综合课的研究，等等。总体上的特点都是对课程的性质、任务、特点、原则、方法等的讨论。从课程角度看，比较值得注意的是鲁健骥(2001)关于“综合课”“精读课”的讨论，具有一定的课程理论色彩。他特别强调了二者的区别：“在对外汉语教学界，在一些讨论课程的论述中，把精读课和零起点或与此类似的汉语综合基础实践课等同起来。其实，二者是不应混淆的。它们是不同教学阶段的两种不同性质的课。综合基础实践课在50—60年代，是对大学外语院系初学者(即所谓零起点学生)进行的最基本的语言训练，包括语音、基本语法等语言知识的教学和初步听说读写(突出听说)等语言熟巧的训练。这个阶段是无所谓精泛的。精读课是与综合基础实践课衔接所设立的各种课型中的一个主要课型。……对外汉语教学中一直都有的所谓‘讲练课’就是这种综合基础实践课，但不能叫作精读。”并指出“我国对外汉语教学中本无精读课”。文章还讨论了“精读课”的理论基础，是来自于20世纪

① 参见李杨主编《对外汉语教学课程研究》，北京语言文化大学出版社，1997年。

50年代苏联的自觉对比法。他认为对外汉语教学中相当于精读课的只是语法阶段结束后的“短文课”,“在很长一段时间里,短文课是这一阶段的唯一课型。‘文革’前不久,才增加了阅读课,70年代又增加了口语课、听力课”。又指出“短文课并不是精读课,这通过对短文教材和外语的精读教材的对比就可看出”。他以《英语精读课本》(1963—1964)对精读课任务的说明来定义精读课“是通过对少量的、但是精选的文章的比较细致深入的分析,来提高学生理解语言和内容,辨认文体和风格的能力,同时帮助他们吸取表达方法,学习写作技巧。这里面又以提高理解能力和吸取有用的语言最为重要”。这项研究不管我们是否同意其观点,但显然是具有启发价值的,说明综合课是一个值得做深入思考的问题。

2.听力课。

听力课成为独立的课程是20世纪70年代末80年代初。70年代以前没有按技能设课教学,当时的听力、口语、阅读和写作是附属于精读课的,因此没有把听力课作为独立课型来研究。(杨惠元,1997)关于听力课的地位问题,刘颂浩(2001a)谈到:“目前流行的看法是,听力是副课,必须依附于先行的主导课程。”他引了李红印、陈莉的说法:“听力是一门副课,是一门与口语联系密切不可缺少的课程,它应该配合汉语、口语课进行。”[①]刘颂浩认为“‘听力课必须依附于其他课型’在理论上是难以论证的”,并认为“对听力课的性质和地位必须重新认识”。

李红印(2000)的一篇文章对听力课讨论比较深入,提出了不少值得深入思考的问题。比如关于听力课和技能训练的关系问题,他认为“作为一门独立的课型,听力课与技能训练不是一回事。一门独立的课型应该具有连续性、系统性和自主性,听力课也不例外”,二者应有的关系是“听力课包含有技能训练,但技能训练不就等于听力课;听力课不光有技能训练任务,也有教授语言知识、文化知识、扩大学生词汇量的任务。在这一点上,听力课与读本课、口语

① 李红印、陈莉《论汉语听力课的设置和教学——北大汉语中心听力课调查报告》,载《北大海外教育》(第二辑),北京大学出版社,1998年。

课是相通的，只不过一个是‘耳治’、一个是‘目治’、另一个是‘口治’罢了。”这其实涉及的是课程目标的关键问题，尤其是具体目标到底是什么的问题。

3.口语课。

作为专项技能课程，和听力课一样，真正成为一门独立的课程也是20世纪70年代末80年代初的事情。对它的研究也有很多，例如李小丽对初级阶段口语课的讨论[①]、章纪孝(1994)对高级阶段口语课的讨论，等等。总体上说，也和其他课程一样，主要是对课程性质、任务、原则等的描述。值得注意的是申修言(1996)对口语课的认识。她认为应该开设作为口语体的口语课，将其定位为专门目标课，任务有二：一是培养学生的口头表达能力，二是教学生掌握口语(作为口语体的口语)。作者的主张虽然并没有十分特别的，但其思考问题的角度是有新意的，也就是说，她是从课程目标的角度，着眼于真正意义的口语体的表达能力上来考虑课程问题的。

4.阅读课。

作为专项技能课程，阅读课自20世纪七八十年代独立开设以来，研究者很多，关注的问题也比较广泛。对于阅读课的教学目的，刘颂浩(2001b)介绍了对外汉语教学界的不同的认识，如陈贤纯(1990)认为“积累词汇和学会快速阅读是初级阅读的两大任务”，刘颂浩对“快速阅读”训练提出质疑。他认为这种训练方式和认知心理学的结论是相矛盾的。如Stanovich指出：“使用不同眼动技术的许多研究都一致得出结论，文章中的绝大部分实词都受到直接的注视，短的语法词和高预测性词语更有可能被略去，但即使是这些词也经常被注视。不被直接注视的那些词也在视觉边缘受到一定程度的处理。……在一次注视期间，有效的视觉信息的广度是非常小的，阅读中对视觉信息的采样因此就变得非常密集。”(转引自刘颂浩，2001b)显然，这一结论是和我们的直觉相符的，而主张快速阅读者的训练目标“扩大视幅、减少眼停次数”就和一般的阅读规律相悖。刘颂浩(2001b)同时认为，阅读教材上的缺陷影响到了课程设置，“从了解到的情况看，对于进修生，在初级、高级设置阅读课的院校基本

① 参见李杨主编《对外汉语教学课程研究》，北京语言文化大学出版社，1997年。

没有，也并不是所有的院校都在中级这一段设置阅读课。这种状况我个人认为是应该尽快改变的。在教材建设上，要尽快编写初级和高级阅读教材。在课程设置上，要给阅读以应有的重要地位。"这就从一个侧面反映出，对外汉语教学领域的教学仍然没有能够按照一般教育理论来设计，课程受制于教材，而不是按照教学目的和目标来编制课程，并选择和组织教学内容，落实在教材和课堂（及课外）教学中。基本还是有什么教材开什么课的路子。

5.写作课。

写作课相对于其他技能课来说，研究要薄弱一些。罗青松（2002a）对写作课有较为系统的论述。她讨论了课程规划问题，认为"写作训练涉及的教学内容比较复杂，因此，对写作课进行规划，应注意教学目标、训练层次的定位，注意各个教学阶段和整个学习过程的协调，把握好写作各种相关因素与课程总任务的关系"，并提出了若干课程规划的原则，包括：语段表达为起点，语篇表达为目标；单项练习和综合表达结合；阶段重点与总体目标结合。

写作课和其他课的重要不同是与教材的关系。罗青松（2002b）谈到："在对外汉语写作教学中，教材使用不像其他语言技能课那么普遍。教师和研究者对写作课是否要用教材仍存在不同的看法。"指出不用教材的主要考虑有：写作课的优势就在于它不用教材，可以根据学生的水平、兴趣以及社会经历等灵活安排教学内容；由于写作教学过程需要不断反馈学生的表达形式、语言运用等方面的问题，课堂教学所用的材料来自学生的习作以及对作文情况的评价，如果用教材有可能限制教学内容的针对性；写作是一项个人完成的活动，用教材把这项个体性很强的活动统一在某种框架之中，可能会忽视学生思维表达的个体性，影响学生写作的积极性和教学效果。她主张教材对写作课作用很大，认为"教材包含对教学内容和教学进程的整体规划，教材的完善程度也往往标志着一门课程的成熟程度"。这个认识是完全正确的。她把作用概括为：使教学内容系统化、规范化；提供范例；提供多层次、多种类的训练项目；解释、说明语用知识和写作知识。

（三）关于课程规范的研究

经过几十年的发展，对外汉语教学在课程建设方面积累了一定的经验，有了一定的基础。到20世纪90年代末，北京语言文化大学汉语学院开展了旨在确立对外汉语教学各主要课程标准的名为“课程规范研究”的项目，分为初级阶段、中高级阶段两个部分。该院有相当比例的教师参加了项目，对教学和课程建设起到了很好的推动作用。项目最终成果体现为包括对各级综合课、听力课、口语课、阅读课、写作课等主要课程具体规范描述的课程文件，分别以《对外汉语教学初级阶段课程规范》(王钟华主编)、《对外汉语教学中高级阶段课程规范》(陈田顺主编)为名出版，为对外汉语教学实践提供了有益的参考。

我们之所以把该研究单列出来，实在是因为这是课程研究中的一个特例。其实质还是一种课程实践的研究，总体上是对已有课程实践的梳理和总结。该项目主持人之一的王钟华(1997)在谈到课程规范的目的时说：“40年来，广大教师在这方面(指课程建设和课程实施——引注)做了大量工作，积累了丰富的经验。但这些经验从未从规范的角度去进行总结，更没有形成文字，成为大家共同认可并遵守的标准，致使这项工作在新形势下显得格外重要和迫切。”很显然，项目的主要目的是要以规范的形式把已然形成的共识以文字形式固定下来，作为各门课程的标准，成为一种规定性的课程文件。对于课程规范问题，持有不同的教育及课程理念的学者可能会有不同的认识，这里我们不做过多的讨论。

二　问　题

综观对外汉语教学课程研究的历史和现状，不难看出，目前总体上对外汉语教学课程的研究无论是广度还是深度都还和教育学中课程领域的研究存在着很大的距离。具体说来，主要的问题表现在以下诸方面。

第一，课程研究淹没于教学研究之中。总体上看，对课程问题的思考基本都是在教学的大框架下，是在对教学问题的讨论中顺带讨论的，这在我们上面的粗线条的描述中已经是显见的，能够主要从课程角度思考的毕竟是少数。

第二，真正意义的课程理论研究尚未开展。从我们对文献的梳理情况看，基本可以证明这一点。除了李杨等少数研究者涉及课程理论问题，大部分研究者还只是在课程实践层面上进行探究。前面提到的欧用生对台湾课程研究状况的分析完全适用于对外汉语教学课程的研究。我们这样说,并不是说课程实践的研究就不重要,要强调的是,如果永远限于实践上的就事论事,而不能做更加深入的理论探究,实践水平也会受到影响。加强对课程理论的研究无疑会促进课程实践及其研究,从而在根本上为教育教学活动水平的提升提供内在的驱动力。

第三,研究范式的单一化问题突出。总体上看,对外汉语教学的课程研究基本都是描述加分析式的,以定性分析为主。比如上面提到,对各类课程的研究大体上都是在课程性质、定位、任务、方法、原则、教材等方面逐项提出自己的看法,范式上的单一化、同质化非常明显。并且,多数文章的分析缺乏思辨式的学理分析,因而显得逻辑力量不足。我们从夸美纽斯、斯宾塞等人的著作中看到,哲学思辨也是课程研究的一种范式,但需要有比较严密的论证逻辑。而我们看到的对外汉语教学课程研究文章,多数不具有这些特征。由此自然会产生一个疑问,这样研究下去还能走多远?因此,我们认为,即便是在课程实践上对各门课程进行研究,也需要真正从课程原理入手,分专题地深入进行多视角的探究。例如可以单就口语课的目标进行研究,其他如内容的选择与组织、课程实施及评价等都可以也应该进行专题研究。

第四,课程研究的基本规范需要建立。首先需要确定定义清楚的概念。目前最大的混乱是"课程"与"课型",这在第一章中我们已经指出过。这里再举一个例子。王钟华(1997)讨论课程规范时有这么一段话:"根据对外汉语教学总的教学目的,我们可以确定各种课型的基本目的,但要了解各门课程的具体目的、具体任务,还要对学习对象和学习过程进行具体考察。"根据上下文,他似乎是要区分两者,前者是上位的"课程类型",后者是下位的具体"课程",但这就与吕必松对二者的界定(参见第一章)不符了。以我们对相关文献的阅读情况看,这种混乱随处可见。其次需要建立符合科学要求的课程研究程序,从哪些方面去进行课程的研究应该有一个大致的规范,才能使得彼此的课程研究有一个对话的基础,也才能深入下去。

第三节　对外汉语教学课程研究的主要任务

一　课程理论的基础研究

以教育学理论研究的标准看，对外汉语教学的课程理论建设还有许多任务要完成，其中最重要的是基础理论的研究。

首先要完成的一项任务是，真正以一般教育学理论为基础，通过研究，明确对外汉语教学这个教育学分支领域课程与教学的关系，突破既有的总体设计、教材编写、课堂教学、测试四大环节的框子，[①]真正进入到对包括学习者、目的及目标、教学（课程）内容及其组织，直至评价在内的学理逻辑的分析，确立课程研究在对外汉语教学研究中的独立地位，进而重新构建对外汉语教学的学科框架。我们目前倾向于主张的是"教学"部分（与主要涉及学习者的习得研究等属于不同的学科组成部分）分为课程论和教学论两大部分，即是前面提到的施良方(1996)的主张，课程论主内容，教学论主方法。我们说"主"的意思就是强调二者的分立是相对的，在课程编制部分也要有对方法的考虑，在教学实施部分也要有对内容的调整。我们认为，如果继续在四人环节的框架内不出来，不把课程这个教育学中已经成为核心领域的部分"解放"出来，就不能说对外汉语教学已经实现了将教育学作为基础理论的认识，就仍然没有脱离经验式的甚至是本能式的状态，[②]就不能说对外汉语教学真正实现了从经验向科学的转变（起码在涉及教育学的部分是这样），很多问题就无法真正深入，

① 因为在"总体设计"的框架下，课程只是在"设置"的意义上存在的，并没有形成和整个教学间的有机联系，对课程组织、课程实施等问题的认识也缺乏系统性的认识。

② 以笔者对留学生汉语言专业教育中语言知识课的定位问题的思考（孙德金，1999）为例。其实笔者讨论的就是课程目标的选择和确定问题，但在当时我们并没有明确的"课程意识"。今天想来觉得很惭愧的是，虽然那时已经从事对外汉语教学多年，也做了一些"研究"，但没有系统地看哪怕一本教育学的理论著作，所思考的问题基本是出于"教育本能"。虽然今天看，当初的认识自己认为也还是正确的，误打误撞地符合了课程理论的某些原则，但从学科的要求看，显然这不是应有的状态。以我们所看到的文献判断，存在上述问题的不在少数。既然我们一再声称对外汉语教学是一门以语言学、心理学、教育学为基础的交叉学科，就应当真正在学科建设中加以体现，不能只是说说而已。

比如在目标、内容问题上都存在许多模糊的认识，这一点我们在有关章节已经谈到，而这些恰恰是对外汉语教学非常核心的问题。我们认为，完善作为一种知识体系的对外汉语教学学科，目前看，课程理论应该是一个重要的突破口。

其次要完成的一项基础理论研究任务是，在一般教育学课程论的基础上，构建以对外汉语教学课程论为基础的第二语言（外语）教学课程论的相对独立的分支学科框架。在前面几章的讨论中，我们一再强调了第二语言（外语）教学的课程与普通教育（主要是从小学到大学的国民教育）的不同。比如普通教育中非常强调道德、人格、情感等方面的教育，也与意识形态有着非常密切的联系，培养什么样的人的问题是教育主政者首先要考虑的。这也是课程研究中批判主义或者称之为概念重建主义思潮兴起的主要因素。然而这些问题对于以语言知识与技能为主要教学目标的第二语言（外语）教学来说则往往是不存在的，起码不是一种直接的关系。我们确实曾经（甚至现在）将对外汉语教学政治化（外事化），赋予其一定的使命，从语言与文化的关系看，也的确要承认语言学习中伴随着对目标语文化的情感因素，但也不能夸大成学习一种语言就自然会认同甚至是喜爱目标语所负载的文化。一个极端的例子就是长期混迹中国搜集情报、后来成为侵华日军头目之一的土肥原就是一个汉语非常好的中国通。所以在看待第二语言（外语）教学时，还是要回到其最本质的工具层面上来认识，对于多数人来说就是要掌握一种技能、一种交际的工具。正因如此，第二语言（外语）教学的课程就与普通教育中的课程形成了一些重要的差别，某些教育功能就不必也不能负载到第二语言（外语）教学的课程上。在课程理念和编制模式上，某些基于社会批判等教育哲学观念的思想也就不适于第二语言（外语）教学的课程。正如有学者指出的那样，对于知识和技能为主的课程，目标模式更加适合。这就表明，教育类型决定了课程编制模式的选择。由此看来，无论是从理论上还是实践上，都需要针对特定教育类型的特点构建适合该教育类型的课程理论体系，而不能简单地照搬普通教育学的课程理论，这就是一般和特殊的关系。本书即是基于对这种关系的认识进行讨论的。以泰勒原理为代表的课程理论提供的是一套课程分析的基础理论和方法，但需要结合第二语言（外语）教学的实际，这种取向应该是正确的。基于上述认识，我们认为，第二语言（外语）教学课程论从学理意义上说有理由成为教育学课程论的一个分支领域。而对外汉语教学作为一种类型的第二语言（外语）教学，因其自身在内容上存在的特点（如因汉字带来的“语”“文”关系问题），在课程内容选择及组织、课程实施及评价上，就形成了与其他语言课程不完全一致的问题，这就需要结合汉语自身特点，构建对外汉语教学的课程论体系。

上述两大任务是开展一切其他基础理论研究的前提。只有明确研究对象及研究领域，才会深入思考相应的基本理论问题，这也是我们主张必须突破四大环节认识的主要原因。所谓基本理论问题，包括究竟如何认识第二语言（外语）教学的课程、如何看待第二语言（外语）教学课程和教学的关系等问题。我们在本书中表达了对以行为主义心理学（包括以斯金纳为代表的新行为主义心理学）为基础的目标模式的认同，但这仅仅是一种认识，其他过程模式等也是值得研究的，或许对于第二语言（外语）教学也具有很好的适应性。这些方面的研究无疑对于深化对外汉语教学的理论研究是具有重要意义的。

二 课程编制的研究

本书多处提到课程编制，但究竟什么是课程编制呢？菲利普·泰勒等（1979/1989:38）在对各种定义做了分析后提出的所谓折中的定义是：“课程编制是指那些经过精心计划的活动，通过这些活动，设计出各种学程或教育活动方式，并将它们提供给教育机构中的人们，以此作为进行教育的方案。”我们采纳这个定义。

由于存在各种不同的教育观和课程观，因此对于课程编制中的各个方面（如目标、内容及组织等）也就存在各种争论。在谈到课程编制问题的研究时，菲利普·泰勒等（1979/1989:9）强调指出：“对包含在课程编制活动中的各种争论问题必须要有所认识，这是课程研究中一个具有决定意义的领域。如果没有对这些问题的认识，教师就会依旧受偶然事件的影响，依旧受模糊的假设和因素的影响，依旧受习惯上和实践上偏见所支配。”这是对课程编制问题研究重要意义的很好的表述。我们在前面的讨论中看到，在对外汉语教学中之所以存在许多模糊不清的对于课程的认识，很大程度上是由于我们一直没有把课程编制活动作为一个不同于其他教育活动的活动来认识，自然也就无法抓住问题的核心和实质，菲利普·泰勒等上面所指出的各种问题的存在也就不可避免了。因此，需要在课程编制的问题域中去分析和认识相关的各种课程问题，通过研究明确对外汉语教学课程编制的“应然”状态。

三 课程实施的研究

我们在第六章已经讨论到，在课程研究中，课程实施是一个重要的研究领域，其中尤其是对于影响课程实施的各种因素的研究更具重要价值。由于在对外汉语教学研究中一直没有将课程作为一个独立的研究对象，此类问题自然也就完全不在我们的视野中。

除了上述各主要方面的研究外，对外汉语教学课程还有很多值得研究的课题，比如前面提到的课程史的研究、课程目标体系的研究、课程内容选择的研究等。只要将课程真正作为一个独立的研究对象，在研究的广度和深度上就会有一个新的局面，对外汉语教学学科的深入也就有了一个突破口。

思考题

1.从哪些方面可以说明课程研究已经成为教育学科中一个独立的研究领域？

2.参考本书对课程理论的介绍，查阅对外汉语教学课程研究的文献，看看对外汉语教学课程研究存在哪些方面的问题。

3.根据你对本书的理解，你认为对外汉语教学课程应该在哪些方面开展研究？这些研究对于整个对外汉语教学的理论和实践有怎样的意义？

参 考 文 献

卜玉华 2001《课程理念探——历史、现在与未来》，复旦大学出版社。

陈　绂 2001《汉语言专业的本科教学必须把语言本体课列为必修课　　对汉语言专业课程设置的一点看法》，《语言文字应用》第 2 期。

陈　灼 1991《试论中级汉语课的设计》，《世界汉语教学》第 4 期。

陈桂生 1994《“课程”辩》，《课程教材教法》第 11 期。

陈桂生 1997《“教育学视界”辨析》，华东师范大学出版社。

陈田顺 1999《对外汉语教学中高级阶段课程规范》，北京语言文化大学出版社。

陈贤纯 1990《论初级阅读》，《中国对外汉语教学学会第三次学术讨论会论文选》，北京语言学院出版社。

崔永华 1996《略论汉语速成教学的设计》，《语言教学与研究》第 2 期。

崔永华 1997《关于汉语言(对外)专业的培养目标》，《语言教学与研究》第 4 期。

高彦德等 1993《外国人学习与使用汉语情况调查研究报告》，北京语言学院出版社。

郭　晶 2009《混合课程与对外汉语听力理解能力的提高》，《现代语文》第 1 期。

洪材章 1985《谈汉语课程与科技课程的同步结合》，《语言教学与研究》第 3 期。

姜丽萍 2006《关于有效陈述对外汉语教学目标的思考》，《云南师范大学学报》(对外汉语教学与研究版)第 4 期。

李　杨、康玉华、田桂文 1990《四年制对外汉语教学总体设计提要》，《中国对外汉语教学学会第三次学术讨论会论文选》，北京语言学院出版社。

李　杨 1992《中高级汉语教学理论研究评述》，《语言教学与研究》第 4 期。

李　杨 1993《中高级对外汉语教学论》，北京大学出版社。

李　杨 1996《论汉语言专业设课问题》，《世界汉语教学》第 3 期。

李　杨 1999《对外汉语本科教育研究》，北京语言文化大学出版社。

李　杨 2008《回望：一个专业的诞生与成长》，12 月 10 日《北京语言大学报》。

李大忠 1996《外国人学汉语语法偏误分析》，北京语言文化大学出版社。

李更新 1997《关于汉语言专业建设几个问题的思考》，《世界汉语教学》第 2 期。

李红印 2000《汉语听力教学新论》,《南京大学学报》(哲学、人文科学、社会科学版)第5期。
李培元、任　远 1986《汉字教学简述——对外汉语教学发展史之一章》,《第一届国际汉语教学讨论会论文选》,北京语言学院出版社。
李培元 1987《五六十年代对外汉语教学的主要特点》,《第二届国际汉语教学讨论会论文选》,北京语言学院出版社。
李培元 1989《中国对外汉语教学的40年》,《世界汉语教学》第3期。
李培元 2010《北京语言大学对外汉语教学名师访谈录·李培元卷》,张伟采编,北京语言大学出版社。
刘芳芳 2008《论对外汉语课堂教学中的隐性课程》,《渤海大学学报》(哲学社会科学版)第1期。
刘颂浩 2001a《对外汉语听力教学研究述评》,《世界汉语教学》第1期。
刘颂浩 2001b《对阅读教学研究的若干思考》,《中国对外汉语教学学会北京分会第二届学术年会论文集》,北京语言文化大学出版社。
刘英林、李景蕙 1987《试论对外汉语基础课程(教材)结构》,《世界汉语教学》第2期。
卢晓逸、朱子仪 1995《短期对外汉语教学的新趋势及我们对教学特点的再认识》,《第四届国际汉语教学讨论会论文选》,北京语言学院出版社。
鲁健骥 2001《说"精读"和"泛读"》,《海外华文教育》第3期。
鲁健骥 2003《口笔语分科　精泛读并举——对外汉语教学改进模式构想》,《世界汉语教学》第2期。
罗青松 2002a《对外汉语写作教学研究》,中国社会科学出版社。
罗青松 2002b《谈对外汉语写作教材的编写》,《中国对外汉语教学学会第七次学术讨论会论文选》,人民教育出版社。
吕必松 1983《谈谈对外汉语教学的性质和特点》,《语言教学与研究》第2期。
吕必松 1985《基础汉语教学课型设计和教材编写的新尝试》,《语言教学与研究》第4期。
吕必松 1986《试论对外汉语教学的总体设计》,《语言教学与研究》第4期。
吕必松 1991《再论对外汉语教学的总体设计》,《第三届国际汉语教学讨论会论文选》,北京语言学院出版社。
吕必松 1990/1993《对外汉语教学40年》,《对外汉语教学研究》,北京语言学院出版社。
吕必松 1990/1993《关于教学内容与教学方法问题的思考》,《对外汉语教学研究》,北京语言学院出版社。
吕必松 1992《华语教学讲习》,北京语言学院出版社。
吕必松 1993《对外汉语教学概论(讲义)》(续四),《世界汉语教学》第2期。
吕必松 1994《试论第二语言教学的结构》,《吕必松自选集》,河南教育出版社。
吕必松 1994《吕必松自选集》,河南教育出版社。
欧用生 1984《课程研究方法论——课程研究的社会学分析》,台湾复文图书出版社。
欧洲理事会文化合作委员会 2001/2008《欧洲语言共同参考框架:学习、教学、评估》,外语教学与研究出版社。
皮连生 1999《当代心理科学与学校教育相结合的典范》(代中译本序),载加涅《学习的条件和教学论》,皮连生等译,华东师范大学出版社。
邱 军 1997《初级汉语教学课程(成绩)考试的可靠性和有效性》,李杨主编《对外汉语教学课程研究》,北京语言文化大学出版社。
瞿葆奎 1988《教育学文集:课程与教材》,人民教育出版社。
瞿葆奎 1998《布卢姆教育目标分类学40年》译序,L. W. 安德森、L. A. 索斯尼克主编《布卢姆教育目标分类学40年》中译本,谭晓玉、袁文辉等译,华东师范大学出版社。
瞿葆奎、施良方 1994《泰勒的〈课程与教学的基本原理〉——兼述美国课程理论的兴起与发展》,载泰勒《课程与教学的基本原理》,施良方译,人民教育出版社。
申修言 1996《应该重视作为口语体的口语教学》,《汉语学习》第3期。
施光亨、杨俊萱 1990《新中国对外汉语教学40年大事记》,《世界汉语教学》第4期。
施良方 1996《课程理论——课程的基础、原理与问题》,教育科学出版社。
孙德金 1999《对外汉语专业教育中语言知识课的定位问题》,《语言教学与研究》第1期。
孙德金 2006《语法不教什么——对外汉语语法教学中的两个原则问题》,《语言教学与研究》第1期。
万业馨 2009《论对外汉语教学中的知识传授与能力培养》,《世界汉语教学》第3期。
王 俊 2010《从教科书到课程标准:教学设计的转型》,《教育科学研究》第6期。
王添淼 2006《教学目标的有效陈述与对外汉语教学》,《汉语学习》第5期。
王钟华 1997《试论对外汉语教学课程规范》,《语言文化教学研究集刊》第一辑,华语教学出版社。
王钟华 1999《对外汉语教学初级阶段课程规范》,北京语言文化大学出版社。
吴 杰 1986《教学论》,吉林教育出版社。
杨惠元 1996《汉语听力说话教学法》,北京语言学院出版社。
杨惠元 1997《听力训练理论研究的回顾与展望》,《世界汉语教学》第2期。
杨寄洲 1999《对外汉语教学初级阶段教学大纲》,北京语言文化大学出版社。
杨金成 2006《试论对外汉语教学目标的分类》,《汉语学习》第1期。
杨秀华 2007《事业开创时期的对外汉语教育政策与课程设置研究》,《长江大学学报》(社会科学版)第5期。
杨秀华 2008《学科确立时期的对外汉语课程设置综述》,《长江大学学报》(社会科学版)第6期。
张 华 2001《课程与教学论》,上海教育出版社。
张红蕴 2009a《隐性课程研究与对外汉语教学》,《语言教学与研究》第2期。
张红蕴 2009b《对外汉语教学活动课程简论》,《现代语文》第6期。
张红蕴 2009c《对外汉语教学中师生关系的隐性课程价值》,《科技文汇》6月(上旬刊)。
张亚军 1990《对外汉语教法学》,现代出版社。

章纪孝 1994《关于高级口语教学的思考和构想》,《世界汉语教学》第1期。
赵建华 1999《对外汉语教学中高级阶段功能大纲》,北京语言文化大学出版社。
赵金铭 2011《初级汉语教学的有效途径——"先语后文"辩证》,《世界汉语教学》第3期。
钟 梫 1965/1979《十五年(1950—1965)外国留学生汉语教学总结》,《语言教学与研究》(试刊)第4期。
钟 梫 2010《北京语言大学对外汉语教学名师访谈录·钟梫卷》,柯润兰采编,北京语言大学出版社。
钟启泉 1989《现代课程论》,上海教育出版社。
[加]W.F. 麦基 1965/1990《语言教学分析》,王得杏等译,北京语言学院出版社。
[捷克]J.A. 夸美纽斯 1632/1985《大教学论》,傅任敢译,人民教育出版社。
[美] A.J.哈罗、E.J.辛普森 1972/1989《教育目标分类学,第三分册:动作技能领域》,华东师范大学出版社。
[美]B.S.布卢姆等 1956/1986《教育目标分类学,第一分册:认知领域》,华东师范大学出版社。
[美]Kathleen Graves 2000/2008《语言课程设计——教师指南》(*Designing Language Cours: A Guide For Teachers*),北京师范大学出版社。
[美]克拉斯沃尔、B.S.布卢姆等 1964/1989《教育目标分类学,第二分册:情感领域》,华东师范大学出版社。
[美]P.W. 爱诺森 1996/1998《教育目标分类学对测验和评价的影响》,L.W.安德森、L.A.索斯尼克主编《布卢姆教育目标分类学40年》中译本,谭晓玉、袁文辉等译,华东师范大学出版社。
[美]R.M. 加涅 1984/1999《学习的条件和教学论》,皮连生等译,华东师范大学出版社。
[美]R.M.加涅等 1992/1999《教学设计原理》,皮连生等译,华东师范大学出版社。
[美]R.W.泰勒 1949/1994《课程与教学的基本原理》,施良方译,人民教育出版社。
[美]Thompson, Richard T. 1980《美国汉语教学综述》,《语言教学与研究》第4期。
[美]W.D.罗尔、K.斯隆 1996/1998《心理学的透视》,L.W.安德森、L.A.索斯尼克主编《布卢姆教育目标分类学40年》中译本,谭晓玉、袁文辉等译,华东师范大学出版社。
[美]W.F.派纳 1994/2003《理解课程——历史与当代课程话语研究导论》,张华等译,教育科学出版社。
[日]佐藤学 2003《课程与教师》,钟启泉译,教育科学出版社。
[英]菲利普·泰勒等 1979/1989《课程研究导论》,王伟廉等译,春秋出版社。
[英]H.斯宾塞 1858《什么知识最有价值?》,H.斯宾塞《教育论》(1861),胡毅译,人民教育出版社,1962年。
[英]劳伦斯·斯坦豪斯 1989《课程研究与课程编制入门》,诸平等译,春秋出版社。
[英]S.P.科德 1979/1983《应用语言学导论》,上海外国语学院外国语言文学研究所译,上海外语教育出版社。

后　　记

这是第五次为自己的书写后记了。每一次都有不一样的心境，但有一点是共同的，都像是长途跋涉到达目的地时的那种状态：辛苦而又满足。

这是一本难产的书，曾经很想放弃。数年前，因为自己写过一篇讨论汉语言专业学历教育中语言知识课定位问题的文章，加之曾经在教学管理岗位上混过，于是在商务印书馆组织编写"对外汉语专业本科系列教材"时被同人认为可以承担当时称为"对外汉语教学与课程导论"一书的编写任务。当时真正叫"无知者无畏"，很"勇敢"地接受了任务。看了两本教育学有关课程的书，拟了一份提纲，找了两位学教育学的合作者，分了任务，也就算是启动了。然而数年过去了，看着这套教材一本本出版，而自己这本一直还在"孕育"，心里压力"山大"（时下青年流行语）。"久孕不育"，固然有其他方面的原因，但主要是没有找到出路，在如何将教育学课程理论与对外汉语教学实践有机结合问题上一直没有答案。这些年来也看到了几本以教育学理论讨论对外汉语教学的书，但坦率讲，或者是"两层皮"，或者是"隔靴搔痒"。为避免此类问题，就必须找到一条能够很好地将二者结合在一起的路子，但出路的寻找又是艰难的。于是拖到了商务印书馆下"最后通牒"的时候，2012 年的 9 月。这里要特别感谢瑞士苏黎世大学柯佩琦老师，特别邀请我在这个时候来到美丽的、空气清新的苏黎世，使我有了清静的环境，静下心来思考课程的问题。随着阅读范围的扩大，思考也逐渐有了方向，"对外汉语教学课程论"的面目也愈渐清晰，新的框架也就自然取代了原有的框架。找到了路，剩下需要做的就是奋力前行了。过去的数月，除了要完成好这里的教学任务，以及通过网络远程指导北语的博士、硕士，其余的时间就全部用在这本书上了。在即将完成在苏黎世大学教学工作的此时，终于写下了这本书的最后一个字。

这本书的确对自己构成了很大的挑战，因为很大程度上说它是一本“跨行”的书。自己的主要研究领域是语言学，具体是现代汉语语法。尽管因为从事对外汉语教学工作的缘故，过去20多年间陆续也做了一些对外汉语教学方面的研究，但毕竟不是专业做教育学的，也自然不是课程论学者，要完成好这样一个题目无疑是非常大的挑战。也许命里注定自己要完成这样一个任务。一方面，自己从1987年开始从事对外汉语教学，毕竟积累了一些经验和见解，可以不谦虚地说是懂对外汉语教学的；另一方面，自己对语言学也具备了一定的修养。这两方面都是完成此项任务的重要条件，所差的只是教育学以及课程理论的知识。好在我并不惧怕也不排斥对新理论、新知识的学习，尤其是教育学，本来就是应该很好地掌握的基础学科。此次机会，让我较为系统地了解了教育及课程理论，并尝试着将课程理论与对外汉语教学课程实践结合起来，也许可以说这是自己所钟爱的对外汉语教学事业赋予我的一种使命，我承担了，因此心有所慰。

最后还是要感谢商务印书馆对我一再拖延交稿的宽容，这使我打消了彻底放弃的念头。同时还要感谢我在北语的那些可爱的学生们。这一年来我躲在苏黎世教书、写书，没能在校陪伴他们，心有所愧。如果这本书能够对促进对外汉语教学学科发展起到一定的作用，吾愿足矣！

孙德金

2013年5月26日

检